그림으로
공부하는
마이크로
서비스 구조

絵で見てわかるマイクロサービスの仕組み
(Ede Mite Wakaru Micro Service no Shikumi : 6543-1)
© 2021 Hiroyuki Tarusawa, Atsumori Sasaki, Kyohei Moriyama,
Manabu Matsui, Shinichi Ishii, Tsuyoshi Miyake

Original Japanese edition published by SHOEISHA Co.,Ltd.
Korean translation rights arranged with SHOEISHA Co.,Ltd. in care of The English Agency (Japan)
Ltd. through Danny Hong Agency Korean translation copyright © 2022 by J-Pub Co., Ltd.

그림으로 공부하는 마이크로서비스 구조

1쇄 발행 2022년 8월 8일

지은이 다루사와 히로유키, 사사키 아츠모리, 모리야마 교헤이, 마츠이 마나부, 이시이 신이치, 미야케 쓰요시
감수자 다루사와 히로유키
옮긴이 김완섭
펴낸이 장성두
펴낸곳 주식회사 제이펍

출판신고 2009년 11월 10일 제406-2009-000087호
주소 경기도 파주시 회동길 159 3층 / **전화** 070-8201-9010 / **팩스** 02-6280-0405
홈페이지 www.jpub.kr / **원고투고** submit@jpub.kr / **독자문의** help@jpub.kr / **교재문의** textbook@jpub.kr

소통기획부 김정준, 이상복, 송영화, 권유라, 송찬수, 박재인, 배인혜
소통지원부 민지환, 김정미, 서세원 / **디자인부** 이민숙, 최병찬

진행 및 교정·교열 이주원 / **내지디자인** 이민숙 / **내지편집** 북아이 / **표지디자인** 미디어픽스
용지 신승지류유통 / **인쇄** 해외정판사 / **제본** 일진제책사

ISBN 979-11-91600-98-8 (93000)
값 26,000원

제이펍은 독자 여러분의 아이디어와 원고 투고를 기다리고 있습니다. 책으로 펴내고자 하는 아이디어나 원고가 있는
분께서는 책의 간단한 개요와 차례, 구성과 저(역)자 약력 등을 메일(submit@jpub.kr)로 보내 주세요.

그림으로 공부하는 마이크로 서비스 구조

다루사와 히로유키, 사사키 아츠모리, 모리야마 교헤이, 마츠이 마나부,
이시이 신이치, 미야케 쓰요시 지음 / 김완섭 옮김

microservice

제이펍

차 례

제1부 | 마이크로서비스의 아키텍처

옮긴이 머리말

아마 IT 개발에서 최근 가장 많은 변화를 겪는 영역을 키워드로 추린다면, '마이크로서비스', '클라우드', '애자일', 'CI/CD', 'IoT', 'AI' 등일 것입니다. 이 책은 '마이크로서비스'라는 제목을 달고 있지만, 사실 언급한 키워드들을 전부 다루고 있습니다. 역자도 이직하기 전까지만 해도 워터폴(폭포수) 방식 개발을 당연한 듯 사용하고 있었고, 애자일 방식이 무엇인지 머리로만 알았습니다. 워터폴에서는 요구사항 분석, 기본 설계, 상세 설계, 코딩을 거쳐서 단위 테스트, 결합 테스트, 통합 테스트를 거치며(숨차다), 여기까지 무사히 왔다면 사용자 테스트를 거쳐서 드디어 릴리스할 수 있게 됩니다. 그리고 릴리스에도 몇 시간이 아니라 보통 하루나 이틀을 꼬박(그것도 주말에) 써야만 가능했고, 혹 릴리스 과정에 문제라도 발생하면 복원해야 하는 등 산 넘어 산입니다(지금 생각하면 어떻게 그 과정을 아무 불만 없이 진행했는지 모르겠네요). 아마 아직도 제가 말한 과정을 그대로 따라서 개발하는 회사들이 적지 않을 것입니다. 반대로 말하면 아직도 애자일 개발이 무엇인지 경험하지 못한 사람이 많다는 이야기입니다.

저 또한 그랬습니다. 그리고 지금 회사에선 애자일 개발 방식을 따르고 있으며, 클라우드를 사용하고 있습니다(이전 직장까지만 해도 모두 물리 서버였습니다). 서버 설치를 위해서 운영팀에 연락할 필요가 없습니다. 원하면 서버 인스턴스를 추가하기만 하면 됩니다. 또한, 배포도 모두 자동화되어서 코드가 머지되는 시점에 모든 테스트가 끝나고 자동으로 원하는 환경에 배포됩니다. 배포를 위해서 주말을 온종일 회사에서 보내지 않아도 됩니다. 기능은 스프린트 단위로 계획되며, 스프린트 리뷰를 통해 피드백을 얻어서 개선하는 과정을 반복합니다(스프린트라는 용어가 익숙하지 않은 분도 있을 것입니다). 후반부 테스트 실패에 대한 두려움도 없습니다(워터폴에선 테스트 실패 시 앞의 설계 과정을 모두 다시 해야 하는 경우도 있었습니다. 생각하기도 싫네요).

이 책을 번역하면서 제 이전 삶과 현재 삶을 보는 것 같아서 너무 재미있었습니다. 어떤 부분에서는 책의 저자보다 하고 싶은 말이 많아서 역자 칼럼이라는 것도 썼네요(오버했나 싶기도 합니다만). 여하튼 동감하는 부분이 많았기에 하고 싶은 말을 역주로도 달았습니다. 실제 제가 업무에서 경험한 것을 공유하고 싶었기 때문입니다. 그만큼 재미있게 작업한 책입니다.

이 책은 현재를 살아가고 있는 IT 엔지니어라면 꼭 읽어야 할 책입니다. 애자일이 무엇인지, 클라우드가 무엇인지, 마이크로서비스가 무엇인지, 그리고 디지털 혁신이 무엇인지 알고 싶다면 꼭 읽었으면 합니다. 그리고 아직 구시대에 머물러 있는 오래된 엔지니어(저처럼 꼰대 소리를 듣고 있다면)라면 이 책을 읽고 꼰대를 탈출했으면 좋겠습니다(저와 함께).

옮긴이 김완섭

베타리더 후기

 김경민(현대오토에버)

이 책은 쉽게 생각하면 쉽게 읽히는 책이고, 어렵게 생각하면 독자의 풍부한 전문 지식이 요구되는 어려운 책입니다. 마이크로서비스 아키텍처 입문자는 가벼운 마음으로 마이크로서비스 아키텍처의 전반적인 흐름만 이해한다는 목표로 읽으시고, 실무자는 머릿속에 넓게 퍼져 있는 지식을 정리하겠다는 목표로 읽으시길 추천드립니다.

 김용회(씨에스피아이)

지난 10년간 IT 현장에도 많은 변화가 있습니다. 클라우드 컴퓨팅 환경에서 MSA를 기본으로 하고, 이를 효과적으로 구성/운영하고 서비스하기 위해 애자일, CI/CD, 쿠버네티스 등 조직 문화와 개발/배포/운영 방식에도 많은 변화가 생겼습니다. 개별 기술이나 방법론 등을 전문적으로 설명하는 책은 그간 많이 있었으나 이들을 아우르는 개념서는 없었는데, 이 책을 통해 이들 기술의 발전과 관계를 이해할 수 있는 인사이트를 얻을 수 있으리라 생각합니다.

번역은 생각보다 매우 잘되어 있어 인문학 관련 책을 읽듯 막힘없이 읽었습니다. 번역하신 분의 노력도 상당했을 것 같습니다. 클라우드 컴퓨팅을 비롯해서 관련된 많은 주제를 잘 엮어 풀어낸 재미난 책을 일반 독자들보다 먼저 읽게 되어 즐거운 시간이었습니다. 감사합니다.

김진영(야놀자)

지금 다니는 회사에 들어와 마이크로서비스로의 전환을 경험하였는데, 이번 책을 통해서 실제 마이크로서비스 구조를 사용하고 있는 입장에서 느꼈던 장단점을 다시 확인할 수 있어서 좋았습니다. 다만 마이크로서비스 구조의 환경에서 일하고 있어도 직접 인프라를 고민해서 도입한 주체가 아니라면 어려울 내용도 있었습니다. 다시금 인프라팀의 노고에 감사드리게 되었고, 마이크로서비스의 큰 맥락을 살펴보고자 하시는 분이 참고하면 좋을 서적이라 생각합니다.

 이용진(SAP LABS KOREA)

마이크로서비스라는 단어만 아는 분들에게 이 책을 추천하고 싶습니다. 마이크로서비스가 나타나게 된 이유와 마이크로서비스 아키텍처들에 대해서 잘 설명해주고 있습니다. 더 좋은 것은 마이크로서비스를 구축할 때 필수적으로 사용하고 있는 컨테이너 기술인 도커의 기본 동작 방법에 대해서 잘 정리되어 있다는 점입니다. 마이크로서비스에서 사용되는 용어나 소프트웨어 설명이 잘 이루어져 있기에 마이크로서비스를 시작한다면 추천할 만합니다. 전체적으로 내용이 좋아 처음 마이크로서비스를 접하는 사람이나 초보자에게 알맞습니다.

이태영(신한은행)

마이크로서비스의 탄생 비하인드와 그로 인해 진화되는 다양한 시스템 아키텍처의 변화와 애자일이라는 문화의 출현, 그리고 이를 통해 우리가 얻어야 할 점은 무엇이며, 어떤 것을 추구해 나아가야 할지에 대하여 넓고 깊게 생각해 볼 수 있는 방점을 찍어준 책입니다. 내용이 너무 좋네요.

이현수(유노믹)

클라우드 네이티브 시대에 마이크로서비스 아키텍처는 개발자들이 알아야 할 기본 소양의 하나가 되었습니다. 이 책을 통해 마이크로서비스 아키텍처로 구성된 서비스를 배포하고 모니터링하고 지속적으로 관리하는 데브옵스 엔지니어링 측면에서 적용할 수 있는 여러 기법과 사례를 정리할 수 있었습니다. 모니터링, 오케스트레이션, CI/CD, IaC 등 각 파트의 여러 도구를 소개하고 있는데, 이 또한 실무에서 요긴하게 사용할 수 있겠습니다.

 정현준(매드업)

마이크로서비스에 관련된 내용을 잘 설명하는 책입니다. 전반적으로 최근의 경향까지 자세히 잘 알려줍니다. 비즈니스와 기술적인 영역이 일정 정도 섞여 있다는 점을 감안할 때 새롭게 배우기 시작하는 경우나 리더 및 관리자들에게 유용하다고 생각합니다.

 황시연(SW 개발자)

트래픽이 많이 발생하는 기업들이 서비스의 안정화 문제로 마이크로서비스 구조로 변경하는 사례가 늘어나고 있는데요, 극단적으로 기존 서비스에서 한 부분만 장애가 발생해도 전체 서비스를 사용할 수 없게 됩니다. 이 책은 마이크로서비스 구조 원리를 그림과 함께 친절한 용어로 설명하여 전체적인 기반 지식을 이해하는 데 큰 도움이 됩니다. 베타리딩을 하다 보니 이론적 지식이 부족하다는 걸 깨달았고, 책에서 동작 원리에 대해 쉽게 설명해주어 이해하는 데 큰 도움이 됐습니다. 감사합니다.

시작하며

긴 인류 역사를 통해 과학 기술은 우리의 생활 양식을 바꿔왔다. 전기는 어둠 속에 빛을 주었으며, 많은 작업을 자동화하는 데 기여했다. 내연 기관은 강력한 힘을 통해 중노동 작업을 효율화시켰으며, 싼 가격에 빠른 이동 수단을 제공해주었다. 그리고 현재는 정보 기술(IT)을 활용한 디지털 전환(Digital Transformation, 이후 DX)이 주목을 끌고 있다.

이미 여러 방면에 적용되고 있는 DX는 결제를 포함한 금융 거래 및 SNS 같은 커뮤니케이션 툴, 그리고 재난 관리나 설비 안전 등 우리들의 일하는 방식과 생활 패턴을 바꾸고 있다. DX가 발전함에 따라 우리 삶도 격변할 것이다. DX가 사회 기반 혁신의 근간이 되는 현대 사회에서 IT는 인류를 변화시키는 과학 기술의 최전선에 있다고 볼 수 있다.

빅데이터나 비즈니스 인텔리전스(BI), 인공지능(AI) 및 머신러닝(ML), 그리고 사물인터넷(IoT), 가상 현실(VR), 증강 현실(AR), 복합 현실(MR) 등 IT 기술 혁신은 멈출 줄 모르고 진행되고 있다(물론, 새로운 기술이 탄생하면서 사라지는 제품 및 기술도 적지 않다). 그중에 21세기가 시작되면서 약 20년 간 착실하게 기능 확장 및 개선을 해온 필수 기술이 있다. 바로 클라우드 컴퓨팅이다.

2000년대 가상 머신을 기반으로 한 IaaS(Infrastructure-as-a-Service)로 각광을 받은 클라우드 컴퓨팅은, 2010년대에 들어서면서 3세대 클라우드라 불리는 클라우드 네이티브 컴퓨팅 시대에 진입했다. 클라우드 네이티브 컴퓨팅을 추진하는 단체인 'Cloud Native Computing Foundation(CNCF)'는 2015년 설립 후 1년 후에 바로 클라우드 네이티브를 구성하는 기술 요소 세 가지를 발표했다. 바로 '컨테이너(container)', '컨테이너 오케스트레이션(container orchestration)', '마이크로서비스(microservice)'가 그것이다. 즉, '마이크로서비스 방식으로 애플리케이션을 개발하고, 그 애플리케이션을 컨테이너에 배포해서 실행한다. 그리고 오케스트레이션 기능을 통해 컨테이너화된 애플리케이션을 운영한다.' 이것이 클라우드 네이티브 컴퓨팅의 기본 형태다.

컨테이너 및 오케스트레이션이 인프라를 혁신했다면, 마이크로서비스는 애플리케이션의 혁신을 주도하고 있다. 비즈니스 애플리케이션을 현대화(modernization)[1]하고 DX를 추진함에 있어 마이크로서비스는 반드시 이해하고 넘어가야 하는 요소인 것이다.

여러분은 '마이크로서비스'란 단어를 처음 들었을 때 어떤 생각을 했는가?

- '작은 서비스?'[2]
- '웹서비스나 웹 API를 구현한 것?'
- 'SOA의 후계자?'

아마 다양한 의견이 나올 것이다. 이 책의 집필 시점에는 마이크로서비스를 정의하는 공식적인 내용이나 표준이 존재하지 않는다. 따라서 '마이크로서비스는 무엇인가?'라는 정의나 해석에 차이가 있는 것은 당연하다. 하지만 IT 시스템 개발, 운영 같은 공동 작업에서는 용어의 표준화가 필수다. 용어의 의미가 정해져 있지 않고 애매하게 존재한다면 협업이 이루어질 수 없다. 클라우드 네이티브 컴퓨팅을 도입해서 DX를 한다거나 마이크로서비스를 적용하려고 한다면, 마이크로서비스에 대한 보편적이면서 객관적인 이해가 필요하다.

이런 이유로 이 책에서는 마이크로서비스를 'DX의 애플리케이션 현대화를 추진하기 위해 필요한 클라우드 네이티브 컴퓨팅의 기술 요소'라고 보고, 관련된 기본 지식을 그림과 함께 쉽게 배우도록 하는 것을 목표로 삼았다. 또한, 표준 정의가 없으므로 보편적이며 객관적인 마이크로서비스에 대한 이미지를 공유하도록, 논리성과 영향력 등을 고려해 마틴 파울러(Martin Fowler)[3]와 크리스 리처드슨(Chris Richardson)[4]의 견해를 따르

---

1   IT 자산(레거시 시스템)을 유지하면서 최신 소프트웨어, 하드웨어 등으로 변환하는 것.
2   배운 사람들 사이에서는 마이크로서비스를 '작은 서비스'라고 이해하는 것이 적합하지 않다는 의견도 있다.
3   마틴 파울러의 웹사이트: https://martinfowler.com/articles/microservices.html(또는 https://bit.ly/3HMDHqh)
4   크리스 리처드슨의 웹사이트: https://microservices.io/

도록 한다. 즉, 마이크로서비스를 단순히 '아키텍처'로만 보는 것이 아니라 더 포괄적인 '아키텍처 패턴'으로 보는 것이다. 또한, 소프트웨어 아키텍처에 그치는 것이 아니라 마이크로서비스의 개발 운영 기법, 개발 운영 환경, 런타임 인프라에 대해서도 다룬다.

구체적으로 책 전반부는 마이크로서비스의 아키텍처를 중점적으로 다룬다. 먼저 마이크로서비스가 요구되는 배경으로 DX를 언급하고(1장), 클라우드 네이티브 컴퓨팅과 마이크로서비스의 개요를 설명한다(2장, 3장). 그리고 마이크로서비스의 설계 노하우를 이해할 수 있도록 마이크로서비스 패턴에 대해 다룬다(4장).

한편, 이 책의 후반부에서는 마이크로서비스를 지탱하는 기술에 대해 설명한다. 마이크로서비스의 런타임 인프라인 컨테이너(container), 쿠버네티스(Kubernetes), 서버리스(serverless)를 배우고(5장), 서비스 메시(mesh)(6장) 및 마이크로서비스의 애플리케이션 개발, 운영 기법과 데브옵스(DevOps) 개요를 설명한다(7장). 8장에서는 마이크로서비스를 클라우드 애플리케이션으로 배포하는 클라우드 배포 모델의 최신 동향에 대해 다룬다.

이 책은 클라우드 컴퓨팅과 관련된 프로젝트 매니저, 아키텍트, 엔지니어 등 다양한 독자를 대상으로 하며, 마이크로서비스를 손쉽게 배울 수 있는 입문서로 기획 및 집필했다. 따라서 마이크로서비스와 관련된 기술 요소를 폭넓게 다루고 있다. 깊이 있는 내용을 다루는 메뉴얼 같은 책을 원한다면 부족할 수 있으며, 전문서처럼 상세한 요소 기술은 포함돼 있지 않다. 이 책을 통해 개요와 핵심을 잡은 후에 필요에 따라 각 요소 기술의 전문서나 레퍼런스를 참고하면 될 것이다.

이 책이 마이크로서비스와 클라우드 네이티브 컴퓨팅을 이해하는 데 도움이 되고, DX와 애플리케이션 현대화에 일조할 수 있기를 바란다.

대표 저자 **다루사와 히로유키**

지은이/감수자 소개

다루사와 히로유키 1장, 2장, 3장, 4장(4-1, 4-2, 4-5, 4-9) 및 1부, 2부의 서론 집필과 전체 감수
외국계 유명 클라우드 회사의 아키텍트로 근무 중이다. 이전에는 외국계 IT 대기업에서
소프트웨어 에반젤리스트 및 아키텍트로 근무했으며, 해당 기업의 미국 법인 소프트웨
어 개발 연구소 소속 엔지니어로 애플리케이션 서버 개발을 담당했다. 또한, 2013년부
터 2019년까지 정보처리학회 정보기획조사회 SC38 전문위원으로 ISO IEC JTCI/SC38
에 근거한 클라우드 컴퓨팅 국제표준 선정에 공헌했다.

사사키 아츠모리 4장(4-7), 8장 집필

일본 IBM 주식회사 테크놀로지 사업 본부 클라우드 플랫폼 및 기술 영업 부장이다. 프
라이빗 클라우드 개발과 운영을 담당했으며, 2014년부터 IBM 클라우드의 기술 영업을
맡고 있다. 아울러 시니어 아키텍트로 기업의 클라우드 활용도 돕고 있다. 《「仮想化」実
装の基礎知識(가상화 구현의 기초 지식)》(릭텔레콤, 2015), 《SoftLayer詳細解説ガイド(SoftLayer
상세 해설 가이드)》(인프레스, 2016) 등을 공동 집필했다.

모리야마 교헤이 7장 집필

일본 HP 주식회사를 거쳐 일본 마이크로소프트 주식회사에서 근무 중이다. 누구를
위한 클라우드인지, 클라우드가 가져야 할 이상적인 목표가 무엇인지 등을 밤낮없이 연
구 중이다. 《絵で見てわかるクラウドインフラとAPIの仕組み(그림으로 공부하는 클라우드 인프라와
API 구조)》(쇼에이샤, 2016)을 공동 집필했다.

- 트위터: @kyoheimoriyam

마츠이 마나부 6장 집필

2005년 일본 IBM 시스템즈 엔지니어링 주식회사에 입사했다. IBM 클라우드 중에서도 PaaS의 일본 국내 보급을 위한 시스템 설계, 개발에 임했을 뿐 아니라 세미나 및 교육 강사로도 활동했다. 대학 시절의 연구 주제인 PC 클러스터를 이용한 병렬 계산이 입사 후 그리드 컴퓨팅 활용에도 도움이 되고 있으며, IA 가상화, 클라우드와 컴퓨팅 모델이 진화함에 따라 담당 분야도 바뀌고 있다. 현재는 클라우드 기술을 활용한 IT 시스템 개선과 IoT 설루션 개발을 담당하고 있다.

이시이 신이치 4장(4-3, 4-4, 4-6, 4-8) 집필

일본 IBM 주식회사에 2002년 입사했다. 입사 전에는 JAXA(일본우주항공개발기구)에서 연구원으로 근무했다. 입사 후에는 자사 제품의 개발자 및 프로덕트 매니저를 거쳐 퍼블릭 클라우드의 시스템 설계, 개발을 담당하고 있다. 최근에는 클라우드와 코그니티브(cognitive), 블록체인, IoT, 드론 등을 연동해서 신규 서비스를 진행하고 있는 스타트업을 지원하고 있다. 《システム設計の基礎から実践まで 1からはじめるITアーキテクチャー構築入門(시스템 설계의 기초부터 응용까지: 1부터 시작하는 IT 아키텍처 구축 입문)》(일경 BP, 2017)을 공동 집필했다.

미야케 츠요시 5장 집필

도쿄대학/대학원 공학연구과를 졸업했다. 재학 시절에 게임 회사에서 아르바이트를 하며 프로그래밍에 눈을 떴다. 졸업 후에는 썬 마이크로시스템즈, 골드만삭스 등을 거치며 소프트웨어 개발자로 경력을 쌓았다. 그후 개인 수준의 개발부터 대규모 소프트웨어 개발까지 광범위한 개발 기법과 문화에 관심을 가지기 시작하면서 Pivotal, AWS 등에서 아키텍트로 근무했다. 현재는 JFrog Japan에서 아시아 최초의 설루션 엔지니어로 근무 중이다.

- 트위터: @tsuyoshi_miyake

제1부

마이크로서비스의 아키텍처

마이크로서비스를 설명하기에 앞서 이 책의 구성을 살펴보도록 하겠다. 이 책은 마이크로서비스를 **클라우드 네이티브 컴퓨팅 전체를 포함하는 아키텍처 스타일**로 정의하고 있으므로, 마이크로서비스와 관련된 클라우드 네이티브 기술에 대해 설명한다. 아키텍처 스타일이란 그림 1.A에 있는 것처럼 구조 설계에 해당하는 아키텍처와 구조 설계를 구현하기 위한 기법 및 관련 기술을 의미한다(아키텍처 스타일에 대해서는 2장에서 다룬다).

아키텍처 스타일을 적용해 마이크로서비스를 모델화하면 소프트웨어의 구조 설계에 해당하는 마이크로서비스 아키텍처가 중심에 자리한다. 그리고 그 주변에 있는 인프라/실행 환경, 개발/운영 환경, 개발/운영 기법, 애플리케이션 통합 기술이 마이크로서비스 아키텍처를 지탱하는 형태가 된다.

이 책은 마이크로서비스의 아키텍처 스타일 전반을 다루는 것을 목표로 하며, 1부의 1장~4장은 마이크로서비스 아키텍처와 애플리케이션 통합 기법에 대해 다룬다. 1장에서는 DX의 본질적인 개념을 제시하며, DX를 실현함에 있어 마이크로서비스와 클라우드 네이티브 기술이 요구되는 이유를 설명한다. 계속해서 2장에서는 클라우드 네이티브 컴퓨팅의 등장 배경과 마이크로서비스의 개요를 설명한다. 3장에서는 마이크로서비스 아키텍처의 설계 시 중요한 요소를 다루고, 4장에서는 마이크로서비스 설계 시 참고가 될 '마이크로서비스 패턴'을 소개한다.

마이크로서비스 아키텍처와 애플리케이션 통합을 제외한 구성 요소, 즉 인프라/실행 환경, 개발/운영 환경, 개발/운영 기법에 대해서는 2부의 5장 이후에서 다룬다.

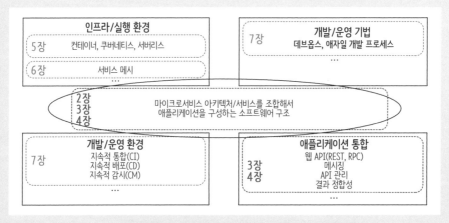

그림 1.A 이 책에서 다루는 마이크로서비스 아키텍처 스타일의 설명 범위

제 1 장

디지털 전환:
마이크로서비스가 중요해진 배경

마이크로서비스를 시작하는 배경에는 기술적 호기심, IT 시스템 요건, 비즈니스적 필요성 등 다양한 이유가 있을 것이다. 여기서는 먼저 IT 시스템을 둘러싼 환경을 조감하고, **디지털 전환**(Digital Transformation, **DX**)이라고 하는 흐름에서 마이크로서비스가 요구되는 배경을 살펴보도록 한다.

1.1 디지털 전환이란?

최근 수년간 DX는 매우 중요한 주제로 다뤄지고 있으며, 다양한 매체 및 IT 기업, 그리고 지식인들이 관련 정보를 공유하고 있다. 각각 DX라는 관점에서 정보를 발간하고 있지만, 중요하게 여기는 부분이 달라서 DX가 무엇인지 이해하기 어려울 수도 있다.

인공지능(Artificial Intelligence, AI)이나 머신러닝(Machine Learning, ML)을 활용한 신기술을 강조하는 경우도 있으며, 빅데이터나 비즈니스 인텔리전스(Business Intelligence, BI)의 중요성을 언급하는 경우도 있다. 또한, 사물인터넷(Internet of Things, IoT)을 활용한 자동화 관련 기사나 가상 현실(Virtual Reality, VR), 증강 현실(Augmented Reality, AR), 혼합 현실(Mixed Reality, MR) 등의 교차 현실(Cross Reality, xR)에 대해 언급하는 경우도 있다. 여기까지 읽고 IT 신기술을 활용해서 새로운 사례를 발굴하는 것이 DX의 본질이라 생각하는 독자도 있을 것이다(그림 1.1).

그림 1.1 **DX의 예**

틀린 것은 아니지만 DX의 '극히 일부'에 해당하는 개념이다. 이유를 설명하기 위해서 DX가 무엇인지 정의를 살펴보도록 하겠다. 이 책 집필 시점에는 아직 표준 기구가 정한 공식적인 기준이 없으므로 차선책으로 영문판 위키피디아의 DX 항목을 참고하도록 하겠다.

Digital Transformation (DT or DX) is the adoption of digital technology to transform services or businesses, through replacing non-digital or manual processes with digital processes or replacing older digital technology with newer digital technology. Digital solutions may enable - in addition to efficiency via automation - new types of innovation and creativity, rather than simply enhancing and supporting traditional methods.

출처: https://en.wikipedia.org/wiki/Digital_transformation(또는 https://bit.ly/3zb4Xwb)

해석

디지털 전환(DT 또는 DX)은 사람이 수작업으로 하던 프로세스를 디지털화된 프로세스로 변경하거나 오래된 디지털 기술을 최신 기술로 변경하여, 서비스나 비즈니스 프로세스를 혁신하는 디지털 기술의 적용 형태다. DX에 있어 디지털 솔루션은 단순히 지금까지 방법을 개선하거나 효율적으로 지원하는 것이 아니다. 자동화에 그치지 않고 새로운 종류의 혁신과 창조성을 만들어내는 것이다.

영문판 위키피디아에서는 DX를 '최신 IT 기술을 사용해서 비즈니스를 근본적으로 혁신하는 운동'이라고 설명하고 있다. '최신 IT 기술'을 활용한다는 관점에서 보면 DX란 AI/ML 등의 IT 신기술을 활용하는 것이며, 이에 대한 이견은 없을 것이다. 하지만 '최신 IT 기술 활용'보다 더 중요한 것은 '비즈니스를 근본적으로 혁신하는 것'에 있다. 즉, DX의 본질은 다음 두 가지다.

- 비즈니스의 근본적인 혁신
- (비즈니스의 근본적인 혁신에 있어) 비즈니스 주체를 IT에 맡기는 것

기존의 IT-비즈니스 연동 모델과 비교하면 이런 DX의 본질을 쉽게 이해할 수 있을 것이다.

컴퓨터는 그 탄생부터 오랜 시간 동안 인간의 수작업을 지원하는 후방 지원(백오피스) 서비스로 이용돼 왔다. 빅테크 기업[1]처럼 설립할 때부터 IT를 활용해서 혁신적인 서비스를 제공하는 경우도 있지만, 대부분의 일반 기업에서는 IT는 주판이나 계산기처럼 비

---

1 세계적으로 규모가 큰 IT 기업들. 아마존, 애플, 알파벳, 페이스북, 마이크로소프트가 대표적이다.

즈니스를 '지원'하는 도구이며, 비즈니스 주체는 어디까지나 사업 부서의 인력이었다(그림 1.2).

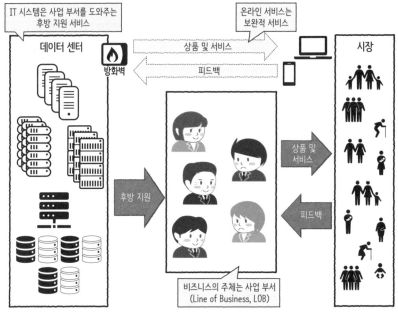

그림 1.2 **기존의 IT 활용 모델**

DX는 이런 기존 IT-비즈니스 협업 모델을 근본적으로 바꾸는 것이다. 그림 1.3은 DX를 통해 실현한 이상적인 IT와 비즈니스의 협업 모델이다.

DX 이후의 세계에서 IT 시스템은 후방 지원 서비스가 아니다. IT 시스템은 시장에 상품 및 서비스를 제공하며, 비즈니스 프로세스를 운영하는 기업 활동의 핵심이 된다. 실제로는 영업부 등의 사업 부서가 계속해서 주관 부서가 되겠지만, 빠르고 다이내믹하게 변하는 시장에 대응할 수 있도록 비즈니스 운영 문화가 근본적으로 변화해야 한다. 마찬가지로 기존 IT 시스템(인프라와 애플리케이션)도 혁신적으로 변해야 하며, 필요에 따라 AI/ML 등의 최신 IT 기술을 적용해야 한다. 이것이 바로 DX의 목표다. DX란, 단지 최신 기술을 여기저기 적용하는 것만이 아니다. IT 시스템뿐 아니라 비즈니스도 근본적으로 혁신해야 하는 것이다.

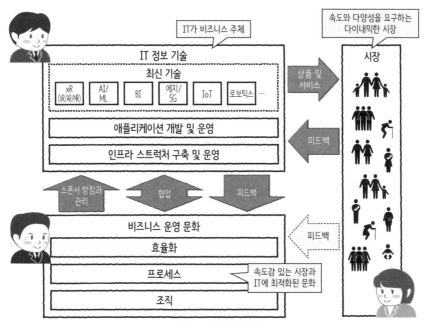

그림 1.3 DX 구조 모델

1.2 2025년의 벽

'2025년의 벽'은 2018년 8월 일본 경제산업청에 속한 '디지털 전환에 대비한 연구회'가 발행한 DX 보고서의 일부다. 이 보고서는 DX를 소홀히 한 경우 2025년 이후 일본 전국에서 최대 12조 엔(약 120조 원)의 경제적 손실을 볼 거라 예상했으며, 이런 손실에 의해 발생하는 여러 문제들을 상징적으로 2025년의 벽이라 부르고 있다. 이 제목은 큰 반향을 일으켰으며, DX가 갑자기 주목을 받는 계기가 됐다.

왜 2025년의 벽이 발생하는 것일까? DX 보고서에 의하면 IT 업계나 관련 회사에서 인재 부족 현상이 발생하며, 이는 기술 측면, 투자 측면, 그리고 비즈니스 측면에서 악영향을 끼쳐 경제적 손실을 초래할 거라 보고 있다(그림 1.4). 이런 연쇄적 현상에서 인재(人材) 문제에 추가로 고려해야 할 문제가 '기술적 부채'다.

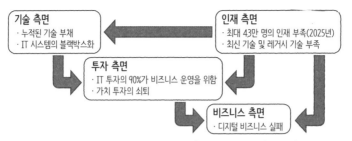

출처: DX 보고서-IT 시스템 '2025년의 벽' 극복과 DX의 본격적인 전개
(일본 경제산업청/디지털 전환 대비를 위한 연구소, 2018년 9월 7일 발행)
https://www.meti.go.jp/shingikai/mono_info_service/digital_transformation/20180907_report.html
(또는 https://bit.ly/372D3bM)

그림 1.4 **일본 IT 시스템이 겪고 있는 악순환 구조**

기술적 부채가 무엇인지 살펴보도록 하겠다. 빈번하게 새로운 기술이 등장하고 순식간에 기존 기술이 퇴화하는 IT 세계에서는, 개별 IT 시스템을 비용과 기간을 고려해서 효율적으로 운영하기 위해 기술 혁신은 물론, 적절한 시점에 기존 시스템을 현대화하는 것이 중요하다. 이렇게 자주 기존 IT 시스템을 업데이트하는 것이 기존 제품/기술과 최신 제품/기술의 차이를 줄여서 현재 이용하고 있는 제품/기술 간의 전환이 쉽도록 해주며, 개발, 구축, 운영 관련된 IT 기술자도 기술을 손쉽게 향상시킬 수 있다(그림 1.5의 오른쪽).

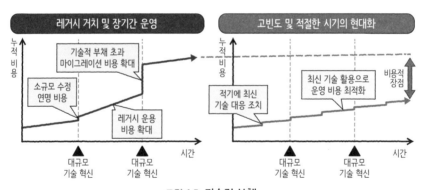

그림 1.5 **기술적 부채**

한편 IT 시스템에 근본적인 변경, 보수를 적용하지 않고 장기간 운영한 경우, 미적용 제품/기술이 점점 누적된다(그림 1.5의 왼쪽). 이렇게 누적된 미적용 제품/기술을 기술적 부채라고 한다.

기술적 부채가 많아지면 운영해야 할 제품/기술이 늘어나고 IT 기술자의 기술 향상 부담도 늘어나서 IT 시스템 현대화 시에 기간이나 비용적 부담이 커진다. 최악의 경우 현재 IT 시스템의 운영에 IT 예산을 전부 소진해버려 최신 IT를 위한 투자가 불가능한 상황에 이를 수도 있다. 또한, 최신 기술과 관련 기술 부족은 비즈니스 경쟁력 저하의 원인이 될 수도 있다. 이런 구조적인 문제가 복합적으로 쌓여서 2025년의 벽이 발생하는 것이다.

DX 보고서는 위기감을 언급하는 것뿐 아니라 DX 실현을 위한 해결 방침도 제시하고 있다(그림 1.6). 그림 1.6은 네 가지 주요 해결 방침을 보여 주고 있는데, 그중에서도 IT와 밀접하게 관련 있는 세 가지 기술 방침에 대해 설명하도록 하겠다.

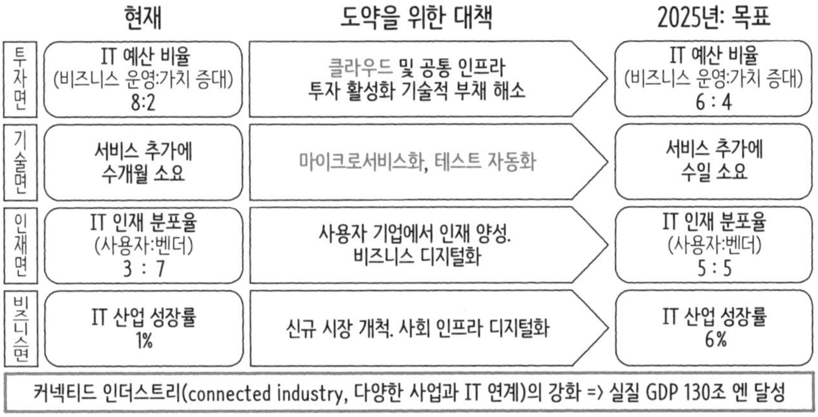

	현재	도약을 위한 대책	2025년: 목표
투자면	IT 예산 비율 (비즈니스 운영:가치 증대) 8:2	클라우드 및 공통 인프라 투자 활성화 기술적 부채 해소	IT 예산 비율 (비즈니스 운영:가치 증대) 6 : 4
기술면	서비스 추가에 수개월 소요	마이크로서비스화, 테스트 자동화	서비스 추가에 수일 소요
인재면	IT 인재 분포율 (사용자:벤더) 3 : 7	사용자 기업에서 인재 양성. 비즈니스 디지털화	IT 인재 분포율 (사용자:벤더) 5 : 5
비즈니스면	IT 산업 성장률 1%	신규 시장 개척. 사회 인프라 디지털화	IT 산업 성장률 6%

커넥티드 인더스트리(connected industry, 다양한 사업과 IT 연계)의 강화 => 실질 GDP 130조 엔 달성

출처: DX 보고서~IT 시스템 '2025년의 벽' 극복과 DX의 본격적인 전개
(일본 경제산업청/디지털 전환 대비를 위한 연구소. 2018년 9월 7일 발행)
https://www.meti.go.jp/shingikai/mono_info_service/digital_transformation/20180907_report.html
(또는 https://bit.ly/372D3bM)

그림 1.6 **DX를 위한 현황 파악과 대처 방안**

[1] IT 인프라 표준화

최신 기술을 사용해서 인프라 표준화를 도모하고 환경 구축, 운영의 효율화와 속도 향상을 목표로 한다(그림 1.7). 구체적으로는 표준 기술로 컨테이너에 의한 가상화를 검토한다. 컨테이너와 쿠버네티스 등의 컨테이너 오케스트레이션을 사용해 인프라를 구축, 운영하므로 특정 클라우드 서비스에 종속되지 않고 공통 인프라를 구축할 수 있게 한다.

출처: DX 보고서~IT 시스템 '2025년의 벽' 극복과 DX의 본격적인 전개
(일본 경제산업청/디지털 전환 대비를 위한 연구소. 2018년 9월 7일 발행)
https://www.meti.go.jp/shingikai/mono_info_service/digital_transformation/20180907_report.html
(또는 https://bit.ly/372D3bM)

그림 1.7 **해결책 1: IT 인프라 표준화**

[2] 마이크로서비스로 애플리케이션 현대화

마이크로서비스와 테스트 자동화를 근간으로 한 데브옵스(DevOps)를 실현하므로, 애플리케이션 현대화(그림 1.8)를 달성한다. 애플리케이션 개발, 변경만 신속하게 하는 것이 아니라 자동화를 통해 오류를 줄여 애플리케이션 품질을 향상시킨다.

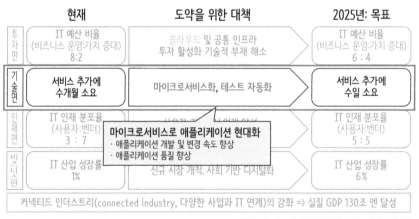

출처: DX 보고서~IT 시스템 '2025년의 벽' 극복과 DX의 본격적인 전개
(일본 경제산업청/디지털 전환 대비를 위한 연구소. 2018년 9월 7일 발행)
https://www.meti.go.jp/shingikai/mono_info_service/digital_transformation/20180907_report.html
(또는 https://bit.ly/372D3bM)

그림 1.8 **해결책 2: 애플리케이션 현대화**

[3] 시스템 도입 방법 개선

일본 전국 IT 기술자의 약 70%가 IT 벤더(IT 시스템, H/W, S/W 제조사 또는 IT 서비스, 컨설팅 제공 회사)에 소속되어 있으며, 사업 회사(IT 시스템 사용 법인 또는 기업)에 속한 IT 기술자는 30%에 불과하다. 결과적으로 IT 시스템과 관련된 모든 대응은 시스템 통합사(System Integrator, SI 또는 SIer)에 의존하지만, 일본의 SI는 대부분 도급형 계약으로 인해 유연하고 신속한 IT 시스템 개발 및 운영을 저해하는 장애물이 되고 말았다.

이런 인습을 타파하고 신속하고 다이내믹하게 IT 시스템을 개발/운영하기 위해서는 IT 시스템 개발 및 구축을 내재화해야 한다. 단, 내재화는 조직 구성, 비즈니스 런칭, 기술 축적 등 해결해야 할 다양한 과제가 있으므로 중/장기적으로 계획하는 것이 현실적이다. 단기적으로는 SI 회사(SIer)와의 계약 형태를 재고해서 사내 IT 기술자 양성에 투자해야 한다(그림 1.9).

출처: DX 보고서~IT 시스템 '2025년의 벽' 극복과 DX의 본격적인 전개
(일본 경제산업청/디지털 전환 대비를 위한 연구소, 2018년 9월 7일 발행)
https://www.meti.go.jp/shingikai/mono_info_service/digital_transformation/20180907_report.html
(또는 https://bit.ly/372D3bM)

그림 1.9 해결책 3: IT 시스템 도입 개선

이런 방침들에 명시되어 있듯이, 마이크로서비스는 데브옵스 및 컨테이너와 함께 DX를 추진하는 주요 기술 요소로 간주되고 있다. 즉, 지금까지의 IT 시스템 개발 및 운영 방법을 근본적으로 바꾸며, 애플리케이션 현대화를 목표로 하는 IT 기술자라면 마이크로서비스가 중요한 기술이라는 것을 인식해야 한다.

DX 보고서는 DX의 실질적인 일정도 보여 주고 있다(그림 1.10). 2020년까지 DX의 프로토타입 프로젝트를 선행해서 실시하고, 경영 판단을 통해 이후 IT 시스템 프로젝트에는 'DX 우선주의'를 적용하는 것이 이상적인 스케줄이라 명시돼 있다. 아쉽게도 경영 판단을 해야 하는 2020년은 이미 지났지만, 가급적 빨리 DX 적용과 실천을 검토하는 것이 바람직하다.

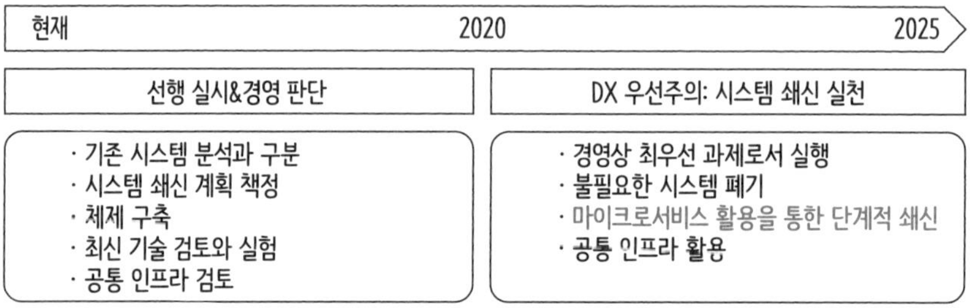

현재	2020	2025

선행 실시&경영 판단	DX 우선주의: 시스템 쇄신 실천
· 기존 시스템 분석과 구분 · 시스템 쇄신 계획 책정 · 체제 구축 · 최신 기술 검토와 실험 · 공통 인프라 검토	· 경영상 최우선 과제로서 실행 · 불필요한 시스템 폐기 · 마이크로서비스 활용을 통한 단계적 쇄신 · 공통 인프라 활용

출처: DX 보고서~IT 시스템 '2025년의 벽' 극복과 DX의 본격적인 전개
(일본 경제산업청/디지털 전환 대비를 위한 연구소, 2018년 9월 7일 발행)
https://www.meti.go.jp/shingikai/mono_info_service/digital_transformation/20180907_report.html
(또는 https://bit.ly/372D3bM)

그림 1.10 DX 우선주의 실천 일정

1.3 DX 추진을 위한 방침

일본 경제산업청은 DX 보고서에 추가로 DX 추진 가이드라인, DX 추진 지표 등 DX 추진에 필요한 참고 문서를 정비하고 있다. 또한, 각 IT 벤더들도 DX 추진에 유익한 연수 코스나 워크샵을 제공하고 있으며, 민간 기업을 중심으로 한 DX 실험 프로젝트를 통해 다양한 PoC(Proof of Concept, 개념 검증)가 실시되고 있다. 한편, PoC를 진행했지만 DX 프로젝트가 PoC에서 중단돼서 자연스럽게 사라졌다는 이야기도 듣는다. 왜 DX는 PoC에서 멈춰버리는 것일까?[2, 3]

2　[옮긴이] PoC는 실제 프로젝트를 진행하기 앞서 해당 기술을 이해하고 검증하기 위해 실시하는 테스트 프로젝트다. 보통은 PoC를 통해 개발된 시스템을 경영진이나 담당자에게 보여 주고서 실제 프로젝트를 진행할지 결정한다. 외국에서는 일반적인 방식이다. 역자도 PoC까지 진행해 놓고 실제 프로젝트로 연결되지 못한 경험이 있다. 거의 1년이란 시간을 투자해서 실제 프로젝트를 진행하려고 했지만, 결국 담당자의 소심함과 경영진의 무관심으로 프로젝트가 중단됐다.

3　[옮긴이] 우리나라도 다양한 활동이 이루어지고 있다. 특히, 2022년 7월에는 산업디지털전환촉진법이 시행된다. 산업 데이터의 생성 및 활용을 활성화하고, 지능정보기술의 적용을 통해 디지털 전환을 촉진하고자 하는 것을 목적으로 하는 법이다[출처: https://www.law.go.kr/LSW/lsInfoP.do?lsiSeq=238859&viewCls=lsRvsDocInfoR#(또는 https://bit.ly/3woi77V)].

그 이유 중 하나는 DX를 'IT'만 혁신하는 것이라 생각해서 비즈니스 운영 문화의 변신을 소홀했기 때문이다. 1.1절과 그림 1.3에서 본 것처럼 DX의 본질은 '비즈니스의 근본적인 혁신'과 '(비즈니스의 근본적인 혁신을 위해) 비즈니스의 주체를 IT로 옮기는 것'으로 집약할 수 있다. 이를 실천하는 것은 조직 구성을 포함한 비즈니스 문화를 혁신해야 한다. 조직이나 문화를 변경하지 않고서 IT 시스템만 변경해서는 기대한 결과를 얻을 수 없다. 비즈니스 환경을 바꾸지 않고서 'AI로 무언가 새로운 비즈니스를 만들어'라고 지시한다면, 현장 사람은 곤란한 표정만 지을 것이다.

바람직한 모습은 먼저 경영진의 리더십하에 비즈니스 운영 문화를 바꾸는 것이다(그림 1.11).

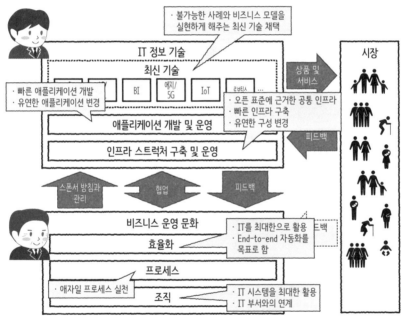

그림 1.11 **구조화된 DX 추진 전략**

비즈니스 운영 문화를 혁신하려면 시장의 빠른 변화에 대응할 수 있도록 조직 구성을 변경해야 하며, 이때 IT 시스템을 최대한 활용하기 위해 IT 부서와 더 긴밀하고 유연하게 연계할 수 있는 구성을 검토해야 한다. 예를 들어, 각 사업 부서에는 IT 부서와 접점이 되는 인력을 배치해서 시스템화 요건과 우선 순위 관리 등을 통해 애플리케이션(비즈니스)의 책임자로 일하게 해야 한다.

비즈니스 프로세스와 관련해서는 빠른 판단과 행동이 가능하도록 각 프로세스 대상을 가능한 세분화하고, 사람의 관여와 수작업을 줄이는 것을 검토해야 한다. IT에서 사용되는 애자일 프로세스의 핵심을 비즈니스 프로세스에서도 적용하는 것이다. 그리고 비즈니스 프로세스를 효율적으로 운영하기 위해서는 IT를 최대한 활용해야 한다. 가능한 한 자동화를 도모하고 조직이 프로세스를 신속하게 돌릴 수 있도록 노력해야 한다.

이런 비즈니스 운영 문화의 변경을 기반으로 IT 시스템의 혁신을 진행해야 한다. DX 보고서에서도 언급하고 있듯이, 인프라에는 오픈 표준인 컨테이너를 사용해 공통 인프라를 구축한다. 컨테이너는 특정 벤더(서비스 제공사)에 종속되지 않는 기술이므로, 여러 벤더를 사용해 멀티 클라우드 환경을 구축했다고 해도 벤더 고유의 치이에서 발생하는 운영 비용 부담을 최소한으로 유지할 수 있다. 또한, 컨테이너 오케스트레이션을 병용하므로 빠르고 유연한 인프라 환경을 구축할 수 있다.

애플리케이션 개발 및 운영의 현대화를 위해서는 DX 보고서에서 언급된 마이크로서비스 및 데브옵스를 채택해서 빠른 애플리케이션 개발과 유연한 애플리케이션 변경을 실현한다.

이를 바탕으로 지금까지 불가능이라고 여겨진 사례나 비즈니스 모델도 xR(VR, AR, MR 등)이나 AI/AML 등의 최신 기술을 활용해서 실현할 수 있다. 최신 기술을 적용하려고 하면 처음에는 시행착오를 거치겠지만, 걱정하지 않아도 된다. DX 실천을 통해 비즈니스 운영 문화가 시행착오를 허용하고, 실패 우선주의(fail-first)를 존중하도록 변하기 때문이다. 마이크로서비스 및 컨테이너로 현대화된 애플리케이션과 인프라를 통해 비즈니스 부서의 빠른 결정이나 급격한 방침 변경에도 유연하게 대응할 수 있다.

제2장

클라우드 네이티브 컴퓨팅과 마이크로서비스

마이크로서비스란 무엇인가? 이 간단한 질문에 대답하기 위해서는 마이크로서비스가 요구되는 배경을 이해할 필요가 있다. 먼저 마이크로서비스가 처음 등장한 배경으로 클라우드 컴퓨팅이나 클라우드 네이티브 컴퓨팅 같은 기술적 동향을 설명한 후, 마이크로서비스의 개요를 소개하도록 한다.

2.1 클라우드 컴퓨팅의 발자취

소프트웨어 아키텍처는 그때그때의 기술적인 동향에 영향을 받으며, 시대의 필요에 응답하면서 발전하게 된다. 마이크로서비스도 그런 소프트웨어 아키텍처의 하나로 **클라우드 컴퓨팅**의 영향을 받았다고 해도 과언이 아니다. 따라서 마이크로서비스의 등장 배경을 이해하기 위한 첫걸음으로 클라우드 컴퓨팅의 역사를 돌아보도록 하자.

2.1.1 REST

IT 업계에 있어 클라우드 컴퓨팅의 등장은 2000년대 초로 거슬러 올라간다. 지난 세기 말에 설립된 Salesforce.com이 인터넷을 통한 고객 관계 관리(Customer Relationship Management, CRM) 서비스를 성공적으로 제공하여 **SaaS**(Software-as-a-Service) 모델의 비즈니스를 확립했다. 이를 클라우드 컴퓨팅 역사의 이정표로 볼 수 있다. 이 회사의 로고에서 볼 수 있듯이 구름에서 인터넷을 통한 고부가 가치 서비스를 제공하는 새로운 '형태'의 IT 기업, 즉 클라우드 회사의 도래를 볼 수 있는지도 모른다.

2000년대라고 하지만 웹2.0의 시대이기도 하다. 이 시대를 대표하는 것이 바로 구글 지도(Google Maps)다. 당시 마우스 드래그로 맵을 조작할 수 있는 것은 획기적인 일이었다. 웹브라우저의 조작성은 자바스크립트 라이브러리의 발전과 에이잭스(Ajax)에 의해 개선됐지만, 웹2.0의 유행이 가져온 본질적인 가치는 거기서 그치지 않는다. '타인이 제공하는 서비스를 인터넷을 통해 호출하면서 클라이언트 요청을 처리한다'는 것은 지금은 당연한 이야기일 수도 있지만, 본격적으로 사용되기 시작한 것은 바로 이 시대다. 이 새로운 모델의 보급에 큰 역할을 한 것이 **REST**ful 웹서비스다.

웹서비스라는 개념은 이전부터 있었으며, W3C를 중심으로 SOAP/WSDL/UDDI 등의 웹서비스 프로토콜이 정비돼 있었다. 하지만 일본에서는 SOAP/WSDL 기반의 구시대 웹서비스는 빛을 보지 못했다. 그 이유 중 하나는 복잡성과 비용이다. 구시대 웹서비스를 사용하려면 일반적인 HTTP 프로토콜뿐만 아니라 그 위에서 동작하는 다양한 웹서비스 프로토콜을 이해해야만 했다. 또한, 엔터프라이즈 서비스(ESB) 등 IT 벤더가 제공하는 웹서비스 관련 미들웨어 사용을 강요하는 경우도 적지 않았다. 학습 난이도와 사용 미들웨어 구입 비용이 구시대 웹서비스 적용을 망설이게 한 것이다. 이렇게 기술적으로 침체기에 있던 웹서비스의 존재 가치를 바꾼 것이 웹2.0 붐을 통해 주목을 받은 REST(REpresentational State Transfer)다.

REST란, HTTP 프로토콜 규격 창시자 중 한 명인 로이 필딩(Roy Fielding)이 만든 아키텍처 스타일이다. 주로 HTTP 프로토콜을 사용한 소프트웨어 설계에 대해 논하고 있으며, 그중에서도 HTTP 메서드와 URI(Uniform Resource Identifier)에 대한 언급은 이후 웹서비스에 큰 영향을 주었다. 로이 필딩은 URI가 이름이 의미하듯이 리소스, 즉 처리 대상 데이터를 표현하는 것이며, 데이터 처리를 규정하기 위해서 HTTP 메서드를 사용해야 한다고 주장했다. HTTP 메서드 중 GET은 데이터 취득, PUT은 데이터 변경, POST는 데이터 작성, DELETE는 데이터 삭제에 사용한다(그림 2.1). 즉, HTTP는 원래 웹서비스 구현에 필요한 구조를 갖춘 프로토콜임을 명확히 한 것이다. 이 설계 원칙은 매우 간단하고 이해하기 쉬우며, 전용 미들웨어를 요구하지도 않는다. 브라우저상의 자바스크립트에서도 간단히 호출할 수 있다. 이런 배경으로 구글을 비롯한 다양한 IT 기업들이 애플리케이션을 REST 기반의 웹서비스(RESTful 웹서비스)로 인터넷상에 공개했으며, 최종 사용자(엔드 유저)의 IT 시스템이 이 웹서비스들을 활용하는 방식이 자리 잡았다.

· URI로 리소스를 표현(목적어): XXX를 …
· HTTP 메서드로 조작을 표현(술어): YYY한다

HTTP 메서드	의미	SQL를 예로 들면..
GET	취득, 검색	SELECT
POST	작성, 추가	INSERT
PUT	변경	UPDATE
DELETE	삭제	DELETE

· REST에 근거한 HTTP 헤더 예(틀)

```
GET/blogs/BobSutor HTTP/1.1
Host: www.shoeisha.co.jp
............................................
```

그림 2.1 REST

웹2.0 붐을 통해 각광을 받기 시작한 RESTful 웹서비스는 이후 SaaS 애플리케이션의 API로 사용된다. 즉, REST는 SOAP/WSDL 등의 구시대 웹서비스 프로토콜을 대체하는 것으로 새로운 시대의 웹서비스 핵심 기술이라고 볼 수 있다. 뿐만 아니라 클라우드 컴퓨팅의 서막을 연 장본이기도 하다. SaaS나 RESTful 웹서비스는 비교적 상위 계층에 위치하는 기술이다. 2000년~2010년까지 클라우드 컴퓨팅은 상위 계층의 사용자 경험 을 혁신한다는 관점에서 주목받았다(그림 2.2의 왼쪽).

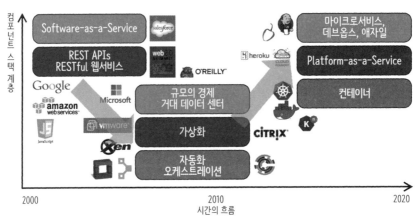

그림 2.2 **클라우드 컴퓨팅의 동향 변화**

2.1.2 클라우드 서비스 모델

SaaS가 성공하면서 다음으로 주목을 받은 것이 SaaS 회사의 IT 시스템 구현 및 운영이다. SaaS 회사는 방대한 요청 및 트랜잭션을 축적하고 있어서 그 노하우를 적 용하면 확장성과 높은 가용성, 안전한 엔드 유저 시스템을 구축할 수 있다고 본 것이 다. 여기서부터 서버나 네트워크 등의 컴퓨팅 플랫폼을 클라우드 서비스로 제공하는 IaaS(Infrastructure-as-a-Service)가 등장한다. 2006년에 유통 대기업인 아마존(Amazon) 이 아마존 웹서비스(Amazon Web Service, AWS)를 시작했고, 2009년에는 마이크로소프 트가 미국 시카고 외곽과 아일랜드에 거대한 데이터 센터 건축을 시작하며 클라우드 사업에 뛰어들었다. AWS가 선두에 있었으며 마이크로소프트를 시작으로 많은 IT 회사 가 진입했으므로 IaaS 사업이 대성공을 거두었다. 그리고 이와 관련된 서버나 네트워크 가상화 기술, 서버 구성 및 배포 자동화 기술이 새롭게 개발, 추가됐으며, 기반 구축의 속도 및 품질 향상을 도모할 수 있었다. 이처럼 2005년부터 2010년대 초반까지 클라우드 관련 기술은 서버, 네트워크 등 인프라 기술에 치우쳐 있었다(그림 2.2의 가운데).

IT 시스템은 인프라(기반)와 애플리케이션으로 구성돼 있다. 인프라를 혁신하는 것은 애플리케이션 혁신에 영감을 주며, 그 반대도 마찬가지다. 2010년 전후에 인기를 얻은 클라우드 컴퓨팅을 사용한 인프라 기술 혁신은 그 상위 계층에도 영향을 주었다(그림 2.2의 오른쪽).

그중 하나가 바로 PaaS(Platform-as-a-Service)다. 소프트웨어나 네트워크를 서비스로 제공하는 IaaS에 비해, PaaS는 미들웨어부터 하위 계층의 컴퓨팅 스택을 서비스로 제공한다(그림 2.3의 가운데). 애플리케이션 개발자는 OS나 미들웨어 등의 도입과 구성을 신경 쓰지 않고 애플리케이션 개발에 집중할 수 있는 것이 PaaS의 장점이다. 헤로쿠(Heroku), 클라우드 파운드리(Cloud Foundry), 구글 앱 엔진(Google App Engine), AWS 일래스틱 빈스토크(AWS Elastic BeansTalk), 마이크로소프트 애저 앱 서비스(Microsoft Azure App Service) 등이 PaaS에 해당하는 기술이다.[4]

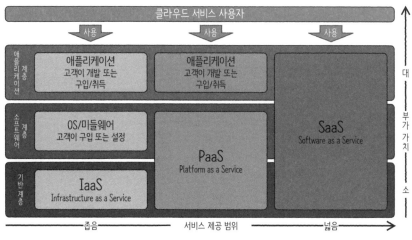

그림 2.3 **클라우드 서비스 모델**

---

4 [옮긴이] 쉽게 설명하면 SaaS는 소프트웨어 자체를 인터넷을 통해 제공하는 것이고(예를 들면 웹에서 사용하는 오피스 365), IaaS는 서버, 네트워크, 저장소 등을 가상으로 제공하는 것이다. 그리고 PaaS는 하드웨어 및 미들웨어, OS 등이 이미 설치돼 있는 상태로 주로 개발을 위해 제공되는 환경이다.

또한 애플리케이션 개발/운영의 혁신으로 **지속적 통합**(Continuous Integration, CI)과 **지속적 전달**(Continuous Delivery, CD), 데브옵스(DevOps), 애자일(Agile) 개발 프로세스가 주목을 받기 시작했고 클라우드 컴퓨팅을 형성하는 기법으로 자리잡았다. 이미 2000년대 초반부터 크루즈 컨트롤(cruise control)이나 허드슨[Hudson, 현 젠킨스(Jenkins)] 등을 이용해서 파이프라인을 구축했고, 빌드나 단위 테스트를 자동화하는 CI를 시험하기 시작했다. 클라우드 컴퓨팅과 직접적인 관련이 없었던 이 기술들이 데브옵스 및 CD 등과 함께 관심을 받은 계기는 바로 애플리케이션 개발/운영의 속도 향상과 유연성을 실현하기 위해서였다.

IaaS에 의해 인프라 구축이 빨라졌지만, 지금까지 해온 것과 같은 속도로 애플리케이션을 개발한다면 클라우드 사용이 의미가 없다. 인프라 위에 애플리케이션 개발/운영에 속도와 유연성을 주기 위해서 CI, CD, 데브옵스 등의 기법이 클라우드 컴퓨팅을 형성하는 기술로 도입된 것이다. 그리고 이 책의 주제인 **마이크로서비스**도 클라우드 플랫폼 상에서 실행되는 애플리케이션을 개발 및 운영하기 위한 아키텍처 스타일로 주목받게 됐다.

마이크로서비스란, 인프라 구축의 **빠른** 속도에 맞추어 애플리케이션 개발과 운영(변경 작업)을 적시에 진행하기 위한 설계, 개발, 운영 기법을 모은 것이다. 여기서 핵심이 되는 것은 서비스라고 하는 독립적으로 개발 및 실행되는 소프트웨어 컴포넌트를 여러 개 조합해서 하나의 애플리케이션으로 만드는 소프트웨어 구조에 있다.

각 서비스는 개별적으로 개발되며, 각각 독립적으로 특정 환경에 배포할 수 있는 구조를 가지고 있다. 개별 서비스를 교체하므로 애플리케이션을 간단히 변경할 수 있는 구조다. 서비스 기반 개발, 애자일 개발 프로세스는 새로운 것이 아니라 2000년대 SOA 시대에 사용된 것이다. 마이크로서비스란 이런 과거의 지혜를 기반으로 웹2.0이나 클라우드 컴퓨팅 등의 현재 기술 동향을 도입한 아키텍처 스타일이라고 할 수 있다.

클라우드 컴퓨팅의 역사를 살펴보았지만, 2020년의 클라우드가 2000년대의 클라우드와 다르다는 것을 알 수 있을 것이다. SaaS라는 애플리케이션 계층의 서비스로 시작한 클라우드 컴퓨팅은 2010년 전후로 IaaS라는 인프라 계층의 혁신이 먼저 진행됐으며, PaaS나 마이크로서비스가 주목받으면서 다시 애플리케이션 계층의 혁신에 집중하고 있다(그림 2.2의 오른쪽).

클라우드는 단순히 사용하는 것에서 무언가를 만들기 위한 도구로도 변화했다. 또한 기반을 신속하게 구축하고 똑똑하게 운영하는 것뿐만 아니라, 클라우드 기반에 맞는 애플리케이션을 만들어서 빠르고 유연하게 시스템을 구축, 운영할 수 있게 됐다. 이런 클라우드를 전제로 설계, 구축, 개발, 운영하는 컴퓨팅 스타일을 **클라우드 네이티브 컴퓨팅**이라고 한다.

2.2 클라우드 네이티브 컴퓨팅

클라우드 네이티브 컴퓨팅이란 구체적으로 어떤 것일까? 안타깝게도 이 책 집필 시점에는 클라우드 네이티브 컴퓨팅을 정의한 국제적 표준 사양이 없다. 하지만 클라우드 네이티브를 추진하는 단체는 존재한다. 바로 **CNCF**(Cloud Native Computing Foundation)다.

2015년 클라우드 네이티브 컴퓨팅을 보급하기 위한 단체로 CNCF가 구성됐다. CNCF는 리눅스 파운데이션(Linux Foundation)의 서브 프로젝트로 AWS, 구글, 마이크로소프트, 알리바바 등이 참여하고 있으며, 일본을 포함해 전체 참가 기업이 400개가 넘는 대형 단체가 됐다. CNCF는 오픈소스를 활용해서 특정 서비스(기업)에 종속되지 않는 생태계를 목표로 하고 있다. CNCF는 단체명에도 포함돼 있는 '클라우드 네이티브 컴퓨팅'을 자체적으로 정의하고 있다. 깃허브(GitHub)상에도 공개돼 있으며,[5] 한국어로 번역돼 있으니 꼭 읽어보도록 하자.

여기서는 CNCF의 클라우드 네이티브 컴퓨팅 정의를 바탕으로 그 개요를 설명하도록 한다. 먼저 클라우드 네이티브 컴퓨팅의 목적은 확장 가능한 애플리케이션을 구축/운영하는 것과 IT 시스템에 최소한의 인력으로 자주, 그리고 계획한 만큼 임팩트가 있는 변경을 추가하는 것이다. 그 앞에 있는 비즈니스 쪽 목표는 불특정 다수의 비즈니스 트랜잭션에 대응할 수 있는 대규모 시스템을 신속하게 구축해서 시장이 필요로 하는 것을 유연하게 제공하는 것이다. DX가 요구하는 속도와 유연성을 실현하는 것이 클라우드 네이티

---

5 https://github.com/cncf/toc/blob/main/DEFINITION.md(또는 https://bit.ly/3HIuLlK)

브 컴퓨팅의 목표라고도 할 수 있다. 이런 기술 목표와 비즈니스 목표를 실현하기 위해 퍼블릭(public) 클라우드, 프라이빗(private) 클라우드, 하이브리드(hybrid) 클라우드를 활용해서 느슨하게 결합된 시스템을 만들어야 한다. 구체적인 기법으로는 '컨테이너', '서비스 메시', '마이크로서비스', '변경 불가능한 인프라', '선언형 API' 등이 있다. 또한, 오픈소스를 적극 적용하므로 서비스에 종속되지 않는 생태계 실현을 권장하고 있다.

다음은 클라우드 네이티브 클라우드라는 새로운 개념에 무엇이 포함돼 있는지 살펴보도록 하겠다. 이때 도움이 되는 것이 CNCF가 웹사이트를 통해 공개하고 있는 **클라우드 네이티브 인터랙티브 랜드스케이프(Cloud Native Interactive Landscape)**[6]다. 클라우드 네이티브 인터랙티브 랜드스케이프는 클라우드 네이티브 컴퓨팅 관련 기술을 정리/분류해서 전체를 파악할 수 있게 한 조감도다(그림 2.4). 이 자료를 보면 클라우드 네이티브 컴퓨팅 관련 기술이 기반(Platform), 오케스트레이션 및 관리(Orchestration & management), 애플리케이션 실행 환경(Runtime), 애플리케이션 정의 및 개발(App definition and development), 운영 감시 및 분석(Observatory and Analysis), 서버리스(serverless) 등의 각 분야를 이미 커버하고 있어서 실현 단계에 가까이 다가서 있는 것을 알 수 있다.

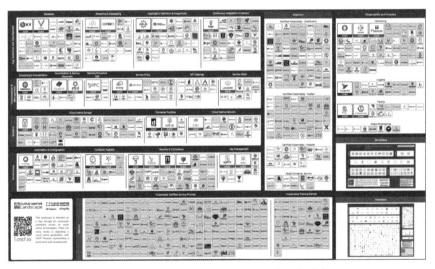

그림 2.4 **클라우드 네이티브 인터랙티브 랜드스케이프**

---

6 https://landscape.cncf.io/

2.3 클라우드 네이티브 컴퓨팅을 지탱하는 기술 요소

클라우드 네이티브 인터랙티브 랜드스케이프에는 처음 보는 기술이나 제품이 많이 등장한다. 클라우드 네이티브 컴퓨팅을 이해하기 위해 참고가 될 수 있지만, 어디서부터 시작해야 할지 갈피를 못 잡을 수도 있다. 클라우드 네이티브 컴퓨팅을 어디서부터 시작해야 할지 모를 때 도움이 되는 것이 바로 클라우드 네이티브 트레일 맵(Cloud Native Trail Map)[7]이다(그림 2.5)

그림 2.5 **클라우드 네이티브 트레일 맵**

---

7 https://github.com/cncf/trailmap

클라우드 네이티브 트레일 맵은 CNCF가 깃허브상에 공개하고 있는 차트로, IT 시스템을 클라우드 네이티브화하기 위한 로드맵을 보여 주고 있다. 클라우드 네이티브 컴퓨팅을 도입할 때 기술 적용 순서를 판단하기 위한 첫 번째 길잡이가 될 것이다.

다양한 기술 분야가 있지만 저자가 특히 중요시하는 것은 컨테이너화(Containerization), 오케스트레이션과 어플리케이션 정의(Orchestration & Application definition), 마이크로서비스, 그리고 데브옵스(CI/CD)다. 설립 시기부터 CNCF에 주목한 독자라면 알고 있겠지만, 2016년 설립 직후부터 클라우드 네이티브를 구성하는 기술 요소로 '컨테이너', '(컨테이너) 오케스트레이션', '마이크로서비스' 등 세 가지를 들었다. 컨테이너와 오케스트레이션은 인프라 혁신의 중심이고, 마이크로서비스는 애플리케이션 혁신의 중심이라고 인식한 것이다. 이후로도 클라우드 네이티브 컴퓨팅의 개념이 확장되면서 더 많은 기술 요소를 포함하게 됐지만, 컨테이너, 오케스트레이션, 마이크로서비스의 중요성은 바뀌지 않았다고 저자는 생각한다. 초기 클라우드 네이티브를 구성하는 세 가지 기술 요소에 추가로 데브옵스를 중요시하는 이유는 두 가지다. 첫 번째는 애플리케이션 개발/운영을 신속하게 하려면 개발/운영 기법을 개선해야 하기 때문이다. 또한, 데브옵스는 클라우드 네이티브 컴퓨팅뿐만 아니라 기존 시스템이나 애플리케이션 개발에도 유용하다. 이것이 저자가 데브옵스를 중요시하는 두 번째 이유다.

여기서 클라우드 네이티브 컴퓨팅을 지탱하는 기술 요소인 컨테이너, 오케스트레이션, 그리고 데브옵스에 대해 간단히 설명하도록 하겠다. 참고로 마이크로서비스에 대해서는 다른 절에서 별도로 다루도록 한다.

2.3.1 컨테이너

컨테이너는 서버 가상화를 실현해 주는 소프트웨어 솔루션이다. 현재 가장 인기가 많은 도커(Docker) 컨테이너는 dotCloud, Inc(현 Docker, Inc.)가 개발했고, 2013년 3월에 릴리스했다. 도커 컨테이너는 상용 버전과 무료 버전이 존재하며, Apache License 2.0 라이선스를 기반으로 한 오픈소스 소프트웨어로 배포되고 있다.

컨테이너의 특징은 리눅스 커널 기능을 이용해서 OS 수준의 가상 환경을 실현했다는 것이다(그림 2.6). 즉, 컨테이너형 가상화에서는 하나의 리눅스 OS상에 여러 개의 가상 환경이 호스팅되는 것이다.

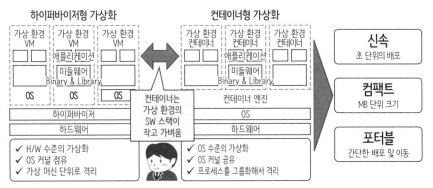

그림 2.6 **컨테이너형 가상화와 하이퍼바이저형 가상화 비교**

한편 컨테이너 등장 이전에 폭넓게 사용됐던 하이퍼바이저(hypervisor)형 가상화는 하드웨어 수준에서 가상 환경을 실현한다. 즉, 하나의 하드웨어상에 여러 가상 환경을 호스팅하는 것이다. 하이퍼바이저형 가상화에서는 가상 환경이 각각 별도의 OS 이미지를 가지고 있지만, 컨테이너형에서는 가상 환경이 각각 OS 이미지를 사용하는 것이 아니라 하나의 OS를 공유한다.[8]

이런 차이가 가상 환경 이미지의 크기에도 영향을 준다. 컨테이너형에서는 각 가상 환경 이미지(컨테이너 이미지)가 OS를 지니지 않아도 되므로 가상 환경 배포나 실행이 빠르다는 장점이 있다. 또한, 앞에서 설명한 것처럼 컨테이너는 오픈소스로 릴리스되어 있고, 사양도 표준화되어 있어서 대표적인 클라우드 벤더들이 모두 컨테이너 기술을 지원한다. 컨테이너형 가상화에서는 컨테이너화된 애플리케이션을 다른 곳에 이식하기도 쉬워서[이동성(portability)이 높음] 비용 투자 관점에서도 장점이 있다.

8　[옮긴이] 대표적인 하이퍼바이저형 가상화에 VMware가 있다. 아마 컨테이너가 등장하기 전까지 가장 많이 사용된 가상화 설루션일 것이다.

2.3.2 컨테이너 오케스트레이션

프로덕션 시스템을 운영함에 있어서 단일 서버 프로세스만 사용해서 애플리케이션을 운영하는 경우는 거의 없다. 보통은 가용성과 확장성을 담보하기 위해서 여러 개의 애플리케이션 서버로 구성된 클러스터를 구축한다.

애플리케이션 운영 환경으로 컨테이너를 채택한 경우도 마찬가지다. 오히려 컨테이너를 채택한 경우에는 클러스터 구성과 관리가 더 중요해진다고 볼 수 있다. 클라우드 네이티브 컴퓨팅에서 컨테이너는 마이크로서비스의 각 실행 환경으로 이용된다. 마이크로서비스 스타일의 설계를 한 경우 하나의 애플리케이션이 여러 개의 서비스로 구성되기도 한다. 즉, 하나의 애플리케이션을 여러 개의 컨테이너를 사용해 구성하는 것이다. 기존 아키텍처 비해 클라우드 네이티브에서 관리해야 할 클러스터 멤버(컨테이너) 수가 훨씬 더 늘어나는 것이다. 이 컨테이너들을 일일이 명령어를 입력해서 구성, 관리하는 것은 현실적이지 않으며, 이때 필요한 것이 바로 **컨테이너 오케스트레이션**(container orchestration)이다.

일반적으로 컨테이너 오케스트레이션은 컨테이너 클러스터 관리 및 운영을 중심으로, 컨테이너 클러스터 배포, 이름 해결(name resolution), 라우팅(routing), 서비스 검색(service discovery), 부하분산(load balance), 확장(scalability), 장애 시 자가 복구(self-healing) 등의 기능을 제공한다. 즉, 클라우드 기반을 지탱하는 운영체계(OS)처럼 인프라 운영 기능을 제공하고, 컨테이너 애플리케이션의 생명 주기를 관리하는 것이 컨테이너 오케스트레이션의 역할이다(그림 2.7).

컨테이너 오케스트레이션에는 다양한 설루션이 있지만 이 책 집필 시점에 가장 폭넓게 사용되는 것은 쿠버네티스(Kubernetes)다. 쿠버네티스는 원래 구글이 사내 프로젝트로 개발한 것으로 CNCF에 기여하기 위해 오픈소스로 개발이 진행됐으며, 2015년에 CNCF가 버전 1.0을 공개했다. 지금도 매우 활발하게 개발이 진행되고 있으며, 분기마다 버전을 업그레이드하고 있다.

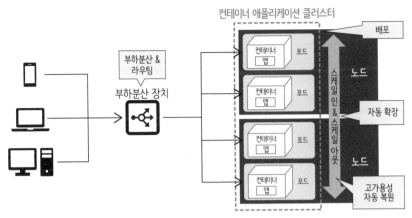

그림 2.7 **동적 오케스트레이션의 기본 기능**

2.3.3 데브옵스

IT 시스템의 구축, 개발, 운영에 필요한 조직은 일반적으로 개발팀(development)과 운영팀(operations)으로 구성된다. 하지만 양 팀의 협업이 어려워서 연계가 잘 되지 않는 경우가 많다. 작업 효율화를 실현하려면 양 팀 간의 긴밀한 연계가 필수라는 것은 말할 것도 없다.

데브옵스(DevOps)란 개발팀과 운영팀의 연계를 통해 신속하고 빈번하게, 그리고 확실하게 개발 및 테스트와 릴리스를 목표로 하는 것이다. 데브옵스를 규정하는 표준 정의는 없지만, IT 관련 조직에 국한된 좁은 의미의 데브옵스뿐만 아니라 사업 부문(사용자 부문)이나 일반 소비자(최종 사용자)까지 대상을 넓힌 넓은 의미의 데브옵스도 있다. 넓은 의미의 데브옵스에서는 사업 부문이 세운 전략/기획과 IT 시스템의 개발/운영, 그리고 일반 소비자의 반응을 긴밀하게 연계한 생태계를 확립하고, 자주 그리고 빠르게 피드백을 반영하므로 비즈니스 목표 달성과 비즈니스 성과를 최대화한다(그림 2.8).

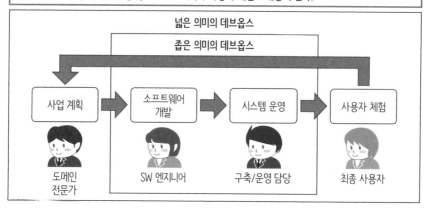

그림 2.8 **데브옵스**

이상이 데브옵스에 대한 일반적인 설명이지만, 아직 와닿지 않는 독자도 있을 것이다. 사실은 저자도 그중 한 명이다. 애자일 개발 프로세스나 CI 등 개발과 운영을 연계하는 기법이나 기술은 이것 말고도 존재한다. 하지만 그 기술들과 데브옵스의 차이를 이해하기가 쉽지 않다. 그래서 데브옵스와 관련 기술들 서로 연결해 가면서 데브옵스의 본질에 대해 설명하도록 하겠다.

데브옵스의 목표인 개발팀과 운영팀을 연계시키려면 기술적인 측면보다는 오히려 운영과 문화를 바꿔야 한다. 구체적으로는 개발과 운영을 연계하기 위한 '조직 혁신', 연계를 위한 '기법', 그리고 원활한 연계를 위한 '효율화' 등이 요구되는 것이다(그림 2.9).

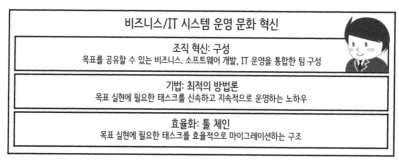

그림 2.9 **데브옵스 구성 요소**

한편 애자일 개발 프로세스란, 신속하고 유연하게 소프트웨어 개발을 진행하게 해주는 개발 기법들을 통틀어 일컫는 것이다. 즉, 데브옵스에 적용해야 할 '기법' 부분을 구현한 것이 애자일 개발 프로세스다.

또한, CD란 짧은 주기로 소프트웨어를 릴리스하기 위한 소프트웨어 엔지니어링 기법으로서 이를 실현하게 해주는 것이 배포 파이프라인(CD 파이프라인)이다. **배포 파이프라인**(deployment pipeline)이란, 컴파일, 빌드, 테스트, 배포를 자동화해 주는 툴 및 설루션이다(그림 2.10). 애플리케이션 개발자가 깃허브 등의 SCM(Software Configuration Management, 소스 코드 리포지터리라 보면 된다)에 코드를 커밋(commit)하면 컴파일, 빌드, 단위 테스트가 자동으로 실행되고, 스테이징 환경에 배포 및 테스트하는 것까지도 자동화할 수 있다. 즉, 데브옵스에 적용해야 하는 '효율화'를 구현해 주는 것이 이 CD다.

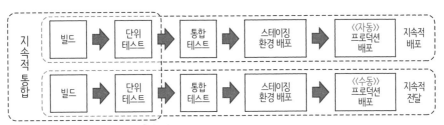

- 지속적 통합은 소프트웨어를 통합한다.
- 지속적 통합은 지속적 전달/배포의 일부분이라 볼 수 있다.
- 지속적 배포는 자동으로 프로덕션 환경에 배포한다.
- 지속적 전달은 수동으로 프로덕션 환경에 배포를 시작한다.

그림 2.10 **배포 파이프라인**

데브옵스와 애자일 개발 프로세스, 그리고 CD는 서로 상반되는 것이 아니라 상호 보완 관계라는 것을 알 수 있을 것이다. 데브옵스를 통한 문화 혁신 중에서 '기법'을 대상으로 적용해야 하는 것이 애자일 개발 프로세스이며, '효율화'를 위해 활용해야 하는 것이 CD의 배포 파이브라인이다. 그리고 데브옵스는 '조직 혁신'을 포함한 전체를 통합해서 일관성을 유지하게 해주는 프레임워크라고 보면 된다(그림 2.11).

그림 2.11 데브옵스, 애자일 개발 프로세스, CD의 상호 관계

정리하자면 데브옵스란, 애자일 개발 프로세스나 CD 등의 기존 기법, 기술과 연계해 IT 시스템 개발/릴리스 속도 향상과 유연한 변경을 애플리케이션 개발/운영의 효율화라는 관점에서 실현하게 해주는 것이다.

옮긴이 COLUMN 실제 현장에서 사용하고 있는 데브옵스

옮긴이의 현재 직장에서도 위에 언급한 데브옵스를 실제 사용하고 있다. 프로젝트 구성은 사업 부문, 개발팀, IT 운영팀으로 구성되어 있다. 사업 부문(시스템 사용자)이 보통 요구 사항을 가지고 오면 IT 운영팀에서 요구 사항을 정리해 개발팀에 공유한다. 개발팀은 2주 단위로 진행되는 애자일 스프린트(Sprint)를 통해 정해진 우선 순위에 따라 기능을 개발하며, 각 기능은 개발이 완료되는 대로 스테이징 환경에 자동으로 배포된다. IT 운영팀은 스테이징 환경을 직접 테스트한 후, 프로덕션 환경에 수동으로 배포한다. CD는 깃허브에 커밋하는 순간 설정된 자동 단위 테스트와 통합 테스트를 거쳐서 배포하도록 설정되어 있다. 그리고 각 스프린트가 끝나는 시점에 비즈니스 사용자와 함께 리뷰를 진행하며, 이때 나온 피드백을 다시 반영한다.

개인적으로는 데브옵스가 잘 진행되려면 사업 부문과 소통이 잘 되어야 하며, CD/CI 등의 설정 및 구성이 프로젝트 초기 단계에 잘 이루어져야 한다고 생각한다. 참고로 이런 소통과 CI/CD를 한 곳에서 하게 해주는 툴도 존재한다. 예를 들어 역자가 사용하고 있는 애저 데브옵스(Azure DevOps)는 비즈니스 부문과 개발팀 간 원활한 커뮤니케이션이 되도록 백로그(요건) 및 스프린트 진행 상황을 공유할 수 있는 게시판이 있으며, CI/CD를 위한 파이프라인 설정 기능, 코드 관리를 위한 리포지터리 등의 기능을 통합적으로 제공한다.

2.3.4 클라우드 네이티브 컴퓨팅을 진행하는 이유

클라우드 네이티브 컴퓨팅의 핵심 기술로 컨테이너, 오케스트레이션, 마이크로서비스, 그리고 데브옵스를 추천하는 이유로는 다음 세 가지가 있다. 첫 번째는 IT 시스템 개발/운영 속도 향상 및 품질 향상이다(그림 2.12). 컨테이너와 오케스트레이션을 사용하면 기반 구축을 빠르게 할 수 있다. 데브옵스는 인프라와 애플리케이션 배포를 자동화해서 빠른 개발 및 테스트와 배포를 가능하게 하며, 자동화를 통해 조작 실수를 최소화하므로 품질 향상에 기여한다. 또한, 빠른 속도와 자동화는 이미 릴리스한 시스템도 적절한 타이밍에 유연하게 변경할 수 있도록 해준다.

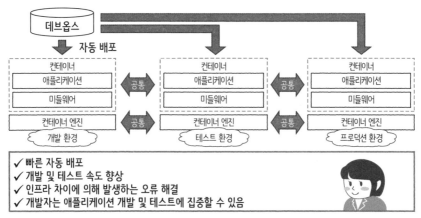

그림 2.12 클라우드 네이티브 컴퓨팅: 속도와 품질 향상

두 번째 이유는 확장성(scalability)과 고가용성(high availability)이다(그림 2.13). 쿠버네티스 등의 오케스트레이션 프레임워크를 활용하면 컨테이너 애플리케이션의 클러스터를 손쉽게 작성하고 관리할 수 있다. 또한, 퍼블릭 클라우드와 온프레미스(프라이빗 클라우드)를 같이 사용하는 하이브리드 클라우드 환경을 구축할 수도 있다. 오케스트레이션이 제공하는 부하분산, 확장, 자가 복구 등의 기능을 사용해서 프로덕션 운영에 필요한 확장성과 고가용성을 실현할 수 있다.

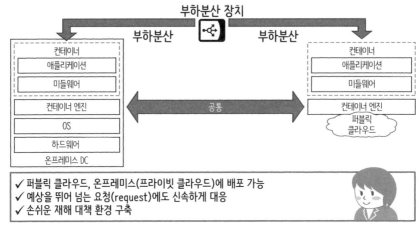

그림 2.13 **클라우드 네이티브 컴퓨팅: 하이브리드 클라우드(확장성과 고가용성)**

마지막 이유는 비용 절감이다(그림 2.14). 컨테이너나 쿠버네티스 같은 오케스트레이션 프레임워크는 대형 클라우드 서비스 제공사 및 클라우드 관련 제품이 지원하는 기술이다. 컨테이너 애플리케이션을 한 번 만들어 두면, 최소한의 수정으로 다른 클라우드 서비스가 제공하는 플랫폼으로 쉽게 마이그레이션할 수 있다. 또한, 여러 클라우드 서비스 플랫폼을 함께 사용하는 멀티 클라우드 환경도 비교적 쉽게 구축할 수 있다.

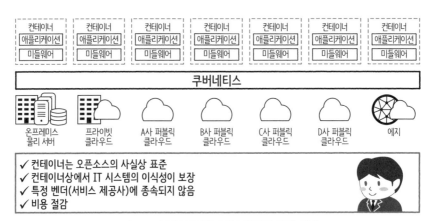

그림 2.14 **클라우드 네이티브 컴퓨팅: 비용 절감**

마이크로서비스란?

마이크로서비스란, 클라우드 네이티브 컴퓨팅의 핵심이 되는 기술로 클라우드 기반에 특화된 애플리케이션, 즉 '클라우드 네이티브 애플리케이션' 개발/운영 아키텍처 스타일이다. IT 세계에서 '아키텍처'라는 용어는 자주 접해서 알고 있을 것이다. 아키텍처 스타일이란 무엇일까?

아키텍처 스타일이란 건축 양식을 의미한다. 소프트웨어 엔지니어링 세계에서는 건축업계의 기법이나 용어를 차용하는 경우가 많다. 아키텍처(건축술, 구조), 아키텍처 스타일(건축 양식) 모두 건축 용어에서 가져온 것이다. 또한, 유명한 '디자인 패턴'도 원래는 건축 용어다. 아키텍처(architecture)란 구성 요소와 구성 요소 간 관계를 표현한 것으로 건축물의 '구조'에 해당한다. 구조는 건축물의 근간을 이루는 것이지만, 그것만으로는 집이나 빌딩을 지을 수 없다. 건축물을 만들기 위한 기법이나 목조, 철근, 콘크리트 등의 재료, 그리고 장식 등이 있어서 집이나 빌딩을 완성할 수 있다. 이처럼 구조를 구체화하기 위한 주변 기술, 기법, 재료 등을 모아서 **아키텍처 스타일**이라고 한다.

예를 들어 유럽 중세 시대나 근세 시대 건축물의 대표적인 아키텍처 스타일로 로마네스크, 고딕, 르네상스, 바로크 등이 있다. 유럽을 여행한 적이 있는 독자라면 '이 교회는 고딕 양식의 높은 첨탑을 가지고 있고…'와 같은 설명을 들은 적이 있을 것이다. 마이크로서비스는 건축 업계의 고딕이나 바로크처럼 이른바 IT의 건축 양식인 것이다. 아키텍처 스타일이라는 용어가 아직 어렵게 느껴진다면, 검증된 최적의 아키텍처를 모아둔 것이라고 생각해도 좋다.

2.4.1 마이크로 서비스 아키텍처

그렇다면 아키텍처 스타일로서 마이크로서비스의 근간이 되는 **마이크로서비스 아키텍처**란 무엇을 의미하는 것일까? 마이크로서비스 아키텍처의 핵심은 독립적으로 개발 및 실행되는 소프트웨어 컴포넌트(이를 서비스라고 한다)를 여러 개 조합해서 하나의 애플리케이션을 구축하는 소프트웨어 구조에 있다. 이것을 구체화하기 위한 기술로 컨테이너, 오케스트레이션, REST, 메시징 등이 있으며, 기법으로는 데브옵스, 애자일 개발 프로세스, CD, 도메인 주도 설계(Domain Driven Design, DDD)가 있다. 이런 기법/기술들이 아키텍처 주변을 지탱하므로, 아키텍처 스타일로서의 마이크로서비스가 만들어지는 것이다(그림 2.15).

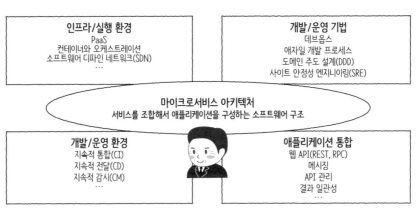

그림 2.15 마이크로서비스 아키텍처 스타일

마이크로서비스의 역사를 거슬러 올라가면 2010년대 초반에 그 원형을 발견할 수 있지만, 2014년 3월 마틴 파울러(Martin Fowler)와 제임스 루이스(James Lewis)가 웹사이트에 기고한 글이 세상에 알려진 계기가 됐다.[9] 이 글은 미국 ThoughtWork사의 유명한 아키텍트/컨설턴트였던 두 사람이 IT 시스템의 개발/운영 현장의 피드백을 마이크로서비스로 정리한 것이었다.

마이크로서비스 아키텍처를 사용해 애플리케이션을 독립된 소프트웨어 컴포넌트, 즉 서비스로 분할하는 것이다. 그리고 하나의 요청(리퀘스트)을 처리하기 위해 각 서비스는 REST나 메시징으로 통신하는 분산 컴퓨팅 환경을 구성한다. 세밀한(fine-grained) 구조와 분산 컴퓨팅이 마이크로서비스 아키텍처의 가장 큰 특징으로, 장점과 단점을 모두 가졌다.

마이크로서비스 적용의 장점이라고 하면 세밀한 소프트웨어 구조를 들 수 있다. 이는 애플리케이션 전체를 한 번에 릴리스하는 빅뱅형 기법이 아니라, 일부를 단계적으로 릴

---

9 https://martinfowler.com/articles/microservices.html(또는 https://bit.ly/3HMDHqh)

리스 및 변경하게 하는 유연성을 가져다준다(그림 2.16). 또한, 스케일아웃(scale-out)이나 스케일인(scale-in) 관점에서 요청이 집중돼 있는 서비스만 확장 또는 축소할 수 있어서 시스템 리소스의 최적 사용 및 가동률 개선에 기여한다.[10] 서킷브레이커와 조합하면 장애 영향 범위를 국소화할 수도 있다(장애 영향을 단일 서비스 내, 단일 요청 내로 제한한다). 또한, 이런 세밀한 소프트웨어 구조는 CD를 사용한 잦은 빈도의 배포에 적합하다.

- 작은 단위의 애플리케이션 릴리스
- 빠르고 유연한 애플리케이션 변경 및 유지/관리
- 작은 단위의 확장
- 장애 영향을 최소화
- 지속적 전달/지속적 전달 실현의 기초

그림 2.16 마이크로서비스 적용의 장점

한편, 세밀도와 분산 컴퓨팅 같은 특징은 나쁜 영향을 초래하기도 한다(그림 2.17). 사용자 요청(리퀘스트)이 발생할 때마다 서비스 간 통신이 발생할 가능성이 있으며, 이는 성능에 영향을 준다. 또한, 애플리케이션뿐만 아니라 데이터도 분산 배치되므로 DB 간 일관성이나 동기화 기법, 운영 및 감시 구조를 정비해야 한다. 아울러 서비스 모델링 기법의 학습 난이도와 각 서비스를 포함한 시스템 전체 설계의 일관성도 고려해야 한다.

- 서비스 간 통신 지연
- 분산 배치된 데이터의 동기화
- 분산 컴퓨팅 환경의 운영 및 감시 비용
- 시스템 전체 설계의 일관성 및 통일성
- 서비스 모델링 기법의 학습 난이도

그림 2.17 마이크로서비스 운영 시 고려 사항

이런 어려움이 있는데도 불구하고 마이크로서비스를 적용하는 이유는 무엇일까? 가장 큰 이유는 유연한 모듈 구조(서비스)로 애플리케이션의 개별 유지/보수를 실현할 수 있다는 것이다. DX를 실천하기 위해 가장 중요한 것은 속도와 유연성이다. 빨리 시장을 선점할 수 있는 속도와 혹시 시장의 필요를 잘못 파악한 경우라면 상품을 곧바로 변경할 수 있는 유연성이 요구된다. DX를 구현하기 위한 IT 시스템도 마찬가지다. 신속하게 시스템

---

10 [옮긴이] 스케일아웃은 서버 수를 늘리는 것이고, 스케일업은 서버의 사양을 높이는 것이다.

을 릴리스할 수 있는 속도와 적시에 시스템을 변경 및 운영할 수 있는 유연성이 필요하다. 이런 요구에 부응할 수 있는 기반 기술이 컨테이너이며, 애플리케이션의 경우는 마이크로서비스다. 즉, DX를 실천하려면 컨테이너화만 진행하는 것이 아니라, 애플리케이션 설계와 운영에 마이크로서비스도 함께 도입해야 한다.

2.5 마이크로서비스의 특징

마틴 파울러와 제임스 루이스는 앞서 언급한 웹사이트에 마이크로서비스의 아홉 가지 특징을 나열했다(그림 2.18).[11] 이것은 마이크로서비스를 적용함에 있어 절대적인 조건이 아니라, 상황에 따라 필요한 특징들을 도입하면 자신과 시스템에 맞는 최저의 마이크로서비스를 적용할 수 있다는 의미다. 이 특징들을 기반으로 마이크로서비스의 실태를 살펴보도록 하겠다.

```
[1] 서비스를 사용한 컴포넌트화
[2] 비즈니스 기능을 기준으로 한 팀 편성
[3] 프로젝트가 아닌 제품을 파악해서 개발 및 운영
[4] 지능적인 엔드포인트와 단순한 파이프
[5] 비중앙집권적인 언어와 툴 선택
[6] 비중앙집권적인 데이터 관리
[7] 인프라의 자동화
[8] 장애와 오류를 전제로 한 설계
[9] 선진적인 설계
```

그림 2.18 **마이크로서비스의 특징**

2.5.1 서비스를 사용한 컴포넌트 설계

마이크로서비스에서는 서비스를 사용한 컴포넌트화를 추천하고 있다(그림 2.18의 [1]). 독립된 컨테이너상에 배포하는 서비스는 개별적으로 교체할 수 있으므로 애플리케이션 변경이 용이하며(그림 2.18의 [9]), 작은 단위의 확장성을 실현할 수 있다.

---

11 https://martinfowler.com/articles/microservices.html(또는 https://bit.ly/3D6xJQl)

기존의 아키텍처 스타일(마이크로서비스가 아닌)인 모노리스(monolith, 거대한 바위 하나라는 의미)에서는 애플리케이션은 하나의 거대한 패키지로 만들어져 있으며, 버전을 사용해 관리한다(그림 2.19의 왼쪽). 애플리케이션의 일부만 수정하려고 해도 애플리케이션 전체를 컴파일, 빌드, 테스트, 배포해야 한다. 마이크로서비스를 적용해서 애플리케이션을 여러 개의 서비스로 구성해 두면, 대상 서비스만 수정하면 된다(그림 2.19의 오른쪽).

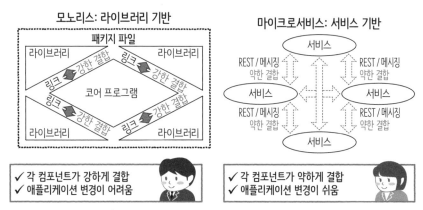

그림 2.19 **소프트웨어 구조 비교: 모노리스 vs 마이크로서비스**

마이크로서비스의 서비스 간 통신에는 간단하고 가벼운 통신 기법을 사용한다. REST나 경량 메시징이 그 예다(그림 2.18의 [4]). 메시징 엔진으로 ESB를 사용할 때는 메시징 용도로만 사용할 것을 권장하며, ESB가 제공하는 중개 기능은 권장하지 않는다. 중개 기능이란, ESB의 기본 기능 중 하나로 메시징 처리 과정에서 메시지 변환, 라우팅, 임의 처리를 추가하기 위한 것이다. 중개 기능은 복잡해서 오류의 원인이 되는 경우가 잦아 마이크로서비스에서는 추천하지 않는 기능이다.

2.5.2 개발/운영 체제

마이크로서비스에서는 하나의 개발/운영 팀이 하나의 서비스를 개발 및 운영한다. 즉, 하나의 서비스가 책임지고 있는 비즈니스 기능 단위로 개발/운영 팀을 편성하는 것이 좋다(그림 2.18의 [2]). 그리고 팀이 자율적으로 개발 및 운영할 수 있도록 팀을 각 분야의 전문가로 편성해야 한다. 팀 규모는 가능하면 작게 만들되, UI 디자이너, 애플리케이션을 개발하는 소프트웨어 엔지니어, DB 전문가, 운영을 담당하는 사이트 안정성 엔지니어 등으로 구성한다.

이런 팀 편성의 지침이 되는 것이 콘웨이 법칙(Conway's law)이다. IT 시스템의 구조는 프로젝트 체제를 반영한다는 것이 골자다. 기존의 체제에서 자주 볼 수 있듯이, 개발팀을 UI, 애플리케이션 서버, DB로 분할하고, 각 팀의 성과물이 하나의 계층을 형성해서 전통적인 3계층 구조가 되는 경우가 종종 있다. 마이크로서비스의 목표는 3계층 구조의 웹 애플리케이션을 만드는 것이 아니라, 독립된 운영이 가능한 서비스를 만드는 것이다. 콘웨이 법칙을 따라 하나의 서비스를 개발, 운영할 때 하나의 팀이 담당하도록 하는 것이 합리적인 판단이다(그림 2.20).

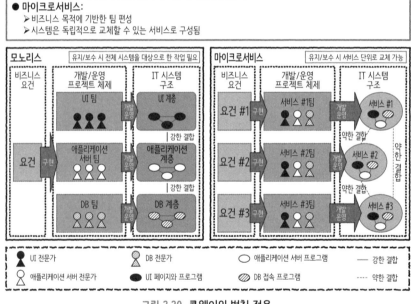

그림 2.20 콘웨이의 법칙 적용

아키텍처 스타일로 마이크로서비스와 궁합이 좋은 개발 프로세스는 애자일이다. 운영도 하면서 최종 사용자의 피드백이 있을 때마다 개발을 반복적으로 진행하며, 조금씩 그리고 적시에 애플리케이션 릴리스를 지속하는 방식이다. 팀은 일회성으로 프로젝트로 개발을 하는 것이 아니라, 마치 제품처럼 애플리케이션 개발과 운영 모두를 책임져야 한다(그림 2.18의 [3]).

2.5.3 개발 환경과 영구 데이터 저장소의 거버넌스

IT 시스템 개발/운영 현장에서 표준화는 매우 중요한 문제로, 용어는 물론이고 소프트웨어 제품 종류나 버전, 프로그래밍 언어 등 프로젝트에서 사용되는 모든 것을 가능한 한 통일하려고 한다.

이렇게 기존에는 일반적이라고 여겨졌던 표준화 방침과 달리, 마이크로서비스에서는 프로그래밍 언어나 데이터베이스를 각 개발/운영팀이 선정하게 한다(그림 2.18의 [5]와 [6]). 따라서 명확한 이유가 있고 각 서비스의 개발/운영에 적합한 선택이라면, 서비스마다 다른 프로그래밍 언어나 데이터베이스를 사용할 수도 있다. 즉, 어떤 서비스에선 자바로 구현하고 관계형 DB를 사용하지만, 어떤 서비스에서는 파이썬으로 구현하고 NoSQL DB를 사용하는 것이 마이크로서비스에서는 허용된다.

이런 상황이 가능한 이유는 마이크로서비스의 서비스 구축과 개발/운영 체제 때문이다. 애플리케이션의 일부를 담당하는 서비스지만, 독립된 프로세스나 컨테이너상에서 실행된다. 그리고 각 서비스는 개별 팀에 의해 개발/운영된다. 즉, 각 팀과 각 서비스가 독립된 프로젝트나 애플리케이션처럼 움직이므로 서로 다른 프로그래밍 언어나 데이터베이스를 사용해도 기술 및 운영 관점에서 전혀 문제가 없다. 이런 이유로 마이크로서비스에서는 개발 환경과 영구 데이터 저장소는 프로젝트에 의한 중앙 집권이 아니라 각 팀에 의한 분산 통치가 허용되는 것이다.

2.5.4 인프라 환경 고려 사항

마이크로서비스에서는 인프라 환경 구축, 소프트웨어 컴파일, 빌드, 테스트, 배포 자동화 등의 CD를 권장한다(그림 2.18의 [7]). 자동화는 개발 릴리스 및 운영의 속도를 높이며, 운영 실수를 줄인다. 또한, 테스트가 필요할 때 자동으로 실시해서 시스템의 품질 향상에도 기여할 수 있다.

IT 시스템에서는 반드시 오류가 발생하기 마련이므로, 마이크로서비스에서는 장애 발생을 전제로 한 설계를 제안하고 있다(그림 2.18의 [8]). 각 서비스가 로그 및 트레이스 (trace) 기능을 구현하는 것은 물론이고, 서버 및 네트워크의 메트릭스(metrics)를 감시해서 적시에 장애를 감지하고 대응할 것을 추천하고 있다.

2.6 마이크로서비스의 개발/운영 흐름

마이크로서비스의 개발/운영 흐름은 다른 아키텍처 스타일과 거의 같다. 도메인 분석 (IT 시스템 개발 대상인 비즈니스 영역 분석과 요건 추출)과 설계를 통해 개발하고 시스템을 릴리스한 후 운영한다.[12] 단, 애자일 개발 프로세스에서는 지금 설명한 개발/운영 흐름을 반복하게 된다(그림 2.21). 즉, 미리 대상 도메인을 분할해서 첫 이터레이션(iteration, 개발 반복 단계)에서는 도메인 분할된 A라는 부분을 대상으로 하고, 다음 이터레이션에서는 B라는 부분을 대상으로 한다. 이렇게 점진적으로 개발과 릴리스를 진행해 나가는 것이다.

그림 2.21 **마이크로서비스의 개발/운영 흐름**

각 단계를 책임지는 담당자도 애자일 개발의 영향을 받고 있다. 도메인 분석/설계에는 IT 아키텍트에 추가로 도메인 전문가(비즈니스 전문가)도 참여하는 것이 좋다. 특히, 도메인 분석은 비즈니스 상세 정보가 필요하므로 비즈니스 전문가의 도움이 필요하다. 개발은 프로그래머(소프트웨어 엔지니어)가 담당하고, 운영은 사이트 안정성 엔지니어가 맡는

---

12 옮긴이 여기서 도메인은 특정 비즈니스 영역 또는 분야를 가리킨다.

다. 사이트 안전성 엔지니어란, 구글이 제창한 **SRE**(Site Reliability Engineering, 사이트 안정성 엔지니어링)라는 기법을 기반으로 IT 시스템 운영을 책임지는 역할이다. SRE란, 기존 사람이 수작업으로 실시하던 운영 작업을 소프트웨어로 대체하는 기법으로 사이트 안정성 엔지니어는 소프트웨어 엔지니어와 같은 수준의 프로그래밍 기술을 가지고 있어야 한다.[13]

2.7 마이크로서비스의 적용 기준

마이크로서비스는 만능 도구가 아니다. 마이크로서비스 적용에 맞는 시스템이 있으면 그렇지 않은 경우도 있다. 마틴 파울러는 자신의 웹사이트에 마이크로서비스의 적용 기준에 대해서도 언급하고 있으며, 적합하지 않은 상태를 **마이크로서비스 프리미엄**이라고 부르고 있다(그림 2.22). 프리미엄(premium)에는 '고급'이라는 의미 외에도 '비싸다'는 부정적인 뜻도 있다. 마이크로서비스 프리미엄을 의역하자면 '비싼 값을 치러야 하는 마이크로서비스'라고 해석할 수 있다.

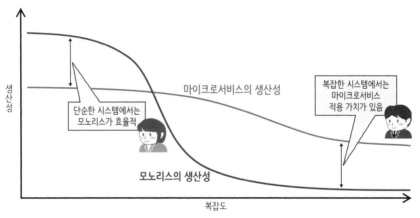

그림 2.22 **마이크서비스 프리미엄**

---

13 〔옮긴이〕 옮긴이는 현재 아키텍트 역할을 하고 있지만, 사이트 안정성 엔지니어도 겸하고 있으면서 주로 클라우드 시스템의 구성이나 설정 등을 변경하거나 자동 배포 등을 관리한다. 이처럼 프로젝트 규모가 크지 않으면 사이트 안정성 엔지니어를 별도로 두지 않고 소프트웨어 엔지니어 또는 아키텍트가 관리한다.

마이크로서비스를 적용하려면 기존과 다른 조직 체제와 애자일 개발 프로세스 실천, 도메인 분석과 서비스 모델링, 인프라 구축의 자동화, 분산 시스템 환경 운영 및 감시, 분산 배치된 데이터베이스의 동기화 등 큰 도전 과제가 기다리고 있다. 예를 들어, 디자이너와 프로그래머 두 명이 2주 간격으로 개발 및 릴리스할 수 있는 단순한 소규모 시스템에 마이크로서비스를 적용하려고 한다고 해보자. 마이크로서비스 준비에 시간이 추가로 들며, 2주였던 기간이 두 배 이상이 될 수도 있으므로 마이크로서비스 적용은 분명한 과잉 대응이다. 마이크로서비스 적용이 비싼 값을 치르는 대표적인 예라고 할 수 있다. 소규모의 단순한 시스템에는 마이크로서비스가 적합하지 않다. 그렇다면 마이크로서비스는 어떤 시스템에 적합한 것일까?

그 답은 바로 대규모이면서 복잡한 시스템이다. 대규모 비즈니스 도메인의 디지털화, 100명 규모의 대규모 개발팀, 여러 시스템의 통합 등 대규모 시스템 개발을 규칙을 정해서 일관성 있게 운영하는 것은 매우 어려운 일이다. 이런 경우라면 대상 영역(도메인)을 분할하고, 각각을 독립적으로 개발/운영하는 마이크로서비스가 적합하다.

'이것은 소규모 시스템이므로 마이크로서비스로 만들어보자'라고 발언하는 경우를 심심찮게 듣는다. 마이크로서비스가 익숙하지 않은 팀이 교육 차원에서 소규모 시스템 개발에 마이크로서비스를 시험해 보는 것이다. 테스트 목적이라면 괜찮지만 프로덕션 시스템을 개발해야 한다면 그만두는 것이 좋다.

제3장

마이크로서비스 아키텍처의 기본

마이크로서비스의 본질은 독립적으로 개발되어 자율적으로 운영되는 소프트웨어 컴포넌트(서비스)와 그것을 조합해서 애플리케이션을 구성하는 설계 방식이다. 이 장에서는 마이크로서비스의 근간을 이루는 서비스 구조를 시작으로 아키텍처 변형, 데이터베이스와 트랜잭션 처리, 그리고 서비스 간 연계에 대해 설명한다.

3.1 서비스 구조

마이크로서비스에서 서비스 구조는 다른 소프트웨어 컴포넌트, 예를 들어 서비스 지향 아키텍처(Service Oriented Architecture, SOA)의 서비스나 객체 지향에서의 객체와 유사하다.

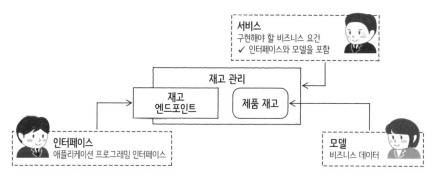

그림 3.1 **서비스 구조**

도메인(비즈니스 영역 또는 문제 영역)의 해결 및 구현을 위해 활용하는 소프트웨어 컴포넌트가 서비스다. 그림 3.1에서 서비스 예를 보여 주고 있으며, 재고 관리 업무를 예로 들고 있다. 서비스는 특정 영역의 문제를 해결하기 위한 비즈니스 로직과 모델(비즈니스 데이터)를 포함하며, 이들을 호출하기 위한 인터페이스[애플리케이션 프로그래밍 인터페이스(Application Programming Interface), 이하 API]를 클라이언트에게 제공한다.

비즈니스 데이터란 데이터베이스로, 마이크로서비스에서는 서비스를 통해서 데이터베이스에 접근한다. 참고로 데이터베이스의 실체인 DBMS(DataBase Management System, 데이터베이스 관리 시스템)는 미들웨어 제품으로 제공되는 경우가 대부분이며, 사용자 애플리케이션에서 데이터베이스를 물리적으로 포함(구현)하는 것은 일반적이지 않다. '서비스가 비즈니스 데이터를 포함한다'는 것은 특정 데이터베이스에 접근하려면 특정 서비스를 통한다는 설계 방침을 채택하는 것이다. 불특정 다수의 애플리케이션에서 데이터베이스를 공유하는 형태는 마이크로서비스적인 설계가 아니다.

3.2 레이어 아키텍처

모던 소프트웨어 설계에 있어서 소프트웨어 컴포넌트나 기능을 정리, 관리하기 위해서 레이어 아키텍처를 사용하는 것은 정석으로 여겨진다. 레이어란 계층을 의미하며, 특정 기준에 근거해서 여러 계층을 만들고 그 계층 구조를 따라서 소프트웨어 컴포넌트나 기능을 분류, 관리하는 접근법이 레이어 아키텍처다.

마이크로서비스에서도 레이어 아키텍처를 적용할 수 있다. 어떤 형태가 되는지는 도메인 주도 설계(Domain Driven Design, DDD)의 4계층을 적용해 보도록 하겠다(그림 3.2).

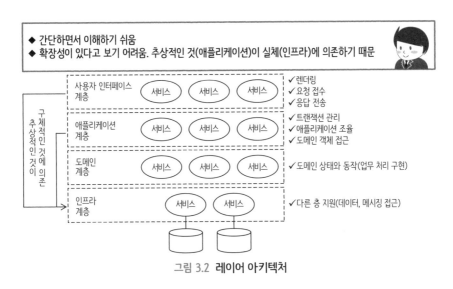

그림 3.2 레이어 아키텍처

가장 위에 있는 것이 **사용자 인터페이스 계층**이다. 여기에는 사용자 인터페이스 구축 및 렌더링, 요청/응답 전송, 그리고 이때 필요한 데이터 변환이 이루어지며, 이를 담당하는 서비스가 배치된다.

다음은 **애플리케이션 계층**이다. 여기에 배치되는 서비스는 애플리케이션 조율, 도메인 객체 접근, 트랜잭션 관리 등을 책임진다. 이해를 돕기 위해서 애플리케이션 조율에 대해 좀 더 설명하도록 하겠다. 마이크로서비스에서는 하나의 사용자 요청을 처리하기 위해서 다음에 설명할 도메인 계층의 서비스(도메인 서비스)를 '여러 번' 호출한다. 이때 클라이언트가 여러 도메인 서비스를 매번 호출한다면 네트워크 지연 때문에 성능에 악영향을 줄 수 있다. 따라서 애플리케이션 계층의 서비스(애플리케이션 서비스)가 클라이언트 대신에 여러 도메인 서비스를 호출하면, 네트워크의 양방향 통신을 1회로 줄여서 성능을 향상시킬 수 있다. Gang of Four(GoF) 디자인 패턴의 파사드(facade)에 해당한다고 보면 된다.

애플리케이션 계층 아래에 있는 것이 **도메인 계층**이다. 여기에는 도메인 상태와 동작(비즈니스 로직)을 구현하는 서비스(도메인 서비스)를 배치한다.

가장 아래에 있는 것은 **인프라 계층**으로 외부 리소스가 다른 계층에 접근할 수 있도록 지원한다. 대부분은 데이터베이스나 메시징 같은 외부 시스템과 연동할 때 사용된다.

3.2.1 제어 반전

간단하면서 이해하기 쉬운 것이 레이어 아키텍처의 장점이다. 기능 분할이나 구조화를 진행하기 쉬워서 소프트웨어 컴포넌트를 조합해서 개발하는 설계 방식에 적합하다.

레이어 아키텍처 적용에 있어 한 가지 주의해야 할 것은 확장성이 약하다는 것이다. 그림 3.2에서 볼 수 있듯이, 레이어 아키텍처에서는 추상적인 것이 구체적인 것에 의존하고 있다. 바꿔 말하면, 소프트웨어 컴포넌트가 인프라(기반) 구현에 의존하고 있다는 의미다. 통신 프로토콜이나 데이터베이스 같은 인프라가 변경되면 사용자 인터페이스나 애플리케이션에도 영향을 끼쳐서 프로그램을 수정해야 할 수도 있다. 레이어 아키텍처에서는 프로그램은 그대로 유지하고 인프라만 변환한다는 확장성이 결여돼 있는 것이다.

이런 레이어 아키텍처의 결점을 보완하기 위해 나온 발상이 **제어 반전**(Inversion of Control, IoC)이라는 개념이다. 단순하게 말하면 IoC란, 특정 소프트웨어 컴포넌트와 그 컴포넌트를 의존하는 측의 '의존 관계'를 역으로 반전시키는 것이다. 웹 애플리케이션을 예로 들자면, 애플리케이션 프로그램[자바 서블릿(Java Servlet)]은 통신 프로토콜(HTTP)에 의존한다(자바 서블릿을 필요로 하는 패키지에는 HTTP를 경유하는 것이 많이 포함돼 있다). IoC에서는 애플리케이션 프로그램(자바 클래스)이 특정 통신 프로토콜(HTTP)에 의존하지 않고 통신 프로토콜 구현이나 애플리케이션 프로그램을 호출하는 형태로 취한다. 구체적으로는 콜백(callback)이나 의존성 주입(Dependency Injection, 이하 DI) 등의 기법이 있다. DI는 객체 지향에서 폭넓게 사용되고 있으며, 자바 세계에서 유명한 스프링(Spring)도 원래는 DI 컨테이너로 시작했다.

이처럼 레이어 아키텍처의 부족한 점을 보완하는 개념으로 IoC가 있으며, 이를 도입한 아키텍처가 헥사거널 아키텍처다. 헥사거널 아키텍처는 마이크로서비스를 포함해서 모던 소프트웨어 설계에서 자주 사용되는 방식이다.

3.3 헥사거널 아키텍처

육각형 형태를 가진 헥사거널 아키텍처(hexagonal architecture)는 불특정한 데이터 입출력에 대응할 수 있도록 확장성을 가진 것이 특징이다(그림 3.3). 도메인(비즈니스 로직)을 중심으로 하며, 주변에는 그 도메인을 호출하는 입력 측과 도메인에 의해 실행되는 출력 측이 있다.

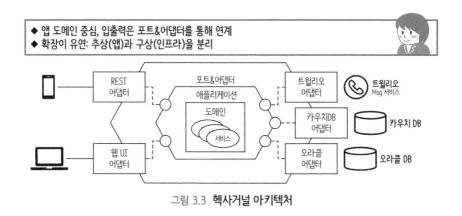

그림 3.3 **헥사거널 아키텍처**

헥사거널 아키텍처의 가능성의 근원은 외부 입출력과 도메인 사이에 위치하는 '포트&어댑터'에 있다. 어댑터(adaptor)는 외부 기능과 상호 작용하는 역할을 하며, 외부 기능 단위로 교체할 수 있다. 예를 들어, REST용 어댑터나 A사 데이터베이스용 어댑터 등을 개별적으로 구현 및 제공할 수 있다. 한편, 추상화된 프로그래밍 인터페이스를 도메인에 제공하는 것이 **포트**(port)다. 포트를 사용해서 외부 기능에 접근하는 코드를 도메인 내에 구현해 두면, 외부 기능을 변경해도 도메인은 영향을 받지 않는다. 포트&어댑터라는 구조를 활용하면 외부 기능에 의존하지 않는 비즈니스 로직을 설계 및 구현할 수 있으며, 외부 기능을 쉽게 교체할 수 있어서 확장성도 챙길 수 있다.

레이어 구조도 고려하면서 헥사거널 아키텍처를 마이크로서비스에 적용하면 그림 3.4 처럼 된다. 레이어 아키텍처의 사용자 인터페이스 계층과 인프라 계층에서 사용하는 드라이버들이 헥사거널의 포트&어댑터에 배치된다. 그리고 애플리케이션 서비스, 도메인 서비스, 인프라 서비스의 일부가 헥사거널의 중심 육각형에 위치한다.

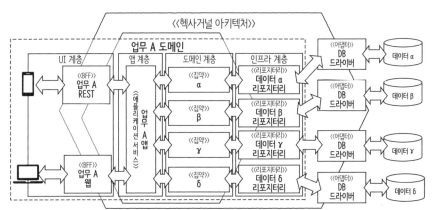

※BFF: Backends For Frontends 패턴. 도메인 경계에 위치하며 클라이언트와의 통신을 담당하는 서비스로, API 게이트웨이 패턴의 파생형. 4장(4.5.2절)에서 설명.

그림 3.4 헥사거널 아키텍처 적용 예

3.4 데이터베이스 접근

마이크로서비스에서 서비스는 모델(비즈니스 데이터)을 포함한다. 서비스가 자신이 포함하고 있지 않은 모델에 접근하려면 해당 모델이 속한 서비스를 거쳐서 데이터에 접근한다(그림 3.5의 왼쪽). 여러 서비스가 하나의 데이터베이스를 공유하면서 직접 접근하는 것은 권장하지 않는다(그림 3.5의 오른쪽). 그 이유는 데이터베이스 변경에 대한 배려 때문이다.

데이터베이스가 변경된 경우, 해당 데이터베이스를 사용하고 있는 프로그램도 변경해야 할 가능성이 높다. 이때 그림 3.5의 오른쪽처럼 공유 데이터베이스 모델을 취하고 있다면, 여러 프로그램을 변경해야 해서 오히려 유연하고 신속한 데이터베이스 변경에 방해가 된다. 그래서 마이크로서비스에서는 그림 3.5의 왼쪽에 있는 것처럼 서비스와 모델이 일대일 관계가 되도록 구성해서 데이터베이스 변경이 필요한 경우 바로 대응할 수 있게 해둔다.

서비스를 통해 데이터베이스에 접근한다

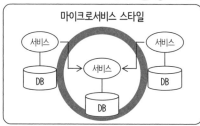
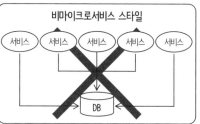

그림 3.5 **마이크로서비스의 데이터 접근**

3.5 트랜잭션 처리

데이터베이스 처리와 밀접한 관련이 있는 트랜잭션 설계 시에도 마이크로서비스 특유의 추천 패턴이 존재한다. 마이크로서비스에서는 원칙적으로 **로컬 트랜잭션**(local transaction)을 권장하고 있다(그림 3.6의 왼쪽). 로컬 트랜잭션이란, 하나의 트랜잭션 컨텍스트(begin과 commit으로 설정된 범위) 내에 처리 대상 리소스(데이터베이스나 메시지 기반 미들웨어 등)를 제한하는 것이다. 예를 들어, 프로그램 소스 코드에서 begin과 commit으로 구분된 범위에 하나의 데이터베이스만을 처리 대상으로 한다면 해당 트랜잭션은 로컬 트랜잭션이다. 또한, 마이크로서비스 세계에서는 각 서비스가 하나의 데이터베이스를 포함하고 트랜잭션 컨텍스트 내에서 해당 데이터베이스만 대상으로 처리하는 경우, 이 트랜잭션도 로컬 트랜잭션이 된다.

반면 하나의 트랜잭션 컨텍스트 안에서 여러 리소스를 처리하는 트랜잭션을 **글로벌 트랜잭션**(global transaction)이라고 한다(그림 3.6의 오른쪽). 글로벌 트랜잭션은 분산 트랜잭션 구조를 사용해서 구현할 수 있다. 투페이즈 커밋(two-phase commit) 또는 2단계 커밋이란 용어를 들어 본 적이 있을 것이다. 이것은 분산 트랜잭션을 구현하기 위한 프로토콜이다. 예를 들어 온라인 쇼핑에서는 주문 데이터 베이스의 주문 레코드 삽입과 재고 데이터베이스의 재고 준비를 '동시에' 해야 하는 경우 글로벌 트랜잭션을 사용한다.

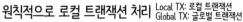

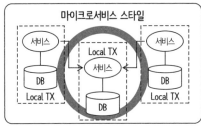

그림 3.6 마이크로서비스의 트랜잭션 처리

글로벌 트랜잭션은 그야말로 분산 컴퓨팅 환경용 기능이라고 볼 수 있지만, 마이크로서비스에서는 글로벌 트랜잭션을 추천하지 않는다. 그 이유는 글로벌 트랜잭션 운영의 어려움 때문이다. 마이크로서비스에서는 지속적인 사용이 가능한 단순함을 추구하므로 글로벌 트랜잭션이 초래하는 복잡한 운영을 좋아하지 않는다. 또한, 글로벌 트랜잭션이 컴포넌트의 느슨한 결합을 방해할 수도 있다는 점도 부정적인 인상을 준다.

마이크로서비스에서는 비즈니스 로직과 모델을 독립된 서비스와 데이터베이스로 설계하지만, 글로벌 트랜잭션을 전제로 한 설계에서는 각 서비스 및 데이터베이스의 운영이나 변경이 암묵적인 제약을 필요로 할 수도 있다. 예를 들면, '데이터베이스 A와 데이터베이스 B는 하나의 트랜잭션 컨텍스트 내에서 변경해야 한다'라는 규칙을 만드는 것이며, 이것은 마이크로서비스 적용의 의미를 반감시킨다.

3.6 데이터베이스 간 동기화

마이크로서비스가 추천하는 방법으로 모델링하면 애플리케이션뿐만 아니라 데이터베이스도 분산 배치된 초분산 컴퓨팅 환경이 된다. 경우에 따라서는 기존보다 작은 단위로 여러 개의 데이터베이스를 운영해야 할 수도 있다. 이런 데이터베이스들 동기화하려면 어떻게 해야 할까?

데이터베이스 간 동기화를 위한 솔루션으로 **사가(Saga)**가 있다. 사가란 로컬 트랜잭션, 이벤트, 보상 트랜잭션 등의 기술 및 기법을 사용해서 여러 리소스 간 동기화를 취하는 디자인 패턴이다.

그림 3.7에 있는 것처럼 세 개의 데이터베이스를 변경하는 경우를 예로 들어 사가에 대해 설명하도록 하겠다. 사가에서는 트랜잭션의 정상 처리를 진행할 때 마치 양동이 릴레이(불을 끄기 위해 일렬로 줄을 서서 물이 담긴 양동이를 전달하는 것)처럼 이벤트를 매체로 해서 로컬 트랜잭션을 릴레이로 연결한다. 즉, 최초 서비스가 최초 데이터베이스를 변경하고, 데이터베이스 변경이 성공하면 메시징 구조를 사용해서 이벤트를 전달한다. 다음은 두 번째 서비스가 이벤트를 받아서 두 번째 데이터베이스를 변경한다. 변경이 성공하면 이벤트를 통해서 세 번째 서비스에 통지하며, 세 번째 데이터베이스를 변경한다.

계속해서 장애가 발생한 이상 처리 흐름을 보자. 장애에 의해 서비스가 데이터베이스 변경에 실패한 경우, 장애 발생 이전에 데이터베이스에 적용한 내용을 되돌리는 로컬 트랜잭션을 진행한다. 이처럼 트랜잭션 처리 결과를 원래대로 되돌리기 위해서 정상 처리의 '반대 방향'으로 처리하는 것을 **보상 트랜잭션**이라고 한다.

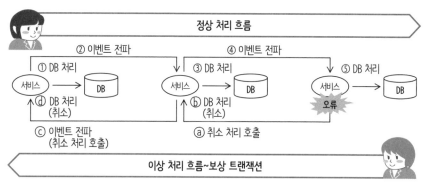

그림 3.7 **여러 리소스를 동기화하는 사가**

이런 사가 구조를 이용해서 데이터베이스 간 동기화를 할 수 있지만, 이 방식에 우려를 표하는 사람도 적지 않다. 각 로컬 트랜잭션은 독립된 것이므로 사가 패턴 처리 중 특정 시점을 보면 각 데이터베이스의 일관성이 유지되지 않는 것을 볼 수 있다. 데이터베이스의 일관성이 유지되려면 수백 밀리 초부터 수 초 단위의 대기 시간이 발생한다. 즉, 사가는 데이터베이스 간 일관성이 항상 유지돼야 할 때는 적합하지 않다. 특정 시점에는 동기화돼 있지 않지만 몇 초 후, 몇 분 후, 또는 몇 시간 후에는 동기화되는 '결과 일관성'이 허용되는 경우에 활용할 수 있는 기법인 것이다.

단, 사가 패턴을 제안해서 이런 문제로 인해 거절당했다면 바로 포기하는 것이 아니라 결과 일관성을 해결할 수 있는 방법이 없는지 비즈니스 프로세스를 분석해 보는 것이 좋다. 밀리/마이크로/나노 초의 정확도로 데이터베이스의 동기화가 필요한 시스템도 있겠지만, 수 초 정도의 데이터베이스 동기 지연은 허용할 수 있는 경우가 대부분이다. 이 것을 판단할 수 있는 것은 IT 담당사가 아니라 비즈니스(도메인, 업무) 전문가다. 마이크 로서비스에 최적인 팀 편성으로 도메인 분석을 하고 있다면 팀 멤버로 도메인 전문가가 참여하고 있을 것이다. 도메인 전문가를 끌어들여서 정말 필요한 요건이 무엇인지 분석해 데이터베이스 간 동기화 설계를 진행하면 된다.

3.7 데이터 결합

분산 데이터베이스 환경이 가진 문제 중 하나가 데이터 결합이다. 여러 데이터베이스에 나누어져 있는 데이터를 하나의 뷰(view)로 구성해서 클라이언트에 제공하려면 어떻게 해야 할까?

마이크로서비스에서 고려할 수 있는 기법에는 두 가지가 있다. 첫 번째는 **API 컴포지션**(API composition)이라고 하는 기법이다. API 컴포지션은 도메인 계층의 집약 서비스와 인프라 계층의 리포지터리 서비스를 통해서 복수의 데이터베이스로부터 얻은 데이터를 애플리케이션 계층에서 인메모리로 결합하는 디자인 패턴이다(그림 3.8). API 컴포지션 은 직감적이고, 간단하며, 설계 및 구현이 용이하다. 하지만 애플리케이션 운영 환경의 메모리 내에서 결합하기 때문에 처리가 메모리에 집중된다. 이는 시스템 리소스에 큰 부담을 주어 성능 및 확장성에 악영향을 줄 수 있다.

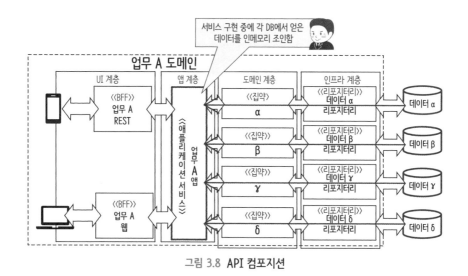

서비스 구현 중에 각 DB에서 얻은 데이터를 인메모리 조인함

업무 A 도메인

UI 계층 | 앱 계층 | 도메인 계층 | 인프라 계층

《BFF》 업무 A REST

《BFF》 업무 A 웹

《애플리케이션 서비스》 업무 A 앱

《집약》 α

《집약》 β

《집약》 γ

《집약》 δ

《리포지터리》 데이터 α 리포지터리

《리포지터리》 데이터 β 리포지터리

《리포지터리》 데이터 γ 리포지터리

《리포지터리》 데이터 δ 리포지터리

데이터 α

데이터 β

데이터 γ

데이터 δ

그림 3.8 **API 컴포지션**

다른 한 가지 기법은 **CQRS&이벤트 소싱**(event sourcing)이다. CQRS와 이벤트 소싱은 독립된 디자인 패턴이지만 조합해서 사용하는 경우가 대부분으로, 설명할 때도 같이 다루는 경우가 많다. CQRS&이벤트 소싱은 데이터 결합 해결책이 될 뿐만 아니라 결과 일관성을 구현하는 새로운 데이터 접근 패턴으로 활용되기도 한다. 데이터 결합 방법을 설명하기 전에 먼저 CQRS와 이벤트 소싱에 대해 간단히 살펴보도록 하겠다.

3.7.1 CQRS

CQRS(Command Query Responsibility Segregation, 명령 질의 책임 분리)란, 데이터 접근 처리를 갱신형 처리(명령, 즉 데이터 삽입/변경/삭제)와 참조형 처리(질의, 즉 데이터 검색/취득)로 구분하고, 각각을 구현하기 위해 독립된 서비스 컴포넌트와 데이터 저장소를 두는 디자인 패턴이다(그림 3.9의 위). 이 발상의 배경에는 명령(커맨드)과 질의(쿼리)가 전혀 다른 종류의 처리라는 일종의 철학이 있다.

일반적으로 참조형 처리는 요청량이 방대해서 빠른 응답을 필요로 한다. 반면, 갱신형 처리는 요청량이 그렇게 많지 않지만 안전하고 확실한 트랜잭션 완료가 요구된다. 기존 컴퓨팅 모델은 이런 전혀 다른 종류의 처리를 하나의 프로그램과 하나의 데이터베이스를 사용해서 처리했다. 이것은 부자연스러운 설계이므로 갱신형 처리와 참조형 처리용으로 분리된 프로그램과 데이터 저장소를 사용하자는 발상이 CQRS다. 갱신형 처리에는 트랜잭션을 기능과 신뢰성 높은 영구적 데이터 저장소를 만들고, 참조형 처리에는 고속 검색 기능을 가진 데이터 스토어를 배치하므로 최적화된 설계를 실현할 수 있는 것이다.

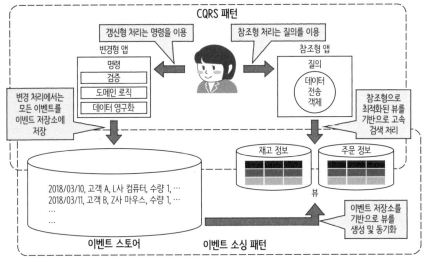

그림 3.9 CQRS와 이벤트 소싱

3.7.2 이벤트 소싱

CQRS에는 한 가지 빠진 것이 있다. 바로 갱신형 저장소와 참조형 저장소를 동기화해 주는 구조다. 이 문제를 해결해 주는 것이 **이벤트 소싱**(event sourcing)이다(그림 3.9의 아래).

저자는 이벤트 소싱을 비즈니스 데이터와 친한 데이터 처리 모델이라고 평가하고 있다. 그 이유는 이벤트 소싱의 개요를 보면서 같이 설명하도록 하겠다. 기존의 비즈니스 데이터 처리는 비즈니스 데이터를 분할해서 최적화된 데이터 저장소에 저장하는 것이었다. 예를 들어 한 건의 상품 주문 정보를 분할해서 주문 데이터는 주문 데이터베이스에 재고 관련 데이터는 재고 데이터베이스에 저장하도록 하고, 프로그램이 각각 데이터를 나누어 저장했다. 그 결과 데이터베이스 간 동기화가 필요해졌고, 글로벌 트랜잭션이라는 복잡하고 기괴한 구조가 등장하게 됐다.

이벤트 소싱은 데이터 처리에 이런 기존 방식과는 전혀 다른 개념을 적용한 것이다. 비즈니스 데이터는 원래 서로 밀접한 관련이 있는 정보가 모여 만들어진다. 이런 데이터를 분할하는 기존 기법은 IT 기반에 맞춘 부자연스러운 처리다. 그래서 이벤트 소싱에서는 비즈니스 데이터를 분할하지 않고 그대로 모아서 하나의 데이터 저장소에 저장한다. 이 데이터 저장소를 이벤트 소스(event source)라고 한다. 이벤트 소스는 대상 비즈니스에 있어서 단지 하나의 데이터 저장소일 뿐이므로 글로벌 트랜잭션이 필요하지 않다. 또한, 모든 비즈니스 이력이 이벤트 소스에 저장돼 있어서 비즈니스 감사(Audit) 데이터로도 의미를 지닌다. 즉, 이벤트 소스는 비즈니스 데이터와 친화성이 높은 현대판 장부(상업 장부)라고 볼 수 있다. 이것이 이벤트 소싱을 비즈니스 데이터와 친한 데이터 처리 모델이라고 평가한 이유다.

하지만 장부는 이력을 저장, 보관하기엔 좋지만 빠른 검색에는 적합하지 않다. 그래서 이벤트 소싱에서는 필요에 따라 검색용 데이터 스토어를 준비하고 메시징 기반 미들웨어(Messaging Oriented Middleware, 이하 MOM)의 비동기 메시징을 사용해 이벤트 소스와 검색용 데이터 저장소를 동기화한다. 동기화의 시발점은 필요에 맞게 적절하게 선택할 수 있다. 가능한 빨리 동기화가 필요하다면 이벤트 소스의 갱신 트랜잭션이 발생할 때마다 이벤트 소스와 검색용 데이터 저장소를 동기화하면 된다. 다소 시간적 차이가 허용된다면 이벤트 소스의 갱신 트랜잭션 수가 일정 수에 도달하면 하거나, 타이머를 사용해 일정 시간 간격으로 동기화하는 방법도 있다.

이처럼 CQRS와 이벤트 소싱을 조합하면 기술적으로 갱신형 데이터 저장소와 참조형 데이터 저장소를 연동할 수 있게 된다.

3.7.3 CQRS & 이벤트 소싱의 장단점

CQRS & 이벤트 소싱 적용의 장점에는 쿼리 구현의 용이성, 데이터 감시, 접근 제어 구현의 용이성 등이 있다. 또한, 서비스 모델링과의 친화성이 높은 것도 장점이다. 이에 대해 온라인 쇼핑을 예로 들어서 자세히 설명하도록 하겠다.

온라인 쇼핑의 발주 처리, 그리고 과거 주문 이력 검색 처리 등은 모두 EC(이커머스) 사이트의 주요 기능이다. 두 가지 모두 '주문'과 관련돼 있지만, 한쪽은 주문 서비스에 의한 갱신형 처리고, 다른 한쪽은 고객 서비스에 의한 참조형 처리로 전혀 다른 서비스 컴포넌트와 전혀 다른 처리를 모델링해야 한다. 이것을 기존의 모노리스형[14]으로 구현하면 모두 주문 관련 데이터베이스 처리로 단일 소프트웨어 컴포넌트 안에 통합된 형태로 집어넣게 된다. CQRS와 이벤트 소싱을 사용하면, 갱신형 처리에 해당하는 주문 서비스와 주문 이력을 검색 및 참조하는 고객 서비스라는 형태로 서비스 모델링 결과를 있는 그대로 구현할 수 있다. 이렇듯 CQRS＆이벤트 소싱은 서비스 모델링과 친화성이 높다는 것을 알 수 있다.

한편, 기존 설계 방식과는 다른 난해함이 CQRS＆이벤트 소싱의 단점이다. 범용적으로 아무 곳에나 사용하는 것이 아니라, 적합한 사용처라는 것을 제대로 검증한 후에 적용하는 것이 CQRS＆이벤트 소싱을 마스터할 수 있는 기본이 된다.

이제 이 절의 주제인 데이터 결합으로 돌아가도록 하자. CQRS＆이벤트 소싱을 적용하면, 필요에 따라 결합된 데이터를 제공하는 뷰를 구현해서 데이터 결합을 실현할 수 있다. 또한, API 컴포지션의 문제를 걱정하지 않아도 된다. 데이터 결합 시에 API 컴포지션이 잘 맞지 않으면 그 대안책으로 검토하는 것도 좋다.

3.8 서비스 간 연계

마이크로서비스에서 서비스 간 통신 프로토콜로 REST를 다루는 기사나 출판물을 자주 접할 수도 있지만, REST만 사용하는 것은 아니다. 마이크로서비스에는 표준 사양이 없으며, 필요에 맞는 통신 프로토콜을 사용하면 된다. 그중에서도 자주 사용되는 것이 REST와 메시징이다.

REST는 클라이언트가 요청을 전송한 후 그에 대한 응답을 기다리는 동기형 프로토콜이다. REST는 단순하고 빠르게 처리가 완료되는 경우에는 문제가 없지만, 복잡하고 오랜 시간이 걸리는 처리에는 적합하지 않다. 만약 서비스 로직이 복잡하고 처리 완료까

---

14 큰 단일 기능을 사용해 하나의 처리를 실현하는 기존형 아키텍처. 마이크로서비스와 대비되는 개념으로 모노리스 (monolith, 큰 바위)라고 부른다.

지 시간이 걸리는 경우에는 응답 지연은 물론이고, 클라이언트 요청이 쌓이면서 서버 리소스를 고갈시켜 장애를 발생시킬 수도 있다. 즉, 동기형 REST는 성능과 확장성에 어려움이 있는 프로토콜인 것이다.

단순한 처리는 물론이고 복잡하고 무거운 처리 패턴까지 고려한다면 서비스 간 연계 기법인 메시징을 사용하는 것이 좋다. 메시징(messaging)이란, MOM을 통해서 게시자(생산자)와 구독자(소비자)가 이벤트(메시지)를 주고받는 통신 모델이다. 통신 패턴에는 단방향&비동기형, 요청/응답&동기형, 요청/응답&비동기형 등 세 가지가 있다. 특히, 비동기형 통신은 확장성을 요하는 경우에 적합하다. 분산형 데이터베이스 환경에서 데이터 동기화를 도와주는 사가(Saga)나, CQRS 패턴의 결과적 일관성(eventual consistency) 등 마이크로서비스에는 비동기 메시징을 사용해야 하는 경우가 자주 있다.

3.9 서비스화 진행 방법

마이크로서비스는 기존의 모노리스와 다른 점이 많은 아키텍처 스타일이다. 특히, 일본에서는 객체 지향이나 SOA의 본격적인 실무 경험을 통해 소프트웨어 컴포넌트화에 열심인 아키텍트나 엔지니어가 많지 않으며, 마이크로서비스에 기반한 서비스화를 망설이는 사람도 적지 않다. 그래서 이 장의 마지막인 이번 절에서는 서비스화 진행에 있어 도움이 될 팁을 정리해 보았다.

3.9.1 애자일 개발, 원 팀, 도메인 주도 설계

애플리케이션 개발 및 운영의 진행 방법에 있어 마이크로서비스가 추천하는 기법이나 기술에는 다양한 것이 있다. 애자일 개발 프로세스, 콘웨이 규칙에 기반한 팀 체계, DDD(Domain Driven Design, 도메인 주도 설계) 등이 그 전형적인 예다. 가장 이상적인 것은 이 기술들을 적용해서 마이크로서비스형 애플리케이션을 개발 및 운영하는 것이다 (그림 3.10).

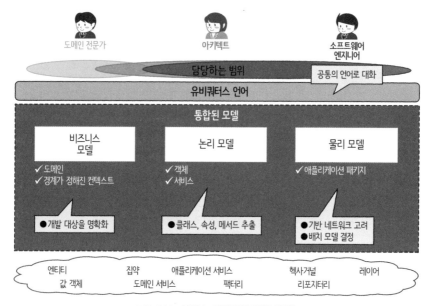

그림 3.10 **서비스 모델링의 진행 방법**

종종 오해를 사는 경우가 있는데, 마이크로서비스 아키텍처 자체에는 애플리케이션 개발 속도를 향상시키는 구조가 없다. 마이크로서비스 프리미엄에서도 암시하고 있지만, 초기 셋업이나 프로젝트 시작 시점에는 기존 워터폴 형태보다 리소스를 많이 요하며, 시간도 많이 걸린다. 이런 마이크로서비스를 적용하면서 애플리케이션을 신속하게 릴리스하기 위해 활용하는 기법이 애자일 개발 프로세스다. 애자일 개발 프로세스를 적용하면 분할된 비즈니스 기능을 빠르고 단계적으로 릴리스할 수 있게 된다.

소프트웨어 컴포넌트의 모델링은 비즈니스 모델 추출을 시작으로 논리 모델, 물리 모델 작업을 거쳐 개발로 연결된다. 애자일 개발 프로세스의 강점은 이 모델링 과정을 비즈니스와 IT 인력으로 구성된 혼성팀이 함께 추친하는 데 있다. 콘웨이 법칙을 적용함으로써 팀 규모는 작게 유지하고, 필요한 전문가가 모두 같은 팀에 소속되도록 한다. 특히, 비즈니스 모델링과 관련해서는 도메인 전문가(해당 업무 전문가)의 노하우가 큰 도움이 된다.

애자일 개발 프로세스에서는 분할된 비즈니스 기능 단위로 모델링과 개발을 실시하고, 만들어진 것부터 바로 릴리스한다. 이 방식에서는 시스템 전체를 완전히 릴리스하기 위해 시간이 걸릴 수도 있지만, 최초 릴리스는 비교적 단기간에 실현할 수 있다. 이런 단계적 릴리스 방식에서는 비즈니스 측 판단이 매우 중요하다. 왜냐하면 애자일 개발 프로세스에서는 릴리스할 시스템 순서를 비즈니스 측에서 결정하기 때문이다.

애자일 개발 프로세스에서는 프로젝트 후원자 및 책임자로 프로덕트 오너(Product Owner)를 두는 경우가 일반적이다. 프로덕트 오너는 비즈니스 조직에서 선임하며, 시스템화 대상 우선순위를 등을 정한다. 이를 통해 비즈니스상 중요하다고 생각되는 비즈니스 기능을 우선해서 개발하고 빠르게 릴리스하면, 비즈니스 부문이나 최종 사용자의 만족도가 높아져서 비즈니스 성과 향상에도 기여할 수 있다.

마이크로서비스의 모델링을 애자일 개발 프로세스를 사용해서 진행할 때 친화성 좋은 소프트웨어 설계 방식이 DDD(도메인 주도 개발)다. DDD는 에릭 에반스(Eric Evans)의 2003년 저서 《Domain-Driven Design: Tackling Complexity in the Heart of Software》[15]를 통해 세상에 알려졌다. 핵심은 도메인 모델을 설계 및 개발 작업의 중심에 두고 반복적으로 변경 및 진화시켜서 프로그램 구현으로 이어지도록 하자는 것이다. 애자일 개발 프로세스를 전제로 하며, 객체 지향의 노하우나 사례를 모아 둔 설계 방식으로 SOA 방법론의 하나로도 적용됐다.

도메인 모델을 중심으로 한다는 DDD의 이념을 실현할 때 피할 수 없는 것이 공통 언어다. 애자일 개발 프로세스를 실천하는 팀에는 비즈니스 담당자는 물론이고 IT 담당자도 속해 있다. IT라고 했지만, 인프라 엔지니어나 애플리케이션 개발을 담당하는 소프트웨어 엔지니어가 같은 단어를 다른 의미로 사용하는 경우도 있다.[16] 그래서 팀 멤버가 오해 없이 커뮤니케이션할 수 있는 공통 용어집을 만드는 것이다. 이것을 유비쿼터스 언어라고 한다.

또한, DDD는 모델링에 도움이 되는 유익한 기술을 제공한다. 비즈니스 모델링에서 중요

---

15 Eric Evans 지음, Addison-Wesley Professional, 2003 / 한국어 번역판: 《도메인 주도 설계: 소프트웨어의 복잡성을 다루는 지혜》(에릭 에반스 지음, 이대엽 옮김, 위키북스, 2011)

16 옮긴이 IT와 비즈니스 담당자 간 오해도 종종 발생한다. 역자가 실제로 겪은 것은 '프로덕트 오너'에 대한 서로 잘못된 이해였다. 애자일을 모르는 비즈니스 담당자가 인식하는 프로덕트 오너(제품 또는 업무의 실제 총괄 책임자)와 애자일 팀이 인식하는 비즈니스 오너(고객 또는 최종 사용자와 커뮤니케이션하면서 요구 사항을 정의하고 우선순위를 정하는 사람)의 역할이 달랐기 때문이다. 이 때문에 실제 비즈니스 담당자를 이해시키고 설득하는 데 꽤 많은 시간이 걸렸었다.

한 성과 중 하나는 도메인(문제 영역, 또는 업무 영역)의 도출에 있다. 이 작업을 DDD는 '도메인'과 '경계가 있는 컨텍스트'를 사용해 실시한다. 또한 '엔티티(entity)', '값 객체', '집약' 등 논리와 물리 모델의 작성 및 진화에 도움이 되는 콘셉트를 제공하기도 한다.

3.9.2 서비스화는 크게 시작해서 필요에 따라 세분화

서비스 설계 시에 항상 논쟁이 되는 것이 서비스의 세부화 정도다. 특히, 마이크로서비스를 염두에 두고 있는 경우에는 '반드시 작게 만들어야 하는 것 아닌가'라는 강박 관념에 사로잡힌 사람이 종종 있다. 이것은 '마이크로'라는 이름 때문에 발생하는 폐해라고 생각한다. 의외일 수도 있지만 마이크로서비스에서 세분화 정도는 문제가 되지 않는다. 유연한 애플리케이션의 개발 및 운영이 실현된다면 세분화 정도는 크든 작든 상관없다. 이것은 국내외의 저명한 사람들이 하는 말이다.

또한, 서비스의 세분화 정도에 대해서는 명백한 사실이 한 가지 있다. 바로 탁상공론은 아무런 도움이 되지 못한다는 것이다. 왜냐하면 세분화 정도나 경계가 있는 컨텍스트가 최적화돼 있는지는 시스템 운영을 시작하고 나서야 알 수 있는 것이기 때문이다. 따라서 프로젝트 시작부터 세분화 정도를 포함해서 서비스를 최적화하는 것은 실정상 어렵다. 이것은 SOA를 실천했던 선배들의 경험에 근거한 것이다.

그러면 어떻게 하면 좋을까? 미국을 중심으로 마이크로서비스를 실천하고 있는 현장에서 서비스화는 크게 시작해야 한다는 의견이 있다. 책상 위에서 여러 의견을 교환해서 도메인을 분할하고, 작은 서비스를 정의한다고 해도 실제 현장의 운영에 맞지 않는다면 차라리 처음부터 서비스를 큰 단위로 만들어버리자는 것이다. 그렇게 한번 릴리스해서 운영해 보고 잘못된 것이 있다면 다음 스프린트(애자일의 프로젝트 개발 주기, 보통 2~3주가 한 스프린트다)에서 작은 서비스로 분할하는 것이다. 마이크로서비스를 적용하고 있는 프로젝트에서는 애자일 개발 프로세스에 기반해서 개발, 운영하고 있을 테니 이러한 시행착오를 손쉽게 해결할 수 있다는 발상이다.

큰 단위로 서비스화를 시작한다는 방식은 새로운 것이 아니다. 이미 2015년에 미국에서 많은 논쟁이 됐던 '모노리스 우선'도 큰 단위로 소프트웨어 컴포넌트 개발을 시작하자는 관점에서는 동일하다.[17] 모노리스 우선(monolith first)이란, 첫 스프린트에서 시스템 핵심 부분을 모노리스로 설계, 개발, 릴리스하고 다음 스프린트 이후에 기존 모노리스의 서비스화나 신규 기능의 서비스화를 진행하는 방식이다(그림 3.11). 처음에는 무리하지 않고 큰 단위로 애플리케이션을 릴리스해버리고, 그 뒤로 필요에 따라 서비스화를 진행하는 이 방법은 애자일적이자 합리적인 발상이다.

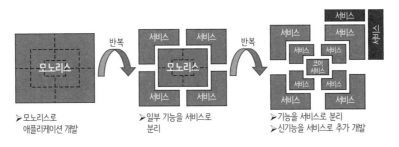

그림 3.11 모노리스 퍼스트

3.9.3 세션 정보 유지

모던한 소프트웨어 설계에서는 애플리케이션을 스테이트리스(Stateless, 상태를 유지하지 않는)로 설계, 구현하는 것을 추천하고 있다. 그 이유는 확장성과 가용성에 있다. 애플리케이션을 스테이트리스로 두면, 수평 확장 등으로 애플리케이션을 단순하게 확장시켜서 높아지는 부하에 쉽게 대응할 수 있다. 또한, 장애가 발생해도 (서버) 애플리케이션 측에서 상태(State, 스테이트) 회복 등의 번거로운 처리를 하지 않고 높은 가용성을 비교적 쉽게 유지할 수 있다.

하지만 온라인 쇼핑의 장바구니는 물론이고 여러 방면에서 처리 상태를 유지해야 하는 경우가 존재한다. 그리고 이를 위해서 세션 영구화나 스티키(sticky) 세션[세션 어피너티(affinity)] 등의 제품 기능이 제공되고 있다.

세션 영구화란 처리 중인 상태를 데이터베이스 등의 영구적 데이터 저장소에 저장해 두

---

17 https://martinfowler.com/bliki/MonolithFirst.html(또는 https://tinyurl.com/mvy6efca)

는 기능이며, 스티키 세션은 처리 상태가 저장돼 있는 서버(프로세스나 컨테이너)에 클라이언트 요청을 전송하는 것이다. 모두 부하분산 장치나 웹 애플리케이션 서버 등이 가지고 있는 기능이며, 클라우드 네이티브 컴퓨팅 관련 제품들도 이 기능을 제공하고 있다. 예를 들면, 컨테이너 오케스트레이션 프레임워크인 쿠버네티스의 인그레스(Ingress)가 스티키 세션(세션 어피니티) 기능을 제공한다.

그렇다면 마이크로서비스에서 세션 정보를 유지하려면 어떤 기법을 사용해야 할까? 세션 영구화나 스티키 세션 중 아무것이나 사용해도 되지만, 여기서는 제3의 후보로 상태의 서비스화라는 기법을 소개하도록 한다.

구조는 매우 간단하다. 상태(스테이트)를 유지하기 위한 서비스를 신설하고, 스테이트 자체는 데이터베이스 등의 영구 저장소에 저장한다. 그리고 최종 사용자의 요청(리퀘스트)과 상태는 사용자 ID 등으로 연결한다(그림 3.12). 온라인 쇼핑의 장바구니를 서비스로 취급하는 것과 같다.

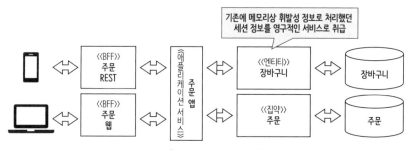

그림 3.12 **처리 중인 상태를 서비스화**

이 기법은 장바구니처럼 일시적으로 상태를 저장하기 위해 특별한 기반 제품을 사용하지 않는다. 다른 비즈니스 기능과 동일하게 비즈니스 모델이 자연스럽게 논리 모델, 물리 모델로 연결돼서 구현된다. 'IT 기반 구현 시 경우에 따라 달라지는 예외적인 설계를 배제하고, 설계에 보편성을 부여할 수 있다'와 '서비스 구현에 대한 투자를 보호할 수 있다'가 이 기법의 장점이다.

3.9.4 마이그레이션 기간 중의 의존 관계

DX 실현을 위해서 신규 시스템 개발에 마이크로서비스를 적용하는 경우도 있지만, 기존 시스템 개선을 위해 이용하는 경우도 있다. 도메인 규모가 복잡하고 크면 프로젝트가 장기화될 수도 있다. 후자와 같이 기존 시스템 개선에 마이크로서비스를 이용할 경우에는 프로젝트 기간 중에는 기존의 모노리스와 신규로 릴리스할 서비스가 프로덕션 시스템상에 동시에 존재하게 된다. 여기서 주의해야 할 것은 이 두 시스템 간의 의존 관계다.

결론부터 말하자면, 기존 모노리스가 신규 릴리스할 서비스에 의존하는 것은 괜찮지만, 반대로 신규 서비스가 기존 모노리스에 의존하는 것은 좋지 않다(그림 3.13). 그 이유는 가까운 미래에 기존 모노리스를 변경하는 경우 더 큰 영향을 미쳐서 마이크로서비스의 서비스화를 방해할 수 있기 때문이다.

그림 3.13 의존 관계는 모노리스로부터 서비스로

마이크로서비스를 기존 시스템에 적용하는 프로젝트에서는 기존 모노리스가 미래에 신규 서비스로 교체되거나 파기될 수도 있다. 신규로 릴리스하는 서비스가 기존 모노리스에 의존하고 있다는 것은 기존 모노리스의 교체나 파기가 신규 서비스에도 영향을 줄수 있다는 것을 의미한다. 방금 시스템을 만들었는데 조금 있다가 다시 변경하는 것은 매우 비효율적이다. 신규 릴리스할 서비스는 기존 모노리스에 의존하지 않도록 설계해야 한다.

제4장

마이크로서비스 패턴

이 장에서는 마이크로서비스 패턴의 개요에 대해 설명한다. 마이크로서비스 패턴이란, 마이크로서비스를 활용한 클라우드 네이티브 시스템의 설계, 개발, 운영에 도움이 되는 기법이나 노하우를 재사용하기 쉽도록 추상화, 범용화한 것이다. 마이크로서비스 적용을 성공적으로 이끌기 위해서 반드시 필요한 내용이므로 살펴보도록 하겠다.

4.1 마이크로서비스 패턴

2장에서 소프트웨어 엔지니어링 세계에서는 건축 업계의 주요 용어를 차용하고 있다고 언급했다. 마이크로서비스는 클라우드 네이티브 애플리케이션의 개발/운영을 위한 '아키텍처 스타일'이지만, 이 '아키텍처 스타일'이라는 용어는 건축 업계에서 사용하고 있는 '건축 양식'이라는 콘셉트를 가져온 것이다.

'디자인 패턴'도 건축 업계에서 가져온 용어 중 하나다. 건축은 물론이고 소프트웨어 개발에서도 다양한 과제를 해결하기 위해 지혜를 모으거나 함께 고민하면서 최적의 설계도를 마련하고 이를 적용한다. 설계 대상이나 건설 또는 구축 현장이 바뀌더라도 과거 사례를 기반으로 한 설계 비법을 활용할 수 있는 경우가 있다. 안건이 있을 때마다 처음부터 설계를 시작하는 것보다, 과거 사례의 비법을 활용하는 것이 효율적이며 실패할 가능성도 줄어든다.

이런 배경으로 선배들의 경험에서 만들어진 설계를 범용화하고 이후 비슷한 과제에 적용할 수 있게 한 것이 디자인 패턴이다. 패턴(pattern)에는 '틀', '주형', '정해진 방법'이라는 의미가 있다. 디자인 패턴을 이용할 때는 틀에 맞추어 설계 작업을 하는 것이다. 즉, 디자인 패턴을 활용하므로 여러 고민을 거칠 필요 없이 건물이나 소프트웨어를 신속하고 효율적으로 설계할 수 있게 된다(그림 4.1). 디자인 패턴이란 설계의 정석이라고 볼 수도 있다.

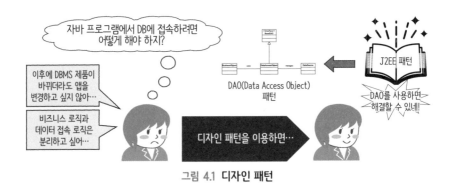

그림 4.1 **디자인 패턴**

건축 업계의 콘셉트이기도 한 '디자인 패턴'을 소프트웨어 엔지니어링 세계에 보급시킨 것은 1994년에 출간된 《Design patterns: Elements of reusable object oriented software》[18]이다(GoF 책이라고도 불린다. GoF는 Gang of Four로 '4인조' 정도로 해석할 수 있다). GoF를 사용한 디자인 패턴은 객체 지향 설계의 전형적인 예를 설명한 것이다. 이 책을 계기로 소프트웨어 엔지니어링 세계에서 과거의 경험과 지식을 '패턴'으로 정리해서 후속 시스템 개발에 재사용한다는 새로운 생태계가 확립됐다. 마이크로서비스 패턴도 이런 디자인 패턴의 흐름을 따른 것이다.

전세계에서 학회나 미디어, 웹사이트 등을 통해 마이크로서비스 관련 패턴 정보가 공유되고 있다. 그중에서도 패턴의 수나 범용성면에서 뛰어난 것이 크리스 리처드슨(Chris Richardson)이 운영하고 있는 웹사이트인 'Microservice Architecture'[19]이다. 웹페이지 'A pattern language for microservices'[20]에는 50개가 넘는 마이크로서비스 관련 패턴이 공개돼 있다(표 4.1).

표 4.1 리처드슨의 마이크로서비스 패턴(* 볼드 처리는 이 장에서 다루는 내용)

종류	패턴명
애플리케이션 아키텍처 패턴 (application architecture patterns)	모노리스 아키텍처(monolithic architecture)
	마이크로서비스 아키텍처(microservice architecture)
분해 (decomposition)	업무 기능별 분해(decompose by business capability)
	세부 업무별 분해(decompose by subdomain)
	자립 서비스(self-contained service)
	팀별 서비스(service per team)
리팩터링 (refactoring to microservices)	**스트랭글러 애플리케이션(stangler application)**
	부패방지 계층(anti-corruption layer)
데이터 관리 (data management)	**서비스별 데이터베이스(database per service)**
	공유 데이터베이스(shared database)
	사가(Saga)

---

18   Erich Gamma, Richard Helm, Ralph Johnson, John Vlissides 지음, Addison-Wesley Professional, 1994 / 한국어 번역판: 《GoF의 디자인 패턴》(에릭 감마/리처드 헬름/랄프 존슨/존 블리시디스 지음, 김정아 옮김, 프로텍미디어, 2015)

19   https://microservices.io/

20   https://microservices.io/patterns/index.html

표 4.1 리처드슨의 마이크로서비스 패턴(계속)

종류	패턴명
데이터 관리 **(data management)**	API 컴포지션(API composition)
	공통 질의 책임 분리 (Command Query Responsibility Segregation, CQRS)
	도메인 이벤트(domain event)
	이벤트 소싱(event sourcing)
트랜잭션 메시징 **(transactional messaging)**	**트랜잭셔널 아웃박스(transactional outbox)**
	트랜잭션 로그 테일링(transaction log tailing)
	폴링 퍼블리셔(polling publisher)
테스트(test)	서비스 컴포넌트 테스트(service component test)
	서비스 통합 컨트랙트 테스드(service integration contract test)
	사용자측 컨트랙트 테스트(consumer-side contract test)
배포 **(deployment patterns)**	**호스트별 다중 서비스 인스턴스** **(multiple service instances per host)**
	호스트별 단일 서비스 인스턴스(single service instance per host)
	VM별 서비스 인스턴스(service instance per VM)
	컨테이너별 서비스 인스턴스(service instance per container)
	서비스 배포(serverless deployment)
	서비스 배포 플랫폼(service deployment platform)
교차 관심사 (cross cutting concerns)	마이크로서비스 섀시(microservice chassis)
	설정 외부화(externalized configuration)
	서비스 템플릿(service template)
통신 **(communication style)**	**원격 프로시저 호출(Remote Procedure Invocation, RPI)**
	메시징(messaging)
	도메인 특화 프로토콜(domain-specific protocol)
	멱등 소비자(idempotent consumer)
외부 API **(external API)**	**API 게이트웨이(API gateway)**
	프론트엔드용 백엔드(backends for frontends)
서비스 검색 **(service discovery)**	**클라이언트 측 검색(client-side discovery)**
	서버 측 검색(server-side discovery)
	서비스 레지스트리(service registry)

표 4.1 리처드슨의 마이크로서비스 패턴(계속)

종류	패턴명
서비스 검색 (service discovery)	**자가 등록(self registration)**
	외부자 등록(3rd party registration)
안정성(reliability)	서킷 브레이커(circuit breaker)
보안(security)	액세스 토큰(access token)
관찰 가능성(observability)	**로그 통합(log aggregation)**
	애플리케이션 메트릭스(application metrics)
	감사 로그(audit logging)
	분산 추적(distributed tracing)
	예외 추적(exception tracking)
	상태 확인 API(health check API)
	로그 배포 및 변경(log deployments and changes)
UI 패턴(UI patterns)	서버 측 페이지 조각 병합 (server-side page fragment composition)
	클라이언트 측 UI 병합(client-side UI composition)

이 장에서는 이 중에서도 특히 중요하다고 여겨지는 패턴 30가지를 다룬다. 이해하기 쉽도록 9개의 분야로 나누어 연관된 패턴을 다루며, 해결해야 할 과제를 먼저 제시하고 해결책으로 어떤 패턴을 사용하는지 설명하도록 한다. 준비됐으면 시작하겠다.

4.2 데이터 관리 패턴

먼저 소개할 것은 데이터 관리 패턴이다. 여기서는 마이크로서비스를 적용함에 있어서 업무 데이터 처리에 도움이 되는 패턴을 소개한다.

4.2.1 데이터 관리 패턴의 배경과 동기

3장에서 설명한 것처럼 마이크로서비스에서는 분산 데이터베이스를 권장하고 있다(그림 4.2). 도메인 모델에 근거해서 업무 데이터를 분석하고, 서비스와 데이터베이스가 일대일 관계가 되도록 모델링하는 것이다. 이때 데이터베이스 접속을 담당하는 서비스를 **리포지터리**(repository)라고 한다. 리포지터리 이외의 서비스는 리포지터리를 경유해서 데이터베이스에 접속한다. 즉, 불특정 다수의 서비스가 하나의 거대한 통합 데이터베이스에 직접 접속하는 것이 아니라 업무 용도에 따라 분할된 복수의 데이터베이스에 리포지터리를 통해서 접속하는 것이다. 마이크로서비스가 이런 분산 데이터베이스 모델을 권장하는 이유 중 하나가 바로 약한 결합이다. 서비스뿐만 아니라 데이터베이스도 각각 약한 결합 관계를 가지도록 설계해서 애플리케이션 변경의 유연성을 기대할 수 있다.

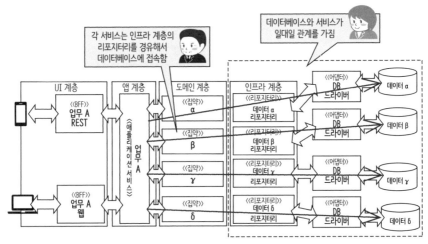

그림 4.2 마이크로서비스에서 권장하는 데이터 접근 모델

기존과 다른 방침과 스타일로 데이터 접근 모델을 설계하려면 기존과 다른 접근법을 사용해 다양한 과제를 해결해야 한다. 그림 4.3은 마이크로서비스의 데이터 관리에 있어 해결해야 할 과제의 예를 보여 준다.

[1] 데이터 동기화
- 분산 데이터베이스 간 데이터 동기화는 어떻게 구현할 것인가

[2] 데이터베이스 배치 모델
- 어떤 기준에 근거해서 데이터베이스를 배치할 것인가

[3] 데이터 결합
- 분산 데이터베이스에 흩어져 있는 데이터를 어떻게 집약할 것인가

그림 4.3 데이터 관리 과제 예

데이터 관리의 기본으로 가장 먼저 고민해야 과제는 데이터베이스 배치 모델이다. 어떤 기준에 근거해서 데이터베이스 배치 모델을 결정할지 정하려면, 각 배치 모델의 장점과 단점이 무엇인지를 알아야 한다. 데이터베이스 배치 모델과 관련해서는 앞서 나온 3장과 이번 장에서 마이크로서비스에서는 분산 데이터베이스를 권장한다는 것을 설명했지만, 경우에 따라서는 분산 데이터베이스화 할 수 없는 때도 있다. 어떤 경우에 분산 데이터베이스화할 수 없는 것인지, 그리고 그때 요구되는 모델이 무엇인지, 해당 모델의 장단점은 무엇인지도 이해할 필요가 있다.

또한, 분산 배치된 각 데이터베이스 간에 데이터를 동기화하는 기법을 명확하게 해두어야 한다. 도메인 분석과 모델링 결과를 보면, 각 업무 데이터는 관련성이 강한 다른 업무 데이터와 함께 단일 데이터베이스에 저장돼 있어야 한다. 하지만 업무 처리(트랜잭션)을 진행하는 과정에서 여러 데이터베이스에 저장돼 있는 데이터를 동기화하지 않으면 안 되는 경우도 발생할 수 있다. 예를 들어 온라인 쇼핑의 상품 구매 과정에서는 주문 데이터베이스에 주문 레코드를 추가할 뿐만 아니라, 재고 데이터베이스에서 상품 재고를 할당받아야 한다. 예전 방식에서는 하나의 트랜잭션으로 여러 리소스(데이터베이스)의 처리를 동기화하기 위해서 글로벌 트랜잭션을 사용했다. 하지만 3장에서도 언급한 것처럼 마이크로서비스에서는 글로벌 트랜잭션을 권장하지 않는다. 그렇다면 마이크로서비스에서는 어떤 방식으로 여러 **데이터베이스를 동기화**해야 할까? 이것이 두 번째 과제다.

세 번째 과제로 분산 배치된 각 데이터베이스에서 데이터를 집약하는 방법(데이터 결합)을 이해해야 한다. 통합형 데이터베이스라면 SQL을 실행하므로 손쉽게 여러 테이블에 분산 배치된 데이터를 가져오거나 임의의 처리를 적용할 수 있다. 하지만 마이크로서비스에서는 데이터베이스가 분산 배치돼 있으며, 리포지터리 서비스를 통해서 데이터베이스에 접속해야 해서 익숙한 SQL을 사용할 수 없다. 예를 들어, 온라인 쇼핑에서 특정 사용자의 구매 이력과 배송 상황을 검색할 때 주문 데이터베이스와 배송 데이터베이스를 모두 검색해야 한다. 이렇게 여러 데이터베이스에 걸쳐 있는 데이터를 검색하는 것도 마이크로서비스의 데이터 관리 패턴에서 해결해야 할 과제다.

지금까지 그림 4.3에 근거해서 마이크로서비스의 데이터 관리와 관련된 세 가지 과제를 살펴보았다. 데이터베이스의 배치 모델 과제(그림 4.3의 [1])를 해결하기 위한 패턴에 대해서는 4.2.2절, 데이터베이스의 동기화(그림 4.3의 [2])에 대해서는 4.2.3절에서 설명한다. 참고로 데이터 결합(그림 4.3의 [3])을 해결하는 패턴에 대해서는 3장의 3.7절에서 API 컴포지션, CQRS, 이벤트 소싱 등을 다루었으니 참고하도록 하자.

4.2.2 데이터베이스 배치 패턴의 예

서비스별 데이터베이스

마이크로서비스 설계의 기본 방침 중 하나는 **약한 결합**이다. 애플리케이션을 구성하는 각 서비스의 결합 강도를 약하게 유지하므로 각 서비스를 신속하고 유연하게 변경 및 유지/보수하는 것이 목적이다. 유지/보수 대상은 애플리케이션 프로그램뿐만 아니라 데이터베이스도 포함된다. 비즈니스 측의 요구로 언제 데이터베이스 구조를 변경해야 할지는 아무도 모른다. 언제 있을지 모르는 데이터베이스 설계 변경 요구에 유연하게 대응할 수 있도록 서비스(리포지터리 서비스)와 데이터베이스 관계가 일대일이 되는 모델을 권장하는 것이다(그림 3.5의 왼쪽). 이렇게 하면 설령 데이터베이스 변경 요청이 있더라도 리포지터리 서비스 하나만 변경해 주면 된다. 유지/보수 대상을 최소화하므로 데이터베이스를 포함한 애플리케이션 유지/보수의 유연성과 속도를 향상시킬 수 있다. 마이크로서비스가 추천하는 이런 아키텍처를 실현할 때 사용하는 것이 서비스별 데이터베이스(database per service)라는 데이터베이스 배치 패턴이다(그림 4.4).

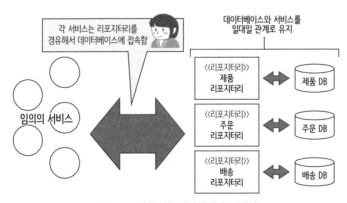

그림 4.4 서비스별 데이터베이스 패턴

서비스별 데이터베이스 패턴에서는 데이터베이스 인스턴스가 서비스 단위로 작성 및 운영된다. 예를 들어 주문 서비스용으로 주문 데이터베이스를, 배송 서비스용으로 배송 데이터베이스를 작성해서 배포한다. 이때 주문 업무를 담당하는 도메인 서비스는 주문 리포지터리 서비스를 경유해서 주문 데이터베이스에 접속하고, 주문 데이터에 CRUD 처리[21]를 적용한다.

그림 4.5에 서비스별 데이터베이스 패턴의 특징을 정리했다. 서비스별 데이터베이스 패턴은 유연하고 빠르게 애플리케이션을 유지/보수할 수 있게 해주며, 데이터베이스 제품 및 기술을 유연하게 선택할 수 있다는 장점이 있다.

- **장점**
  - ◆ 유연하고 빠른 애플리케이션 변경
  - ◆ 요건에 맞는 최적의 데이터베이스 제품 및 기술 선택

- **고려 사항**
  - ◆ 결과 일관성
  - ◆ 여러 데이터베이스 간 데이터 동기화 구조
  - ◆ 여러 데이터베이스에 걸쳐 있는 데이터를 검색 및 집약하는 구조

그림 4.5 **서비스별 데이터베이스**

업무 내용에 따라 사용하는 데이터베이스가 세분화되므로, 어떤 업무에는 관계형 데이터베이스를 사용하고, 어떤 업무에는 NoSQL을 사용하는 식으로 용도에 맞게 최적의 데이터베이스 제품과 기술을 선택할 수 있게 된다.

반면, 서비스별 데이터베이스 패턴의 채택은 분산 데이터베이스 환경의 운영으로 연결된다. 3장에서 설명한 것처럼 마이크로서비스에서는 분산 트랜잭션을 권장하지 않으므로, 여러 데이터베이스에 걸쳐 있는 데이터는 결과 일관성에 기반해서 동기화하게 된다. 서비스별 데이터베이스 패턴을 적용하기 전에, 결과 일관성이 허용되는지 업무 요건을 확인할 필요가 있다.

그리고 데이터베이스 간 동기화 구조를 준비해 두어야 한다. 이것은 3장에서 소개한 사가(Saga) 패턴을 이용한다(자세한 내용은 4.2.3절에서 설명한다). 또한, 여러 데이터베이스에

---

21 데이터베이스에 저장돼 있는 데이터에 대해 생성(create)/읽기(read)/변경(update)/삭제(delete) 처리를 한다는 의미다. 각 단어의 앞 글자를 따서 CRUD라고 한다.

걸쳐 있는 데이터를 검색하는 구조도 필요하다. 이에 대해서는 3장의 3.7절에서 설명한 API 컴포지션, CQRS, 이벤트 소싱을 활용하면 된다.

공유 데이터베이스

마이크로서비스에서 데이터베이스를 배치할 때는 서비스별 데이터베이스 패턴이 이상적이지만, 이 패턴을 사용할 수 없는 경우도 있다. 예를 들면 결과적 일관성을 허용하지 않는 경우다. 복수의 데이터베이스를 동기화하려면 분산 트랜잭션이 필요하지만, 마이크로서비스에서는 이를 권장하지 않는다. 따라서 데이터 일관성을 확보하기 위해서는 데이터베이스 분산화를 포기해야만 한다.

또한, 기존 데이터베이스를 이용해야 하는 경우도 서비스별 데이터베이스 패턴을 사용하기 어렵다. 기존 시스템들이 기존 데이터베이스를 사용하고 있는 경우, 새롭게 개발을 시작하는 클라우드 네이티브 애플리케이션만을 위해서 전체 데이터베이스를 서비스별 데이터베이스 패턴으로 이관하는 것은 현실적이지 않다.

이런 경우에 사용할 수 있는 데이터베이스 배치 패턴이 **공유 데이터베이스**(shared database)다(그림 4.6). 공유 데이터베이스 패턴이란, 통합된 하나의 데이터베이스 인스턴스를 복수의 서비스 및 애플리케이션, 시스템이 공유할 수 있는 데이터베이스 배치 패턴이다. 서비스별 데이터베이스 패턴과 달리 공유 데이터베이스 패턴은 지금까지 우리가 친숙하게 사용해 온 데이터베이스 배치 모델이라 볼 수 있다.

그림 4.6 공유 데이터베이스 패턴

공유 데이터베이스 패턴을 적용한 경우 업무 수행에 필요한 모든 데이터가 단일 데이터베이스에 저장된다. 따라서 복수의 데이터 갱신 처리 시에도 로컬 트랜잭션을 사용한

ACID 특성[22]을 유지하고 데이터 일관성을 확보할 수 있다. 익숙한 SQL을 사용해서 효율성을 높일 수 있다는 것도 장점 중 하나다(그림 4.7).

한편 공유 데이터베이스 패턴에서 불특정 다수의 서비스나 애플리케이션, 시스템이 통합 데이터베이스를 공유하게 되므로 데이터베이스 설계 변경에 큰 영향을 끼친다. 결과적으로 데이터베이스를 포함한 애플리케이션의 신속하고 유연한 변경을 저해하는 요인이 된다. 또한, 데이터 변경 시에는 단일 데이터베이스에 비관적 락(pessimistic locking)을 건 후 변경 처리를 해야 하며, 데이터의 양이 증가한 경우에는 데이터베이스 서버를 스케일업(scale-up)해야[23] 하므로 성능과 확장의 관점에서 문제로 남는다.

- **장점**
  - ◆ 업무 데이터의 일관성을 쉽게 확보할 수 있음
  - ◆ 기존 시스템과 데이터베이스 공동 이용이 용이

- **단점**
  - ◆ 애플리케이션과 데이터베이스를 신속하고 유연하게 변경하는 것이 어려움
  - ◆ 성능
    - ■ 단일 데이터베이스에 처리가 집중
    - ■ 비관적 락에 의한 순차적 처리 발생
  - ◆ 확장성
    - ■ 데이터가 증가한 경우에는 데이터베이스 서버를 스케일업해서 대응해야 함

그림 4.7 **공유 데이터베이스 패턴의 특징**

4.2.3 데이터베이스 동기화 패턴의 예

3장에서 설명한 것처럼 마이크로서비스에서 여러 데이터베이스 걸쳐 있는 데이터를 동기화하는 기법으로 사가를 권장하고 있다. 사가(Saga)는 로컬 트랜잭션 이벤트와 보상 트랜잭션을 활용하는 디자인 패턴이다. 사가를 구현하려면 코레오그래피와 오케스트레이션이라는 두 가지 기법을 사용할 수 있다.

---

22 트랜잭션 처리에서 확보해야 할 네 가지 조건. Atomicity(원자성), Consistency(일관성), Isolation(독립성), Durability(영구성)을 의미한다.

23 옮긴이 스케일업은 서버의 사양을 높여서 성능을 향상시키는 것이다. 메모리 증가, CPU 변경 등이 그 예다.

코레오그래피

코레오그래피(choreography)란, 데이터베이스에 접속하는 서비스가 각각 메시징 제품을 통해서 데이터를 동기화하는 방법이다(그림 4.8). 각 서비스 내부에는 비즈니스 로직이나 보상 트랜잭션 로직에 추가로 사가를 성립시키기 위한 제어 로직(예외 발생 시에는 예외 이벤트를 토픽으로 구독하는 등)도 구현해야 한다. 즉, 각 서비스가 자립적, 능동적으로 사가 프로세스를 돌리는 것이 코레오그래피다.

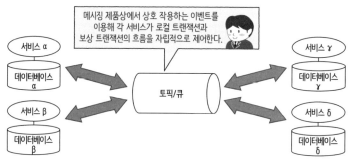

그림 4.8 사가 패턴(코레오그래피 스타일)

코레오그래피의 특징은 간단한 구조에 있다(그림 4.9). 메시징 제품을 준비해서 서비스를 개발하면 코레오그래피 스타일의 사가가 구현되는 것이다. 이것은 단순한 로직의 프로토타입에 최적이다. 한편, 각 서비스 내부에는 서비스 간 연계 흐름 제어 로직이 구현돼 있으므로 사가 전체를 파악하기가 어려우며, 트랜잭션 실행 시의 진행 상태 확인이나 추적(트레이스)이 어렵다는 문제가 있다.

또한, 원래는 비즈니스 로직을 구현해야 할 서비스 안에 사가 제어 로직이 함께 동거하게 된다. 이것은 역할 분담을 철저하게 해서 협업 생산성 향상을 목표로 하는 '관심사의 분리'를 저해하게 된다. 컴포넌트의 역할 분담이 명확한지 아니면 모호한지에 따라서 또 다른 사가 구현 방법인 오케스트레이션과 크게 구분된다.

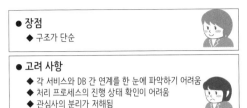

- ● 장점
  - ◆ 구조가 단순
- ● 고려 사항
  - ◆ 각 서비스와 DB 간 연계를 한 눈에 파악하기 어려움
  - ◆ 처리 프로세스의 진행 상태 확인이 어려움
  - ◆ 관심사의 분리가 저해됨

그림 4.9 **코레오그래피의 특징**

오케스트레이션

오케스트레이션(orchestration)에서는 사가 오케스트레이터라고 하는 특별한 서비스가 트랜잭션 처리를 조율한다. 사가 오케스트레이터는 트랜잭션 조율이라는 역할을 하므로, 애플리케이션 계층에 배치되는 애플리케이션 서비스로 구현된다(그림 4.10). 사가 오케스트레이터는 요청/응답 형식의 비동기 메시지를 통해서 비즈니스 로직을 담당하는 도메인 계층 서비스에게 데이터 처리를 요청한다. 장애 시에는 사가 오케스트레이터가 오류를 감지해서 각 서비스에 보상 트랜잭션 실행을 의뢰한다. 즉, 오케스트레이션에서는 사가 오케스트레이터가 사가 제어 로직을 담당하고 도메인 계층 서비스는 비즈니스 로직과 데이터 처리에게 위임하므로 역할을 명확하게 분리할 수 있으며, 이는 팀 개발의 효율성을 향상시킨다(그림 4.11).

또한, 서비스 간 흐름 제어는 사가 오케스트레이터 내에 구현되므로 서비스와 데이터베이스 간 연계 흐름을 파악하기 쉽다는 것도 장점이다.

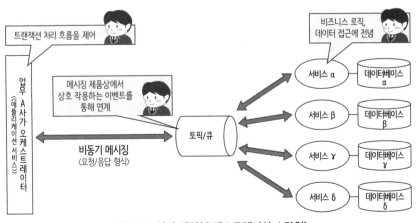

그림 4.10 **사가 패턴(오케스트레이션 스타일)**

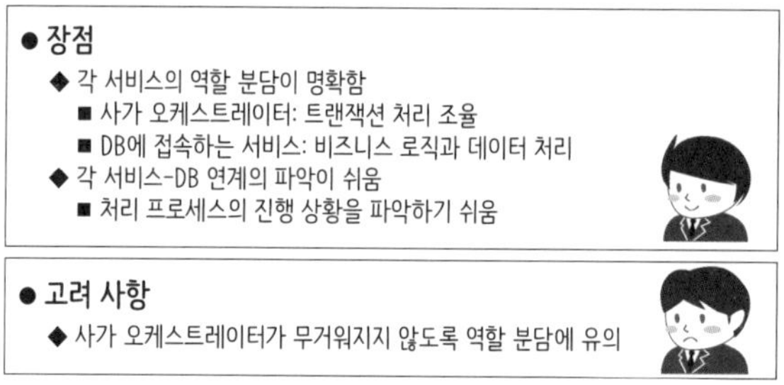

그림 4.11 오케스트레이션의 특징

코레오그래피와 오케스트레이션을 비교하면 코레오그래피를 채택한 경우 사가 전체 흐름을 파악하기 어렵다는 점, 그리고 관심사의 분리가 약해지므로 시스템 전체 설계에 악영향을 줄 수 있다는 점을 고려해야 한다. 사가 구현 방법으로 원칙적으로는 오케스트레이션을 선택하되, 소규모 도메인의 프로토타입 같은 국소적, 일시적 구현에는 코레오그래피를 검토하는 방식으로 접근하면 좋다.

참고로 코레오그래피와 오케스트레이션 중 어떤 방식을 선택하든 서비스 간 연계에 메시징 제품을 사용해야 한다. 바꿔 말하면 (사가 오케스트레이터를 제외한) 각 서비스에서는 데이터베이스 접속과 메시징 전송을 하나의 트랜잭션 내에서 끝내야 한다는 의미다. 기존에는 이런 경우에 분산 트랜잭션으로 해결할 수 있었지만, 마이크로서비스에서는 분산 트랜잭션을 권장하지 않는다. 서비스 내의 데이터베이스와 메시징 간 일관성은 어떻게 해결해야 할까? 이것을 해결하기 위한 기술이 다음 4.3절에서 소개하는 트랜잭셔널 메시징 패턴이다.

4.3 트랜잭셔널 메시징 패턴

4.3.1 트랜잭셔널 메시징 패턴의 배경과 동기

사가는 분산 데이터베이스 간 동기화를 위한 디자인 패턴이다. 이벤트를 통해 로컬 트랜잭션들을 서로 연결해서 각 데이터베이스를 동기화할 수 있다. 또한, 장애 발생 시에는 이벤트를 통해 보상 트랜잭션을 연결해서 현재 적용한 데이터 처리를 취소한다. 각 데이터베이스를 동기화할 수 있지만, 바로 동기화되는 것은 아니다. 수 밀리초나 수 초 또는 운영 방침에 따라서는 수 분, 수십 분, 수 시간의 시간 차이가 발생한다.

이런 사가에서 바로 동기화하지 않으면 안 되는 두 가지 처리가 있다. 바로 데이터 처리와 이벤트 처리다. 사가에서는 데이터베이스에 처리를 적용함과 동시에 해당 처리가 완료됐다는 것을 이벤트를 통해 통지해야 한다. 기존의 트랜잭션 방식에서는 데이터베이스와 이벤트를 경유하는 MOM을 대상으로 글로벌 트랜잭션으로 조율하지만, 앞서 설명한 것처럼 마이크로서비스에서는 글로벌 트랜잭션을 권장하지 않는다.

이와 같은 이유로, 사가 구현에 필요한 데이터베이스 처리와 이벤트 처리의 동기화하려면 데이터베이스 처리와 완벽하게 동기화하는 이벤트 처리(메시징), 즉 **트랜잭셔널 메시징**(transactional messaging)이 필요하다.

4.3.2 트랜잭셔널 메시징 패턴의 예

트랜잭셔널 아웃박스

트랜잭셔널 아웃박스(transactional outbox)는 트랜잭셔널 메시징을 구성하는 패턴 중 하나다. 트랜잭셔널 아웃박스의 실체는 데이터베이스의 테이블로, 비즈니스 데이터를 저장하는 데이터베이스 내에 함께 존재한다. 그리고 비즈니스 데이터 처리를 통지하는 이벤트 정보를 저장 및 공유할 때 사용한다. 비즈니스 데이터와 트랜잭셔널 아웃박스는 동일 데이터베이스에 공존하고 있어서 로컬 트랜잭션으로도 바로 동기화할 수 있는 것이다(그림 4.12). 참고로 아웃박스(outbox)란 이메일의 발송함이라는 의미로, 데이터베이스 처리를 통지하는 이벤트의 발신자로서 딱 맞는 명칭이다.

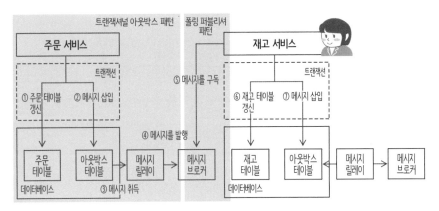

그림 4.12 정상 처리 시의 트랜잭셔널 아웃박스

오류 발생 처리 패턴의 예로, 주문 서비스의 데이터 처리는 성공했지만 재고, 서비스 처리에서 오류가 발생한 경우에 재고 서비스가 재고 테이블 처리를 롤백(rollback)하고, 아웃박스 테이블, 메시지 릴레이(message relay), 메시지 브로커[message broker(MOM)]를 통해 재고 서비스의 처리 실패 이벤트를 통지한다(그림 4.13).

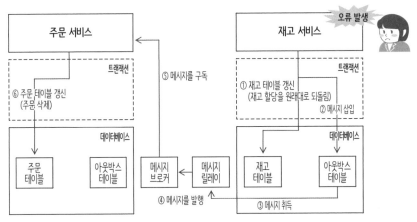

그림 4.13 오류 시의 트랜잭셔널 아웃박스

트랜잭셔널 아웃박스에는 아웃박스 내의 메시지 취득 방법에 따라 폴링 퍼블리셔와 트랜잭션 로그 테일링이라는 두 가지 디자인이 있다. 모두 사가 패턴의 로컬 트랜잭션 내부 디자인으로 사용할 수 있다. 다음은 이 패턴들의 디자인 예를 보도록 하겠다.

폴링 퍼블리셔

폴링 퍼블리셔(polling publisher)는 아웃박스 테이블을 읽는 메시지 릴레이가 아웃박스 테이블을 폴링(polling, 정기적으로 참조)하는 디자인이다(그림 4.12). 아웃박스 테이블이 관계형 데이터베이스인 경우 메시지 릴레이는 JDBC나 ODBC 등을 사용해 구현된다.

폴링 퍼블리셔의 장점은 애플리케이션으로 구현하기 쉽다는 것이다. 아웃박스에 삽입한 레코드를 읽는 폴링 처리를 애플리케이션 수준에서 구현하면 된다. 반면, 폴링 퍼블리셔는 사용자가 정의한 아웃박스 테이블에 의존하므로, 아웃박스 테이블의 유지/관리를 포함해서 개발 및 운영 비용을 산정해야 한다.

트랜잭션 로그 테일링

트랜잭션 로그 테일링(transaction log tailing)은 트랜잭셔널 메시징의 시발점으로 DBMS(Database Management System, 데이터베이스 관리 시스템)이 가지고 있는 트랜잭션 로그의 로그 엔트리를 활용하는 패턴이다(그림 4.14). 트랜잭셔널 아웃박스 패턴과 마찬가지로 서비스가 로컬 트랜잭션을 활용해서 업무 테이블을 갱신함과 동시에, 처리 내용을 DBMS가 관리하는 로그에 기록한다. 트랜잭션 로그 테일링에서는 트랜잭션 로그 마이너(transaction log miner)라는 메시지 릴레이를 사용해서 DBMS 트랜잭션 로그상에 기록된 로그 엔트리를 취득한다. 트랜잭션 로그 마이너는 새롭게 취득한 로그 엔트리를 MOM에 발행해서 후속 서비스(그림 4.14에서는 재고 서비스)의 트랜잭션에 연결한다.

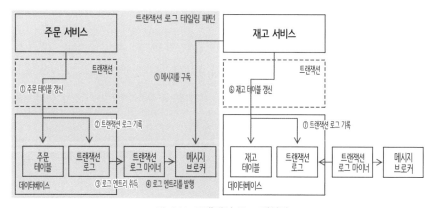

그림 4.14 **트랜잭션 로그 테일링**

트랜잭션 로그 테일링 패턴은 폴링 퍼블리셔와 달리 DBMS가 제공하는 트랜잭션 로그를 사용하므로 아웃박스 테이블의 유지/관리에 수고를 들일 필요가 없다. 하지만 사용하는 트랜잭션 로그의 사양이 데이터베이스 제품마다 다르므로 데이터베이스 제품 단위로 트랜잭션 로그 마이너를 구현해야 하며, 이것은 애플리케이션 개발이나 유지/보수에 부담을 준다.

4.4 서비스 검색 패턴

4.4.1 서비스 검색 패턴의 배경과 동기

클라우드 플랫폼에서는 서비스 배포 시마다 도메인명과 IP 주소가 변경될 가능성이 있다. 즉, 서비스를 호출하기 전에 클라이언트가 서비스의 정확한 위치를 파악해 두어야 한다. 이것이 마이크로서비스에서 서비스 검색 패턴이 필요한 이유다. 서비스 검색(service discovery)이란, 도메인명을 가지고 IP 주소를 알아내는 DNS(Domain Name Service)와 비슷하다.

4.4.2 서비스 검색 패턴의 예

클라이언트 측 검색

클라이언트 측 검색(client-side discovery)은 서비스의 위치(주소) 파악을 클라이언트가 하는 패턴이다(그림 4.15). 서비스 위치는 뒤에서 설명할 서비스 레지스트리(service registry)에 저장된다. 클라이언트가 이 서비스 레지스트리를 검색해서 서비스의 위치 정보를 파악하는 것이 클라이언트 측 검색 패턴이다.

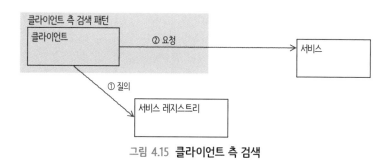

그림 4.15 **클라이언트 측 검색**

서버 측 검색

서버 측 검색(server-side discovery)은 서비스 위치(주소)를 클라이언트가 찾는 것이 아니라 서버 측 컴포넌트에 위임하는 디자인 패턴이다(그림 4.16). 실제로 서비스 위치를 찾는 것은 부하분산기나 프록시 등 서버 측 경계에 배치돼 있는 컴포넌트(라우터)다. 클라이언트가 라우터에 서비스 호출 요청을 전송하면 라우터는 서비스 레지스트리와 연계해서 서비스의 위치를 찾은 후, 해당 서비스로 클라이언트 요청을 전송한다.

서버 측 검색이 클라이언트 측 검색과 다른 점은 다음과 같다.

- 서비스를 검색하는 구조가 업무 프로그램 밖에 있을 것
- 애플리케이션 코드로 구현할 필요 없이 외부 장치로 구현할 수 있을 것

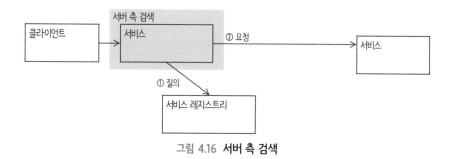

그림 4.16 **서버 측 검색**

4.4.3 서비스 레지스트리 패턴

클라이언트 측 또는 서버 측 검색을 사용해서 클라이언트의 서비스 호출을 구현하려면 서비스 위치 정보를 가지고 있어서 요청에 따라 각 서비스의 위치 정보를 제공할 수 있는 명명 서비스가 필요하다. **서비스 레지스트리**(service registry)란, 마이크로서비스에서 서비스명을 해석하는 컴포넌트다(그림 4.17). 서비스 레지스트리의 실체는 서비스명 해석을 위한 영구 데이터 저장소인 것이다.

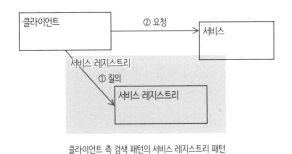

클라이언트 측 검색 패턴의 서비스 레지스트리 패턴

그림 4.17 **서비스 레지스트리**

4.4.4 서비스 레지스트리 등록 패턴의 예

서비스 위치 정보의 등록 기법으로 등록 주체에 따라 자가 등록과 외부자 등록이라는 두 가지 디자인 패턴이 있다.

자가 등록

자가 등록(self registration)은 배포 시에 초기화 처리의 일부로 서비스가 자신의 도메인명과 주소 정보를 매핑해서 위치 정보를 구성하고, 이를 서비스 레지스트리에 등록하는 패턴이다(그림 4.18). 애플리케이션 로직으로 등록 처리를 구현하기 때문에 모든 요건에 유연하게 대응할 수 있는 반면, 서비스의 헬스 체크나 장애 발생 시 복구 처리도 필요하므로 개발 공수에 영향을 줄 수 있다.

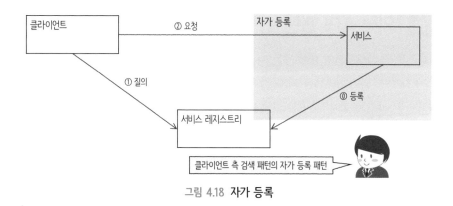

그림 4.18 **자가 등록**

외부자 등록

외부자 등록(3rd party registration)은 서비스 레지스트리의 위치 정보 등록을 애플리케이션 프로그램 외의 제3자에게 위임하는 디자인 패턴이다(그림 4.19). 예를 들어 쿠버네티스 같은 오케스트레이션 프레임워크가 외부자 등록의 한 예로, 서비스 위치 정보 등록뿐만 아니라 갱신도 해준다. 서비스 레지스트리 등록이나 운영에 외부자 등록을 활용하면 애플리케이션 개발의 서비스 위치 정보 관련 작업을 줄일 수 있다.

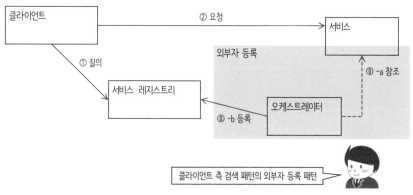

그림 4.19 **외부자 등록**

4.5 외부 API 패턴

비즈니스 애플리케이션의 대부분은 자사 온프레미스 데이터 센터나 퍼블릭 클라우드에서 운영하지만, 클라이언트는 자사 사무실뿐만 아니라 인터넷을 거쳐 외부 사이트에서 운영하는 것이 일반적이다. 또한 클라이언트에는 다양한 종류가 있어서, 웹브라우저상에서 실행되는 전통적인 웹 애플리케이션이나 에이잭스(Ajax)를 활용한 싱글 페이지 애플리케이션, iOS나 안드로이드 네이티브 애플리케이션, REST로 연동하는 서버 애플리케이션 등으로 나누어진다. 마이크로서비스를 사용해서 비즈니스 애플리케이션을 설계 및 개발할 때 이런 다양한 클라이언트와 연동하기 위한 패턴을 살펴보도록 하겠다.

4.5.1 외부 API 패턴의 배경과 동기

마이크로서비스를 적용하면 하나의 애플리케이션이 여러 개의 서비스로 구성된다(그림 4.20). 이것을 클라이언트 관점에서 보면, 예를 들어 온라인 쇼핑에서 하나의 상품을 발주하기 위해서는 여러 개의 서비스를 호출해야 한다는 것을 의미한다. 이때 서비스가 배치돼 있는 데이터 센터 및 퍼블릭 클라우드와 클라이언트 간 통신을 담당하는 것이 비교적 속도가 느린 인터넷이다. 클라이언트와 서비스 간 연동을 실현하기에 앞서 다양한 클라이언트의 지원 및 복수의 서비스 호출, 그리고 비교적 속도가 느린 네트워크라는 제약을 극복할 수 있는 정책을 마련해야 한다. 이때 가장 중요한 것은 문제점(과제)이 무엇인지 명확하게 파악하는 것이다.

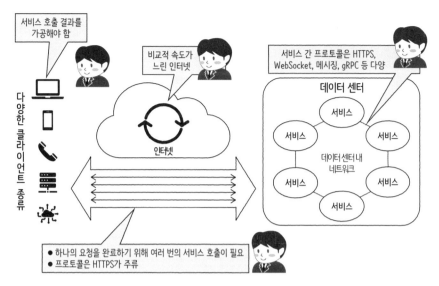

그림 4.20 **불특정 다수의 클라이언트가 불특정 다수의 서비스에 접근한다.**

그림 4.21은 마이크로서비스에서 서비스와 클라이언트 간 연동에서 발생할 수 있는 과제의 일례다.

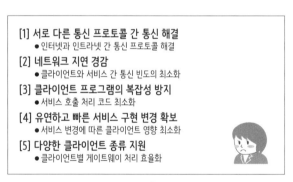

[1] 서로 다른 통신 프로토콜 간 통신 해결
● 인터넷과 인트라넷 간 통신 프로토콜 해결

[2] 네트워크 지연 경감
● 클라이언트와 서비스 간 통신 빈도의 최소화

[3] 클라이언트 프로그램의 복잡성 방지
● 서비스 호출 처리 코드 최소화

[4] 유연하고 빠른 서비스 구현 변경 확보
● 서비스 변경에 따른 클라이언트 영향 최소화

[5] 다양한 클라이언트 종류 지원
● 클라이언트별 게이트웨이 처리 효율화

그림 4.21 **외부에서 접속할 때 발생하는 문제점**

인터넷을 통해서 클라이언트와 서비스가 통신할 때 사용하는 주요 프로토콜은 HTTP/HTTPS 기반의 REST나 웹소켓(WebSocket) 등이지만, 데이터 센터 내에서는 다른 프로토콜을 사용할 수도 있다. 예를 들어, 데이터 센터 내에 있는 서비스 간 통신에서는 메시징 등의 다른 방식을 이용할 때도 있다. 이 경우 클라이언트와 서비스 간, 그리고 데이터 센터 내 각 서비스 간에 사용할 수 있는 통신 프로토콜이 달라진다. 이때 필요한 것이 통신 프로토콜 교환 및 교차다(그림 4.21의 과제 [1]/그림 4.22).

그림 4.22 **인터넷과 인트라넷에서는 통신 프로토콜이 달라질 수 있다**

두 번째 과제는 네트워크 지연이다. 인터넷은 비교적 속도가 느린 네트워크다. 애플리케이션의 요청 하나를 완료하기 위해서 인터넷을 여러 번 경유해서 서비스를 호출해야 하며, 이것은 응답 시간 지연으로 연결된다. 클라이언트와 서비스 간 통신 횟수를 최소화해서 네트워크 지연을 방지하는 것이 바람직하다(그림 4.21의 과제 [2]/그림 4.23).

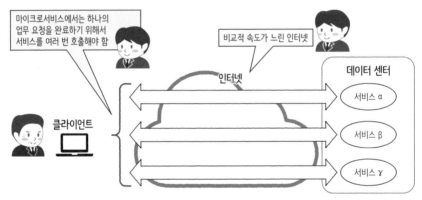

그림 4.23 **서비스 수만큼 호출하는 것은 네트워크 지연을 악화시킨다.**

세 번째 과제는 클라이언트 프로그램 코드와 관련된 것이다. 네트워크 프로그래밍은 네트워크 접속 열기 및 닫기, 비정상인 경우의 예외 처리 등을 구현해야 하므로 로컬 라이브러리를 호출할 때보다 코드의 양이 증가하는 걸 피할 수 없다. 또한, 네트워크를 거쳐서 호출하는 서비스가 증가하면 클라이언트 프로그램의 코드 규모도 비대해진다. 프로그램의 가독성을 유지하고, 유지/관리를 용이하게 하려면 코드의 양을 최소화하는 것이 좋으며, 이를 위해서는 서비스 호출 횟수 자체를 줄여야 한다(그림 4.21의 과제 [3]/그림 4.24).

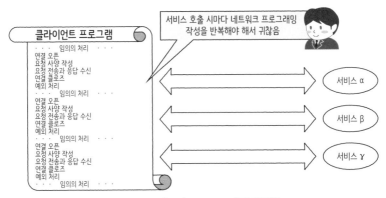

그림 4.24 **네트워크 프로그래밍 작성법**

또한 클라이언트가 여러 서비스에 접근하는 경우, 각 서비스의 변경이 클라이언트 프로그램의 변경에도 영향을 주게 된다. 서비스 하나의 프로그램 변경이 클라이언트 프로그램 변경을 동반해야 한다는 것은, 유연하고 신속한 애플리케이션 유지/관리를 저해한다. 서비스 변경이 클라이언트 프로그램에 영향을 주지 않도록 하는 장치를 마련해 둘 필요가 있다(그림 4.12의 과제 [4]/그림 4.25).

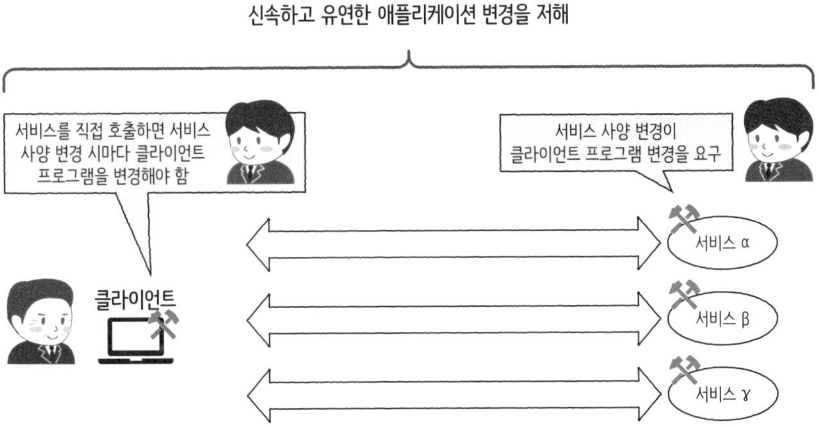

신속하고 유연한 애플리케이션 변경을 저해

서비스를 직접 호출하면 서비스 사양 변경 시마다 클라이언트 프로그램을 변경해야 함

서비스 사양 변경이 클라이언트 프로그램 변경을 요구

클라이언트

서비스 α

서비스 β

서비스 γ

그림 4.25 **서비스 변경이 클라이언트에 영향을 줌**

또한, 다양한 클라이언트 종류를 지원하기 위한 구조도 고려해야 한다. 클라이언트 종류마다 통신 방식(통신이나 애플리케이션 프로토콜), 요청과 응답 형식, 필요한 응답 내용 등이 다르다. 이런 클라이언트별 차이를 효율적으로 제어하기 위한 구조가 마이크로서

비스의 클라이언트와 서비스 간 통신에 요구되는 것이다(그림 4.21의 과제 [5]/그림 4.26).

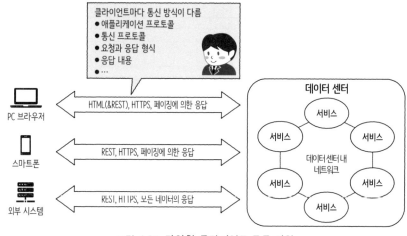

그림 4.26 **다양한 클라이언트 종류 지원**

4.5.2 외부 API 패턴 예

마이크로서비스에서 클라이언트와 서비스 연동 시에 발생하는 문제들을 해결하기 위한 패턴으로 API 게이트웨이(API gateway) 패턴과 프론트엔드용 백엔드(Backends For Frontend) 패턴을 소개하겠다.

API 게이트웨이

API 게이트웨이 패턴이란, 도메인 경계에 클라이언트 처리를 담당하는 전용 서비스(API 게이트웨이)를 배치하는 것이다(그림 4.27). API 게이트웨이를 설치할 수 있는 단위로 몇 가지 방법이 있지만, 단순함과 범용성이라는 관점에서 목적별로 하나의 API 게이트웨이를 두는 것이 좋다. 예를 들어, 온라인 쇼핑의 '주문'이라는 목적에 대해서 주문용 API 게이트웨이(order API gateway)를 설치하는 것이다.

이때 주문용 API 게이트웨이에는 주문 처리에 필요한 여러 서비스를 호출하는 로직을 구현한다. 클라이언트 대신에 주문용 API 게이트웨이가 주문 서비스, 계산 서비스, 재고 서비스, 배송 서비스를 호출해 주는 것이다. 이를 통해 클리어언트와 서비스 간 호출

횟수를 1회로 줄일 수 있어서 네트워크 지연을 최소화할 수 있다.

또한, 클라이언트 프로그램과 서비스 간에 API 게이트웨이라는 하나의 완충재를 마련하므로, 서비스 측 변경 시에도 API 게이트웨이에서 그 변경을 흡수하기에 클라이언트 측 영향을 최소화할 수 있다. 클라이언트 관점에서 보면 API 게이트웨이를 1회 호출하면 하나의 목적을 달성할 수 있으므로, 귀찮은 네트워크 프로그래밍 작성법을 몇 번이고 반복하지 않아도 된다. API 게이트웨이는 도메인 입구에 위치하기 때문에 통신 게이트웨이 기능의 배치 장소로도 이용할 수 있다. 인터넷과 인트라넷 간 통신 프로토콜 교환을 API 게이트웨이가 담당하는 것이다.

여담이지만 애플리케이션(서비스) 조율이라는 역할에 주목하면, API 게이트웨이는 도메인 주도 설계의 애플리케이션 서비스, 또는 GoF 디자인 패턴의 파사드(Facade)에 해당한다.

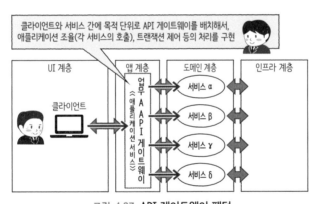

그림 4.27 **API 게이트웨이 패턴**

지금까지 애플리케이션으로 개발해야 할 API 게이트웨이에 대해 살펴보았지만, 세상에는 이미 API 게이트웨이라고 분류되는 제품이 존재한다. 도메인 경계에서 요구되는 임무를 가졌다는 관점에서 넓은 의미로는 둘 다 API 게이트웨이라고 불러도 지장이 없다. 하지만 시스템 개발 현장에서는 어느 한쪽이 모든 요건을 담당하는 것이 아니라 양쪽의 특징에 맞게 구분해서 사용해야 한다.

예를 들어 API 게이트웨이 제품은 인증과 허가, 로그, 메트릭스, 부하분산, 캐시 등 비

기능 요건을 충족시키기 위한 범용적인 기능을 제공한다. 이런 기능들을 일부러 사용자 애플리케이션으로서 API 게이트웨이에 구현하는 것은 시간 낭비로, 특별한 요건이 없는 한 API 게이트웨이 제품을 활용해야 한다. 반면, 서비스 조율이나 트랜잭션 제어 등 도메인 고유의 구현과 관련된 부분은 사용자 애플리케이션으로 구현하는 것이 좋다.

프론트엔드용 백엔드

그런데 그림 4.21의 과제 [5]인 '다양한 클라이언트 종류'에 대해서는 어떤 식으로 대처해야 할까? 클라이언트 단위의 게이트웨이 처리도 API 게이트웨이로 구현해야 하는 것일까?

불특정 다수의 클라이언트가 하나의 API 게이트웨이를 공유하는 경우(One size fits all)를 생각해 보자(그림 4.28). 이때 API 게이트웨이는 여러 개의 클라이언트 프로그램과 통신하게 된다. 예를 들어 iOS용 게이트웨이의 기능을 개선하고 싶다는 요구가 있다고 하더라도, 안드로이드 등의 다른 클라이언트용 기능 개선도 포함해서 우선순위를 정하자는 방향으로 흐르게 되면 결과적으로 iOS용 대응이 미뤄질 가능성이 존재한다.

또한 불특정 다수의 클라이언트가 하나의 API 게이트웨이를 공유하는 경우, API 게이트웨이가 특정 클라이언트용으로 게이트웨이 처리 로직 변경을 해야 하고, 이때 모든 종류의 클라이언트가 영향을 받을 수 있다. 예를 들어 iOS용 게이트웨이 처리 로직을 위해서 유일한 주문용 API 게이트웨이인 '주문용 API 게이트웨이'를 수정해야 하지만, 예상하지 못한 버그가 포함된 경우 iOS뿐만 아니라 안드로이드나 PC 브라우저 클라이언트까지 영향을 받을 수 있다. 이런 사태를 고려해서 오류를 사전에 최소화하는 외부 API 패턴이 **프론트엔드용 백엔드**(Backends For Frontend)이며, 줄여서 **BFF**라고도 한다.

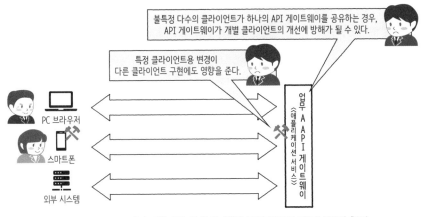

그림 4.28 **API 게이트웨이를 사용한 개별 클라이언트 게이트웨이 처리**

BFF는 요청이나 응답 렌더링, 통신 프로토콜 교환을 담당하는 소프트웨어 컴포넌트로, 서버 측에서 클라이언트와 맞닿는 곳에 배치한다(그림 4.29). 역할이나 배치 장소 등 API 게이트웨이와 비슷하지만 다른 점도 있다. API 게이트웨이와 비교했을 때 BFF가 가지는 고유의 특징은 설치 단위이며, BFF는 클라이언트별로 작성해서 배치한다. 프론트엔드용 백엔드라는 이름에도 있듯이, 클라이언트(프론트엔드)별로 BFF 서비스(백엔드)가 배치되는 것이다.

'클라이언트별로'라고 했지만 엄격한 규칙이 있는 것은 아니다. 과거 사례 중에는 클라이언트 OS 버전별로 BFF를 작성해서 배치한 경우도 있지만, BFF 종류가 너무 많아져서 관리하기가 힘들었다고 한다. iOS, 안드로이드, REST, PC 브라우저 등으로 클라이언트 종류를 구분해서(iOS용 BFF, 안드로이드용 BFF, REST용 BFF, PC 브라우저용 BFF 등) BFF를 준비하는 것이 좋다.

BFF 패턴을 적용하면 API 게이트웨이 패턴에서 풀 수 없었던 그림 4.21의 과제 [5] '다양한 클라이언트 종류 지원'을 해결할 수 있다. BFF 패턴을 채택하므로 API 게이트웨이와 클라이언트 고유의 게이트웨이 기능을 분할할 수 있다. 또한, 클라이언트 개발팀과 역할을 명확히 분리할 수도 있다. 이런 식으로 개발팀을 구성하면 iOS, 안드로이드, REST, PC 브라우저 등 각 클라이언트의 기능 개선 요구 사항을 신속하고 유연하게 대응할 수 있게 된다.

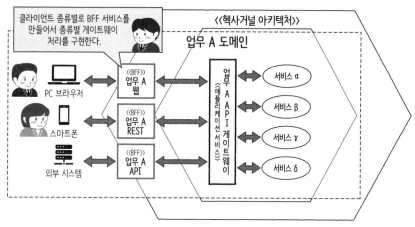

그림 4.29 **프론트엔드용 백엔드 패턴**

외부 API 패턴을 정리해 보면 다음 세 가지로 요약할 수 있다.

- API 게이트웨이 제품은 인증 및 허가, 로그, 메트릭스, 부하분산 등 범용적인 관리 용도로 사용한다.
- API 게이트웨이 패턴은 애플리케이션 조율을 책임진다.
- 프론트엔드용 백엔드 패턴은 클라이언트별로 게이트웨이 처리를 적용한다.

4.6 통신 패턴

4.6.1 통신 패턴의 배경과 동기

마이크로서비스의 통신 프로토콜로 REST가 많이 알려져 있다. 하지만 3.7절에서 다룬 것처럼, REST에는 요청/응답 및 동기형 통신 고유의 다양한 문제가 있다. 이 문제들을 해결해서 클라이언트와 서비스, 그리고 서비스 간 연동을 최적화하려면, 다양한 프로토콜을 적재적소에 활용할 수 있어야 한다. 요건에 따라 동기형뿐만 아니라 비동기형 통신 상태가 필요할 수도 있으며, 운영 실수나 장애에 대비해서 멱등성[24]도 시야에 넣

---

24 실행 횟수에 상관없이 결과가 같다는 것을 보장하는 특성

어야 한다. 이상의 관점에서 마이크로서비스의 통신 형식을 패턴화해서 적용하는 것이 바람직하다.

4.6.2 통신 패턴 예

원격 프로시저 호출

첫 번째 통신 패턴은 **원격 프로시저 호출**[Remote Procedure Invocation(RPI)]이다(그림 4.30). 이것은 요청/응답 및 동기형 통신 패턴으로 REST가 그 구현 예 중 하나다. HTTP/HTTPS 기반 통신 프로토콜을 사용하는 경우가 많아서 데이터 센터 내 서비스 간 연동뿐 아니라 인터넷을 경유한 클라이언트와 서비스 간 통신에도 자주 사용된다.

쉽고 간단하며 범용적이라는 것이 RPI의 장점 중 하나지만, 동기형 통신이므로 확장성이 약하며, 복잡하고 시간이 오래 걸리는 처리에는 적합하지 않다. 서비스 로직이 복잡하고 지연이 있으면 응답 연장은 물론, 클라이언트 요청이 쌓이면서 서버 리소스가 고갈돼서 결국 장애로 이어질 수 있다.

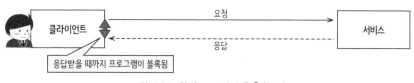

그림 4.30 **원격 프로시저 호출(RPI)**

메시징

비동기적 통신 형태를 취하는 것이 메시징(messaging) 패턴이다(그림 4.31). 메시징 패턴은 발행자[publisher, 또는 프로듀서(producer)]와 구독자[subscriber, 또는 컨슈머(consumer)]가 이벤트(메시지)를 통해 통신하는 모델이다. MOM 또는 메시지 브로커를 통해서 이벤트나 메시지를 비동기적으로 전달한다. 즉, 발행자가 이벤트(메시지)를 생성할 때 구독자를 항상 실행하고 있을 필요가 없다. 이벤트(메시지)는 MOM 토픽(큐)에 저장돼 있으므로 구독자는 원할 때 이벤트(메시지)를 가져올 수 있다.

메시징 패턴을 활용하므로 일방향&비동기형, 요청/응답&동기형, 요청/응답&비동기형 등 세 가지 통신 형식을 취할 수 있다. 메시징 패턴은 같은 마이크로서비스 패턴인 사가(Saga)나 CQRS 등에 사용한다.

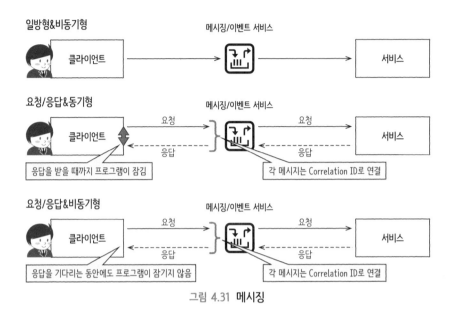

그림 4.31 메시징

도메인 특화 프로토콜

도메인 특화 프로토콜(domain-specific protocol)은 특정 상황에 맞는 고유의 프로토콜을 적용하는 디자인이다. 메일 전송을 예로 들자면, 메일 발신에 특화된 도메인 특화 프로토콜이 SMTP이고, 메일 수신에 특화된 것은 POP 또는 IMAP다. 대상 업무에 최적인 통신 프로토콜이 이미 존재하여 폭넓게 사용된다면, 서비스 설계 시에도 고려하는 것이 좋다.

멱등 소비자

'Idempotent', 즉 멱등이란, 실행 횟수에 상관없이 결과가 같다는 것을 보장하는 특성이다. 장애나 운영 실수로 잘못된 조작을 여러 번 반복하는 경우가 있다. 이렇게 의도하지 않은 작업(운영)에도 멱등성을 보장하는 통신 패턴이 **멱등 소비자**(idempotent consumer)다 (그림 4.32). 멱등 소비자란, 예를 들어 주문 ID처럼 작업 단위별로 고유한 ID를 할당하고, 해당 ID와 연계된 작업이 실행됐는지 또는 실행되지 않았는지를 확인해서 같은 작업의 중복 실행을 방지한다.

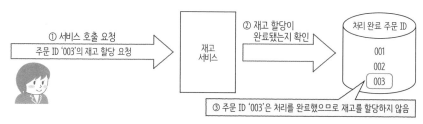

그림 4.32 멱등 소비자

이어서 사가와 트랜잭셔널 아웃박스 패턴을 예로 들어 보겠다(그림 4.33).

주문 서비스로부터 이벤트를 수신한 재고 서비스는 재고 테이블에서 재고 할당을 하기 전에 자신의 아웃박스 테이블을 확인한다. 주문 서비스가 보낸 이벤트에 포함된 주문 ID로 아웃박스 테이블을 검색해서 존재하지 않으면 재고 테이블에 재고를 할당하고, 동시에 아웃박스 테이블에 주문 ID(와 기타 애플리케이션이 필요로 하는 정보)를 기록한다. 만약 주문 ID가 아웃박스 테이블에 이미 존재한다면, 해당 주문과 관련된 재고 할당이 이미 끝났다는 의미이므로 재고 서비스는 아무것도 하지 않는다. 이렇게 데이터베이스 와 간단한 확인 로직을 조합해서 멱등 소비자를 구현할 수 있다.

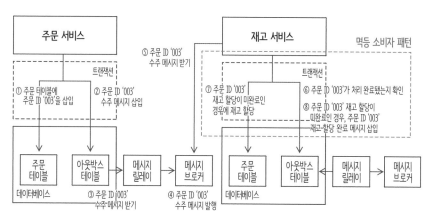

그림 4.33 트랜잭셔널 아웃박스에서의 멱등 소비자 적용 위치

배포 패턴

4.7.1 배포 패턴의 배경과 동기

개발팀이 개발한 애플리케이션을 서비스로 최종 사용자에게 제공할 때는 애플리케이션을 프로덕션 환경에 배포할 필요가 있다. '배포한다(deploy)'란 원래는 군사 용어로 사용되던 것으로, '(부대/병사 등을) 투입한다, 배치한다' 등의 의미를 가진다. 시스템 개발에서 배포란 일반적으로는 개발한 애플리케이션을 서버상에 투입, 배치해서 사용할 수 있게 하는 것을 의미한다.

배포(deployment)는 프로세스(개발팀과 운영팀이 실행히는 단계)와 아키텍처(소프트웨어가 실행되는 환경의 구조를 정의)라는 상호 연관된 두 개의 요소로 구성된다(그림 4.34).

그림 4.34 **배포의 구성 요소**

배포 프로세스의 진화와 역할 변화

기존 모노리스 애플리케이션에서는 배포는 개발팀이 인프라 운영팀에 의뢰하는 것이 일반적이었다. 변화가 심한 비즈니스 요건에 민첩하게 대응하기 위해서는 애플리케이션을 자주 빠르게 릴리스하는 것이 필수 불가결이다. 현재 많은 기업에서 CI/CD(지속적 통합/지속적 전달)를 도입하고 있어서, 애플리케이션 빌드부터 배포까지의 릴리스 처리가 대폭 자동화돼 있다. 기존에는 인프라 운영팀이 모두 처리했던 배포 프로세스가 변모하여, 데브옵스라는 방식을 따라 앱 개발팀과 인프라 운영팀이 긴밀하게 협력해서 사용자에게 신속하고 지속적으로 서비스를 제공하게 됐다(그림 4.35).

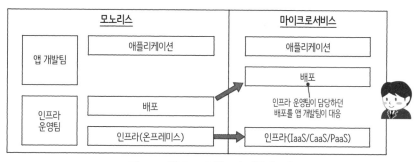

그림 4.35 배포 프로세스의 역할과 변화

클라우드 기술의 진화와 배포 아키텍처의 발전

클라우드 기술이 진화함에 따라 배포 아키텍처도 애플리케이션을 신속하게 자주 배포할 수 있도록 진화하고 있다. 아무리 CI/CD에 의한 배포 자동화가 발전한다고 해도, 배포 위치인 컴퓨팅 환경을 준비하는 데 시간이 걸린다면 서비스를 제공하는 행위의 발목을 잡게 된다. 기존 모노리스 애플리케이션의 배포 위치는 물리 머신 자체였지만, 가상화 기술을 사용하면서 인프라 운영팀이 더 빠르고 쉽게 앱 개발팀에 가상 머신을 제공할 수 있게 됐다.

클라우드 기술의 진화와 함께 컴퓨팅 환경의 경량화와 단명화도 가속되고 있다. IaaS(Infrastructure-as-a-Service)에서는 필요에 따라 가상 머신을 추가 또는 삭제할 수 있게 됐다. 클라우드 기술의 진화에 맞추어 가상화도 빠르게 발전하고 있으며, 하드웨어 수준의 가상화는 물론, 경량인 OS 수준의 가상화(컨테이너)도 보급되고 있다. 가상 머신에 비해 더 가벼운 컨테이너는 오케스트레이션 기술과 함께 자동화를 촉진시키고 있다. 요즘에는 컨테이너 기술의 파생 기술로 처리가 필요한 때만 컨테이너를 실행하는 서버리스(Serverless) 서비스가 등장해서 애플리케이션 실행에 필요한 클라우드 리소스를 동적으로 할당할 수 있게 됐다(그림 4.36).

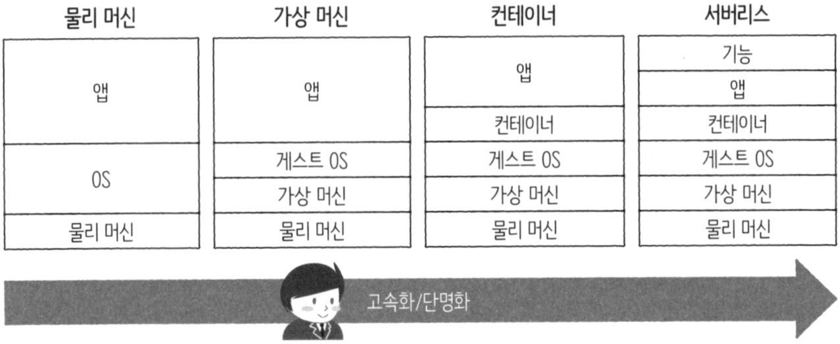

물리 머신	가상 머신	컨테이너	서버리스
			기능
앱	앱	앱	앱
		컨테이너	컨테이너
	게스트 OS	게스트 OS	게스트 OS
OS	가상 머신	가상 머신	가상 머신
물리 머신	물리 머신	물리 머신	물리 머신

 고속화/단명화

그림 4.36 배포 아키텍처의 발전

배포 패턴의 필요성

마이크로서비스에서 배포 프로세스와 배포 아키텍처는 모노리스에 비해 다양해졌다. 배포 패턴을 체계적으로 이해하고 각각의 장단점을 파악해서 마이크로서비스를 설계하는 것은 다음의 관점에서 효과적이다.

[1] 분산 애플리케이션

배포할 애플리케이션이 하나인 모노리스 애플리케이션과 달리 마이크로서비스는 다양한 언어와 프레임워크로 작성된 수십, 수백 개의 서비스로 구성된 분산 애플리케이션이다. 마이크로서비스를 구성하는 개별 애플리케이션을 어떤 단위로 패키지화하고 어떤 단위로 플랫폼 또는 런타임으로 배포하는가에 따라 배포 아키텍처의 설계가 크게 달라진다. 서비스 단위나 서비스 수에 맞추어 최적의 배포 패턴을 선택해서 비즈니스 요구의 변화에 발맞춰 유연하게 대응할 수 있는 마이크로서비스를 실현할 수 있다.

[2] 확장성

마이크로서비스를 지탱하는 시스템 리소스의 가동률을 최적화하려면 적절한 배포 패턴을 선택해야 한다. 원칙적으로 마이크로서비스는 분산 애플리케이션으로 하나의 시스템이 수십, 수백 개의 서비스로 구성될 수 있다. 하나의 가상 머신이나 하나의 컨테이너에 기능적으로 독립된 애플리케이션을 배치한 경우, 라이브러리나 애플리케이션 서버의 기능을 공유하는 모노리스 애플리케이션보다 전체적으로 많은 리소스를 사용하게 된다. 개별 서비스가 독립돼 있어서 확장하는 시점도 마이크로서비스 단위마다 달라 확장성 설계가 복잡해지고, 이는 리소스 가동률에 영향을 주게 된다. 마이크로서비스를 구성하는 서비스 단위로 최적의 배포 패턴을 선택하므로, 마이크로서비스 전체 리소스의 가동률을 최적화하고 확장성을 확보할 수 있게 된다.

[3] 유지/보수

다양한 언어, 프레임워크로 작성된 서비스가 수십, 수백 개가 있는 마이크로서비스에서는 여러 개의 작은 서비스를 조합해서 시스템을 구성하기 때문에 가동 부품이 많아진다. 따라서 모노리스 애플리케이션처럼 인프라 운영팀이 서버나 서비스를 수동으로 설정하는 것은 비현실적이다. 시스템 구성이 복잡해지면서 통신 부하에 의한 성능 저하, 장애 발생 가능 지점의 증가, 운영 복잡화 등이 발생할 수 있다. 운영 단계에서 마이크로서비스 단위로 변경하는 것은 쉽지만, 시스템 전체적으로 변경에 필요한 영향 범위를 확인하는 것은 쉽지 않다. 대규모 마이크로서비스에서 운영 리소스를 최적화하려면, 고도로 자동화된 배포 프로세스와 배포 아키텍처가 필요하다.

[4] 최신 기술 도입

마이크로서비스의 배포 패턴에서는 가능한 한 최신 클라우드 기술을 도입해야 한다. 마이크로서비스에 적용하는 배포 아키텍처는 기존에는 가상 머신이 중심이었지만, 요즘에는 컨테이너나 서버리스가 일반적이다. 특히, 자동화의 중요성이 높아지고 애자일 개발이 진화하면서 CI/CD가 가속화되고 있다. 마이크로서비스의 최대 장점인 릴리스 주기를 고속화하기 위해 배포 프로세스로 최신 CI/CD 프로세스를 도입하는 것이 좋다. 최신 배포 패턴을 검토하므로 클라우드 네이티브 기술의 장점을 최대한으로 누리게 해주는 마이크로서비스 아키텍처를 실현할 수 있다.

4.7.2 배포 패턴의 예

배포 패턴을 '배포 단위'나 '배포 대상 플랫폼' 관점에서 정리했다.

호스트별 다중 서비스 인스턴스

한 대의 호스트에서 다중 서비스를 실행하는 모델(multiple service instance per host 패턴)의 첫 번째 장점은 호스트 관리가 용이하다는 것이다(그림 4.37). 인프라 운영에 필요한 작업 부하는 일반적으로 호스트 수에 비례해서 증가하므로, 호스트 단위로 다중 서비스를 운영하면 인프라 운영 비용을 줄일 수 있다.

두 번째 장점으로는 가상화 환경인 경우, 가상 머신이 늘어나면 가상화 부하가 늘어나므로 가능하면 하나의 가상 머신에서 여러 서비스를 실행해서 전체 리소스를 줄일 수 있다.

한편, 한 대의 호스트에 여러 개의 서비스를 운영하는 것은 모니터링이나 장애 관리 관점에서 문제가 될 수도 있다. 예를 들어, 호스트의 CPU 사용률을 감시해도 개별 서비스의 CPU 사용률을 파악할 수 없어서 어떤 서비스가 CPU 리소스를 많이 사용하고 있는지 찾아내는 것이 어렵다. 또한 특정 서비스에 큰 부하가 걸린 경우, 다른 서비스가 사용할 수 있는 리소스가 줄어들어서 성능에 영향을 끼칠 수도 있다. 장애 관리 관점에서는 한 대의 호스트가 단일 장애 지점이 되므로 서비스 전체에 큰 영향을 줄 수 있다.

또한, 호스트상에 있는 여러 서비스들이 의존 관계에 있는 경우, 배포나 확장성 설계가 복잡해져서 특정 서비스 변경을 위한 배포가 다른 서비스에 영향을 끼쳐 제대로 동작하지 않을 수도 있다.

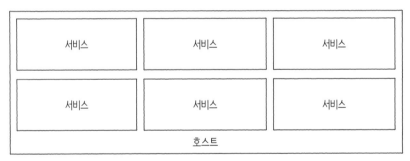

그림 4.37 **호스트별 다중 서비스 인스턴스**

호스트별 단일 서비스 인스턴스

호스트마다 하나의 서비스를 가지는 모델(single service instance per host 패턴)에서는 앞서 본 한 대의 호스트에 여러 서비스가 의존해서 발생하는 문제를 해결할 수 있다(그림 4.38). 특정 호스트가 정지돼도 영향을 받는 것은 하나의 서비스이므로 장애 관리 효율이 높다. 다른 서비스와 독립된 단위로 서비스를 확장할 수 있으므로 서비스와 해당 서비스가 실행되는 호스트에 집중할 수 있어서 시스템 전체적인 복잡성이 줄어든다. 반면 호스트 수가 늘어나면 비용도 함께 늘어나서 비용적 측면에서 부담이 될 수도 있다.

그림 4.38 호스트별 단일 서비스 인스턴스

VM별 서비스 인스턴스

VM별 서비스 인스턴스(service instance per VM)는 배포 대상으로 하이퍼바이저(hypervisor)형 가상 머신을 사용하는 패턴이다. 가상 머신은 배포 대상 옵션으로 무겁고 배포에 시간이 걸려서 컨테이너보다 많은 리소스를 사용한다.

반면 많은 퍼블릭 클라우드 서비스가 배포 파이프라인을 통해 필요한 소프트웨어가 패키지화된 가상 머신 이미지를 서비스 인스턴스로 제공한다. 따라서 서비스 수가 적은 애플리케이션에서는 컨테이너형 가상화 기반보다 적은 비용으로 간단하게 배포할 수 있는 경우도 있다.

VM별 서비스 인스턴스 패턴의 장단점은 다음과 같다.

장점 │ 서비스 인스턴스를 패키지화할 수 있다

하나의 가상 머신 이미지로 서비스 인스턴스 실행에 필요한 OS, 각종 미들웨어는 물론, 애플리케이션을 사전에 설치, 설정, 검증 완료된 상태로 패키지화해서 배포가 용이해진다(그림 4.39). 또한 배포 시기를 크게 단축함과 동시에 배포 담당자의 기술 차이에 따른 품질 저하를 줄일 수 있으며, 서비스의 전제가 되는 실행 환경도 일괄 관리할 수 있어서 유지/보수도 용이하다.

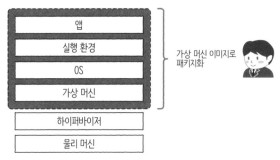

그림 4.39 **가상 머신의 패키징**

장점 **서비스 인스턴스를 분리할 수 있다**

컨테이너가 OS 수준의 가상화라면 가상 머신은 물리 하드웨어를 공유하는 하드웨어 수준의 가상화다(그림 4.40). 가상화 하이퍼바이저는 가상 머신별로 하드웨어 환경을 에뮬레이션(emulation)한다. 하이퍼바이저상의 각 가상 머신 리소스(CPU 성능이나 메모리 용량)를 오버커밋(over-commit, 기존 하드웨어 성능 이상으로 설정)하지 않고 고정해서 할당할 수 있으므로 서비스 인스턴스의 성능을 독립된 형태로 유지할 수 있다.

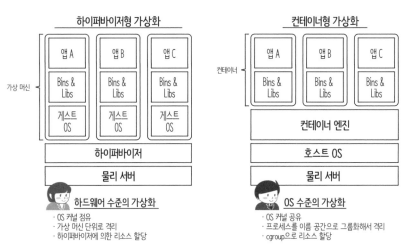

그림 4.40 **가상화 기술 비교**

배포에 시간이 걸린다

가상 머신 이미지는 OS를 포함하고 있어서 이미지 사이즈가 크며, 이를 배포하려면 시간이 걸린다. 네크워크상에서 전송해야 하는 정보량이 많아져서 가상 머신 및 OS 실행 시에도 시간이 걸린다. 빈번한 배포가 필요한 서비스나 상황에 따라 실시간으로 확장해야 하는 서비스에서는 가상 머신 이미지의 크기가 발목을 잡을 수도 있다.

리소스 사용법이 비효율적이다

가상 머신은 하드웨어 수준의 가상화로, 개별 서비스 인스턴스에는 OS를 포함한 가상 머신 전체 리소스를 할당해야 한다. 일반적인 퍼블릭 클라우드(IaaS)에서는 가상 머신 리소스(RAM, 디스크, 코어 수 등)는 표준화된 단위로 제공되므로 가상 머신의 리소스를 남기지 않고 전부 사용하는 것이 어렵다. 가벼운 언어로 작성된 서비스 인스턴스일수록 가상 머신에서 실행하는 경우의 리소스 사용 효율이 떨어진다.

시스템 관리 비용이 높아진다

가상 머신 이미지로 패키지화하는 것은 배포를 용이하게 만들지만, 서비스 인스턴스 실행에 필요한 OS, 미들웨어, 언어 런타임 등을 버전업하거나 패치를 적용해야 하므로 유지/관리가 까다롭다. 애플리케이션에 변경이 발생한 경우 가상 머신 이미지를 재생성해야 할 때도 있어서 자주 변경해야 하는 서비스의 경우 시스템 관리 비용이 높아진다.

컨테이너별 서비스 인스턴스

컨테이너별 서비스 인스턴스(service instance per container)는 컨테이너라는 OS 수준의 가상화 기술을 사용해 서비스 인스턴스를 구성하는 패턴이다. 컨테이너 내에서 실행되는 프로세스 관점에서 보면 마치 전용 머신에서 실행되고 있는 것처럼 보이며, 컨테이너 이미지라는 형태(사전에 패키지화한 서비스)로 배포할 수 있다.

뒤에서 설명할 서버리스 배포(serverless deployment)와 달리 범용적인 프로그래밍 언어를 사용할 수 있으며, 컨테이너 플랫폼의 선두 주자인 쿠버네티스를 이용해서 마이크로서비스를 구성하는 대량의 컨테이너를 효율적으로 관리할 수 있다. 가상 머신의 장점인 '서비스 인스턴스를 캡슐화할 수 있다', '서비스 인스턴스를 분리할 수 있다'에 대해서는 컨테이너도 같으므로 설명을 생략하고, 가상 머신의 단점을 보완하는 장점에 대해서 설명하도록 하겠다.

장점 배포 속도가 빠르다

OS 수준의 가상화인 컨테이너는 OS를 포함하고 있지 않아서 가벼우며, 실행 속도가 빠른 것이 특징이다. 가상 머신에 비해 훨씬 빠르게 실행할 수 있다. 가상 머신에서는 보통 내부 게스트 OS 실행에 시간이 걸리므로 배포에 걸리는 시간은 수 분 단위지만, 컨테이너 실행에 필요한 것은 OS상의 프로세스를 실행하는 것으로 실행이 초 단위로 끝난다. 따라서 서비스 인스턴스의 수가 많아도 빠르게 배포할 수 있다.

장점 리소스 효율이 높다

컨테이너는 가상 머신과 달리 하이퍼바이저에 의한 부하가 없으므로 기반이 되는 하드웨어 리소스를 최대한으로 활용할 수 있다. 컨테이너는 OS를 포함하지 않고 호스트의 커널을 컨테이너들이 공유할 수 있으므로 리소스 효율이 높아진다. 가상 머신에 비해 컨테이너 단위로 리소스 할당을 세밀하게 제어할 수 있어서 같은 하드웨어 리소스라도 더 많은 컨테이너를 실행시킬 수 있다.

장점 이동성이 좋다

컨테이너들이 기반이 되는 호스트 OS의 커널을 공유하고, 애플리케이션 프로세스를 시스템의 다른 부분과 분리해서 실행할 수 있다. 호스트 OS의 커널 호환성이 필요하지만, 기본적으로 리눅스(Linux)가 도입된 환경이라면 온프레미스, 프라이빗, 그리고 퍼블릭 클라우드에서 이동성을 유지하면서 애플리케이션을 실행할 수 있다. 개발 환경, 테스트 환경, 프로덕션 환경으로 옮길 때까지 이동성과 일관성을 유지할 수 있으므로 배포가 빨라지고 개발 속도도 향상된다.

단점 컨테이너 기반의 구축 및 운영이 쉽지 않다

컨테이너 기반 배포에서는 구축한 컨테이너 기반을 계속 운영할 수 있는 이른바 Day2 작업이 중요하다. 완전관리형(full-managed) 컨테이너 기반이 아닌 이상, 오케스트레이션 툴인 쿠버네티스 자체의 보수나 컨테이너가 실행되는 워커 노드(worker node) 자체의 유지/관리가 필요하다. 업스트림(upstream) 버전의 쿠버네티스는 마이너 버전이 3개월 단위로 릴리스돼서 개발 주기가 매우 빠른 것이 특징이다. 변화가 빠른 기술이므로 구축 후에 그냥 내버려 두는 것이 아니라 취약성이나 버그 정보 등을 파악해서 대응해야 하므로 비용과 시간이 소요된다.

서버리스 배포

서버리스 배포(serverless deployment)는 퍼블릭 클라우드가 제공하는 서버리스 서비스를 사용해 서비스를 배포하는 패턴이다. 서버리스 배포에서는 지금까지 언급한 가상 머신이나 컨테이너처럼 서버 자체를 생성하거나 관리할 필요가 없다. HTTP를 사용하는 웹 앱이나 모바일 앱에서 이벤트나 호출을 받으면, 서버리스 서비스를 사용해서 애플리케이션 로직을 실행하는 방식이다. 보통 서버리스는 개발자가 애플리케이션 로직 작성에 집중할 수 있도록 퍼블릭 클라우드가 자동 확장, 가용성 관리, 유지/보수 등을 알아서 관리해 준다.

장점 **서버 리소스를 의식하지 않으므로 서버 관리 및 운영이 불필요하다**

OS와 런타임의 유지/관리가 불필요하다. 시스템 인프라의 유지/관리에 대한 부담을 크게 줄여 주며, 사용자 입장에서는 버전 관리 및 패치 적용이 필요한 OS나 런타임이 완전히 블랙박스화돼 있어서 애플리케이션 개발에 집중할 수 있다.[25]

장점 **서비스 부하에 따라 자동으로 확장(확장 또는 축소)된다**

서버리스 배포에서는 서비스 부하를 처리할 수 있는 만큼의 애플리케이션 인스턴스가 실행된다. 사전에 용량 계획(capacity plan)을 세우지 않더라도 요청 수나 부하에 따라 자동으로 확장(확장 또는 축소)되므로 가상 머신이나 컨테이너처럼 리소스 과부족을 신경 쓰지 않아도 된다.

장점 **서비스 요청량을 기준으로 과금된다**

일반적으로 퍼블릭 클라우드에서는 서비스가 실행되지 않는 대기 상태일 때도 가상 머

---

25 옮긴이 클라우드 종류에 따라 다르겠지만, 사실 OS 버전은 사용자가 지정해야 할 때도 있다. 역자가 최근 겪은 문제 중 하나로, 마이크로소프트 애저(Azure)의 서버리스 함수가 갑자기 실행이 안 되는 문제가 발생했다. 그래서 서버리스가 사용하고 있던 리눅스 OS 버전이 폐기되어 새로운 버전으로 업그레이드해야 했다. 사실 경고가 떴는데 무시한 내 잘못도 있었다.

신이나 컨테이너에 대해서는 시간 또는 분 단위로 과금된다. 하지만 서버리스는 서버 단위가 아닌 실행 시간이나 이용한 리소스 기준으로 과금하므로 비용이 비교적 저렴한 편이다.

단점 지연이 발생한다

서버리스 배포에서는 애플리케이션 인스턴스를 프로비저닝(provisioning, 클라우드상에 배포해서 실행 가능한 상태로 만들어 두는 것)하므로 애플리케이션이 실행되기까지 시간이 꽤 걸린다. 따라서 적어도 몇 초가 걸리는 자바 기반의 서비스 등에서는 일부 요청 처리의 대기 시간이 매우 길어질 수 있다.

단점 이벤트/요청 기반의 프로그래밍 모델로 제한된다

서버리스 배포가 모든 서비스에 적합한 것은 아니다. 지연 시간 때문에 기본적으로는 이벤트/요청 기반의 서비스에서만 사용할 수 있다. 예를 들어, 외부 메시징 브로커로부터 온 메시지를 사용하는 서비스처럼 장시간 실행되는 서비스의 배포에는 적합하지 않다.

4.8 관찰 가능성 패턴

4.8.1 관찰 가능성 패턴의 배경과 동기

형태가 있는 것은 항상 고장이 나기 마련이다. IT 시스템에도 장애는 늘 존재한다. 장애에 대비해서 감시와 통지, 대응책을 마련해 두는 것은 최신 IT 시스템의 필수 요건이다. 특히, 마이크로서비스에서는 감시 대상인 각 서비스나 관련 컴포넌트가 논리적 또는 물리적으로 분산 배치돼 있다. 이들을 빠짐없이 확실하게 감시하기 위해서 요구되는 것이 **관찰 가능성**(observability, 가시성이라고도 불린다)[26] 패턴이다.

---

26 관찰 가능성이란 시스템 내부 상태를 알기 위해 운용 시에 필요한 정보(로그나 트레이스 등)를 얻을 수 있는 상태를 가리킨다.

4.8.2 관찰 가능성 패턴

분산 추적

관찰 가능성 패턴의 하나가 **분산 추적**(distributed tracing)이다(그림 4.41). 분산 추적이란, 각 요청 또는 이벤트 단위로 고유한 ID를 할당하고 로그나 트레이스에 기록하므로 처리 상황이나 장애 원인을 추적하기 쉽게 만드는 기술이다. 각 서비스가 독립된 컨테이너나 프로세스로 실행되는 마이크로서비스에서는 필수 패턴이다.

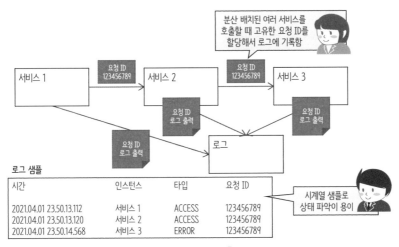

그림 4.41 **분산 추적**

로그 통합

마이크로서비스 같은 분산 컴퓨팅 환경에서는 로그(또는 트레이스)도 분산 출력된다. 예를 들어, 컨테이너상에서 서비스를 호스팅할 때는 각 컨테이너에 로그가 흩어져 있어서 신속한 복구에 어려움을 겪는다. **로그 통합**(log aggregation)은 로그 분산에 의한 문제를 미연에 방지하기 위해 로그를 한곳에 모으는 패턴이다(그림 4.42). 오래된 기술로 시스로그(Syslog)나 플루엔티드(Fluentd) 등의 상용 및 오픈소스 솔루션이 이 패턴의 예다.

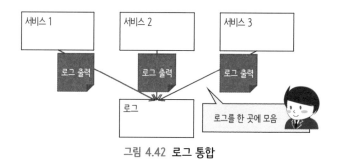

그림 4.42 **로그 통합**

예외 추적

예외 추적(exception tracking)은 예외를 관리해서 운영 담당자에게 통지하는 패턴이다. 로그를 싱시 감시해서 사진에 설정한 키워드를 포함하는 로그를 감지한 경우, 운영 담당자에게 신속하게 알린다.

애플리케이션 메트릭스

분산 배치된 서비스의 확장을 적절하게 관리하려면 컨테이너 등 각 애플리케이션 런타임의 상태를 적시에 파악할 필요가 있다. CPU 사용률이나 메모리 등 시스템 리소스 사용 상태는 물론 처리 요청 수나 응답 시간 등의 메트릭을 수집해서 감시하는 패턴이 **애플리케이션 메트릭스**(application metrics)다. 쿠버네티스 등 오케스트레이션 프레임워크는 애플리케이션 메트릭을 통해 수집한 정보를 바탕으로 확장을 관리한다.

감사 로그

기업 시스템을 대상으로 한 악의적인 공격이나 범죄가 일상화되면서 내부 관계자에 의한 범죄도 늘어나고 있다. 마이크로 세그멘테이션(micro-segmentation)에 의한 제로 트러스트(zero-trust)[27]와 같은 적극적인 대책은 물론이고, 누가 무엇을 했는지 감시 정보를 기록하고 관리하는 기본적 대책도 요구된다. **감사 로그**(audit logging)는 마이크로서비스의 사용자 활동 통계와 분석을 목적으로 하는 패턴이다. 사용자 활동 이력은 문제 발

---

27 제로 트러스트란, '데이터에 대한 모든 접근을 신뢰하지 않는다'를 전제로 보안 대책을 세우는 것이다. 마이크로 세그멘테이션이란 제로 트러스트의 실현 방법 중 하나로, 네트워크를 여러 개의 작은 세그먼트(구획)로 분할해서 세그먼트 칸에 가상의 방화벽을 배치하는 기술이다.

생 시 지원이나 문제 재현을 통한 분석 등에 사용되며, 보안 방어 및 기업 규정 위반 확인 등에도 도움이 된다.

상태 확인 API

각 서비스의 호출 가능 상태를 파악하는 것이 **상태 확인 API**(health check API) 패턴이다 (그림 4.43). 감시 주체인 컴포넌트가 각 서비스의 인스턴스에 폴링(polling) 요청을 전송해서 그 결과를 가지고 서비스 상태를 파악한다. 상태 확인 API 패턴의 구현에 있어서 각 서비스는 필요에 따라 상태 확인용 API를 준비해 둔다.

또한, 상태 확인의 감시 주체는 다양한 컴포넌트에 위임할 수 있다. 라우팅이나 부하분산을 담당하는 컴포넌트가 상태 확인을 하는 경우가 많지만, 서비스 레지스트리(service registry)처럼 서비스 위치 해결을 책임지는 컴포넌트가 감시할 수도 있다. 서비스 레지스트리에서 상태를 확인하면, 서비스의 각 인스턴스 상태에 따라 클라이언트나 라우터에 반환하는 서버 주소를 변경해서 정상적으로 실행되고 있는 서비스 인스턴스로 클라이언트 요청을 쉽게 전달할 수 있다.

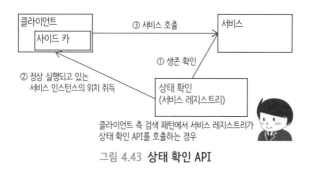

그림 4.43 **상태 확인 API**

리팩터링 패턴

지금까지 마이크로서비스 애플리케이션을 설계 및 개발하고 시스템을 배치할 때 도움이 되는 패턴을 소개했다. 마지막으로 소개할 것은 개발이 끝난 시스템을 프로덕션 시스템으로 옮길 때(마이그레이션할 때) 필요한 **리팩터링**(refactoring) 패턴이다.

4.9.1 리팩터링 패턴의 배경과 동기

IT 혁신에는 끝이 없다. 최신 기술도 몇 년 후에는 시대에 뒤떨어져서 다시 새로운 기술이나 기법이 등장할 것이다. 이 진리로부터 도출할 수 있는 두 가지가 '단일 기술로 기업 시스템의 모든 것을 통합하기란 사실상 불가능하다'와 '기존 시스템과 도래할 혁신을 주목하면서 적재적소에 새로운 기술을 도입해야 한다'는 것이다.

마이크로서비스 적용도 마찬가지다. 이제 창업하는 새로운 기업을 제외하고는 대부분의 기업이 이미 IT 시스템을 구축해서 운영하고 있다. 지금까지 IT 시스템 구축과 운영에 막대한 비용과 수고를 투자해온 것이다. 이 IT 자산들을 모두 마이크로서비스로 변환하려면 상당한 시간과 비용이 필요하다. 투자 및 경영 판단의 결과로 큰 부담을 안고서 현재 IT 시스템을 통째로 마이크로서비스화하는 경우도 있겠지만, 대부분의 경우는 기존 모노리스 애플리케이션과 마이크로서비스화한 클라우드 네이티브 애플리케이션을 병용할 것이다.

모노리스와 마이크로서비스 병용을 선택한 경우에는 둘의 차이를 메워야 한다는 과제에 직면하게 된다(그림 4.44의 [1]). 예를 들어, 마이크로서비스와 모노리스 연계를 생각해 보자. 마이크로서비스에서는 HTTP 기반 REST나 메시징을 사용해서 타 서비스와 통신하지만, 모노리스에서는 특정 제품 라이브러리에 의존한 독자 프로토콜이나 HTTP 기반이라고 해도 SOAP나 HTML, RPC 등 오래된 수단을 사용해서 통신하는 경우도 있다. 애초에 모노리스에서는 API화가 되지 않은 경우도 있다. 마이크로서비스와 모노리스 간 연계에 있어서 둘의 통신 프로토콜 차이를 해결해야만 하는 것이다

마이크로서비스와 모노리스 연계 시에 발생하는 또 다른 문제는 둘의 의존 관계에 주의해야 한다는 것이다. 3장에서도 다루었지만, 마이크로서비스가 모노리스에 의존하지 않도록 하는 것이 좋다(그림 3.13).

[1] 서비스와 모노리스 연계
- 프로토콜 차이를 어떻게 해결할 것인가?
- 서비스가 모노리스에 의존하지 않는 연계 기법

[2] 클라우드 네이티브 애플리케이션으로 옮기는 방법
- 높은 빈도와 신속한 서비스 릴리스

그림 4.44 **리팩터링 과제 예**

또한, 시스템 마이그레이션 로드맵도 고려해야 한다(그림 4.44의 [2]). 마이크로서비스화의 대상이 현재 시스템의 일부든 전부든, 기존 시스템 운영을 지속하면서 마이크로서비스화한 새로운 서비스로 옮겨야 한다. 일상 업무에 지장이 없도록 스마트하게 옮길 수 있는 구조가 필요한 것이다.

뿐만 아니라 DX를 성공으로 이끌려면 프로젝트 운영을 지속하면서 서비스 릴리스(마이크로서비스로의 마이그레이션)는 작은 단위로 여러 번 실시하는 것이 이상적이다. 즉, 마이그레이션도 애자일로 실시하는 것이 마이크로서비스의 방식이다. 새로운 서비스가 비즈니스 오너의 기대에 부응하는지 검토와 피드백 반영을 반복하면서 진행하는 것이 모노리스에서 마이크로서비스로 전환하기 위해 필요한 중요 열쇠 중 하나다. 이를 위해서는 개발뿐만 아니라 시스템 마이그레이션도 고려해서 애자일 프로세스를 돌리는 것이 중요하다.

경영진에게 있어서 마이크로서비스화는 큰 투자다. 이 투자의 지속과 마이크로서비스화의 관철을 위해서라도 일부라도 마이크로서비스화해서 적당한 때 신속하게 릴리스하고, 물리적인 시스템과 함께 해당 프로젝트의 가치를 어필하는 것이 좋다. 이를 위해서 잦은 빈도로 신속하게 마이크로서비스화의 성과를 릴리스할 수 있는 마이그레이션 방법이 요구된다.

4.9.2 리팩터링 패턴의 예

앞 절에서 설명한 리팩터링 과제를 해결하기 위한 패턴으로 부패방지 계층과 스트랭글러 애플리케이션을 소개한다.

부패방지 계층

부패방지 계층(anti-corruption layer)은 서비스와 모노리스 연계 시에 발생하는 통신 프로토콜이나 애플리케이션 프로토콜의 차이를 해결하기 위한 마이크로서비스 패턴이다(그림 4.5). 부패방지 계층의 구조는 매우 간단하다. 서비스와 모노리스 사이에 프로토콜 차이를 해결하기 위한 어댑터를 설치하는 것이다.

그림 4.45 **부패방지 계층**

예를 들어, 모노리스가 SOAP 기반 RPC 스타일의 웹 API를 제공하고 있다고 가정해 보자. 서비스가 다른 서비스(또는 모노리스)를 호출할 때는 REST API나 메시징 등을 사용하는 게 마이크로서비스의 이상적 방식이다. 또한, 앞 절에서 설명한 것처럼 서비스가 모노리스에 의존하는 것은 피해야 한다.

이때 활용하는 것이 바로 부패방지 계층이다. '부패방지'를 위해서 어댑터 컴포넌트를 개발해서 배치한다. 이 어댑터에는 서비스로부터 호출되는 인터페이스로서 REST API를 구현하고, REST API의 호출을 받아서 SOAP를 거쳐 모노리스의 웹 API를 호출하는 기능을 구현한다. 또한, REST와 SOAP 기반 RPC 사이에 애플리케이션 프로토콜을 교환하는 로직도 추가한다. 이런 어댑터를 활용하면 서비스가 모노리스에 의존하지 않고 양쪽을 연계할 수 있다.

스트랭글러 애플리케이션

클라우드 네이티브 애플리케이션으로 마이그레이션할 때 도움이 되는 마이크로서비스 패턴으로 **스트랭글러 애플리케이션**(strangler application)을 살펴보도록 하겠다. 그림 4.46 은 스트랭글러 애플리케이션 패턴을 그림으로 만든 것이다. 먼저 이 그림을 보는 방법부터 설명하겠다.

가장 왼쪽에 PoC 단계가 있으며, 왼쪽부터 오른쪽으로 갈수록 마이그레이션 단계가 릴리스 1.0, 릴리스 2.0. 릴리스 3.0으로 발전한다. 각 단계의 가운데 상단에는 SoE(System of Engagement), 즉 고객 접점의 웹 애플리케이션 서브 시스템이 있고, 하단에는 SoR(System of Record), 즉 기반 시스템의 서브 시스템이 있다. 흰색 사각형은 모노리스 서브 시스템이고, 검정색 사각형은 마이크로서비스화된 클라우드 네이티브 서브 시스템을 표현하고 있다.

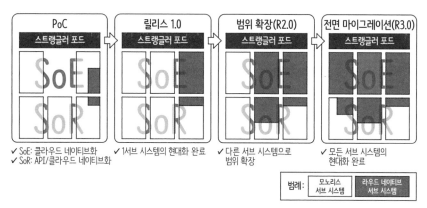

그림 4.46 **스트랭글러 애플리케이션 패턴**

마이그레이션 작업은 PoC(Proof of Concept, 사전 검증)부터 시작한다. PoC 단계에서는 SoE와 SoR의 가장 오른쪽에 있는 서브 시스템의 일부를 마이크로서비스를 이용해서 클라우드 네이티브화한다. 그와 동시에 SoE와 클라이언트의 경계인(그림 4.46의 상단 부분) **스트랭글러 포드**(strangler pod)를 개발 및 배치한다. 스트랭글러 포드란, 일종의 포털 시스템이다. 사용자는 스트랭글러 포드가 제공하는 메뉴 화면에서 고객명을 클릭하여 특정 애플리케이션을 이용하는 것이다.

스트랭글러 애플리케이션 패턴에서는 각 단계의 마이그레이션 작업이 끝나면 애플리케이션으로 가는 요청이 마이크로서비스화된 서비스로 라우팅되도록 스트랭글러 포드의 메뉴 아이템이 가리키는 URI를 변경한다. 이런 구조를 활용하므로 마이그레이션 작업 후 바로 서비스를 릴리스해서 사용자가 서비스를 빠르게 접할 수 있게 되며, 프로젝트 후원자인 경영진에게도 구체적인 성과를 보여 줄 수 있다.

또한, 신규 릴리스한 클라우드 네이티브 애플리케이션에 장애가 발생하더라도 스트랭글러 포드상의 메뉴 아이템이 가리키는 URI를 기존 애플리케이션으로 변경하므로 모노리스로 간단히 되돌릴 수 있다.

이상의 프로세스를 릴리스 1.0, 릴리스 2.0, 릴리스 3.0으로 확장하므로 애플리케이션 현대화를 단계적으로 진행하는 것이 스트랭글러 애플리케이션 패턴이다. 참고로 스트랭글러(strangler)란, '교살'이라는 의미다. 다른 식물에 기생하는 식물이 숙주가 된 식물을 죽이는 모습을 비유한 것이다. 스트랭글러 애플리케이션이라는 명칭은 마이크로서비스가 모노리스를 하나씩 교체해 나간다는 의미에서 붙었다.

제2부

마이크로서비스를 지탱하는 클라우드 네이티브 기술

디지털 전환을 추진하려면 클라우드 기술 채택을 피해 갈 수 없다. 단순히 서버나 네트워크 가상화 같은 인프라 플랫폼의 전환만 고려하는 것이 아니라, 애플리케이션 구조나 개발 방법도 클라우드식으로 변경해야 한다. 클라우드 네이티브 애플리케이션을 개발하고 운영할 때 가장 중요한 것이 마이크로서비스다.

마이크로서비스는 서비스를 단위로 한 애플리케이션 개발 및 운영과 데이터 모델링, 그리고 분산 시스템 아키텍처 등의 특징을 가지고 있다. 기존의 기법과는 다른 마이크로서비스식의 시스템 설계나 운영을 효과적으로 진행하기 위해서 선배들의 노하우가 담긴 마이크로서비스 패턴이 요구되며 폭넓게 사용된다.

1부의 1장부터 4장까지는 애플리케이션 개발 방법의 관점에서 마이크로서비스를 설명했다. 하지만 마이크로서비스란 애플리케이션 설계에 특화된 것이 아니다. 아키텍처 스타일, 즉 클라우드 네이티브 애플리케이션을 형성하는 건축 양식이 마이크로서비스다. 마이크로서비스를 언급할 때는 서비스 지향 애플리케이션과 그 주변 기술에 대한 설명이 필수적이다. 그래서 2부에서는 마이크로서비스를 지탱하는 최신 IT 기술에 대해 다룬다(그림 2.A).

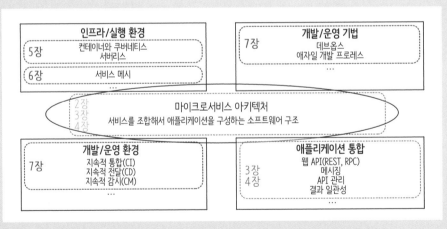

그림 2.A 2부에서 다루는 마이크로서비스 아키텍처 스타일의 설명 범위

5장에서는 마이크로서비스 스타일의 애플리케이션 실행 관련 최신 런타임인 컨테이너와 컨테이너 오케스트레이션인 쿠버네티스(Kubernetes), 그리고 서버리스에 대해 설명한다.

6장에서는 서비스 메시(service mesh) 관리에 대해 다룬다. 초분산 시스템인 마이크로서비스에서는 각 서비스 간에 그물망 같은 메시 형태의 네트워크(서비스 메시)가 형성된다. 아주 복잡하고 촘촘한 서비스 메시상에서 서비스를 최적으로 배치하고, 라우팅 및 이용 상황을 감시해야 하며, 장애 발생 시에는 영향을 최소화해야 한다.

7장에서는 이런 서비스 메시 관리 작업을 지원하는 프레임워크를 소개하면서 초분산 네트워크를 통합하는 비결을 설명하고 데브옵스에 대해서도 다룬다. 서비스 지향 애플리케이션을 클라우드 네이티브로 개발하는 방법을 애자일 개발, CI/CD, 운영 감시 관점에서 설명한다.

8장에서는 클라우드 배포 모델을 중심으로 클라우드 플랫폼의 최신 동향을 소개한다.

제 5 장

컨테이너, 쿠버네티스, 서버리스

이 장에서는 마이크로서비스를 실제로 배포하고 운영할 때 필요한 플랫폼 기술을 소개한다.

5.1 컨테이너

이 절에서는 애플리케이션과 물리적인 리소스(CPU, 메모리, 네트워크 등)의 관계를 생각하면서 컨테이너(Container) 기술이 탄생한 경위를 설명한다. 또한 컨테이너의 역사와 약간 깊이 있는 내용이지만, 컨테이너를 지탱하는 기술을 소개하도록 한다.

5.1.1 컨테이너란

마이크로서비스를 배포하는 환경으로서 컨테이너는 어떤 특성을 가질까? 도커(Docker) 사이트에서는 다음과 같이 설명하고 있다.

> 컨테이너란 코드와 모든 의존 관계를 패키지화한 소프트웨어의 표준적 단위로, 애플리케이션이 실행되는 기존 컴퓨팅 환경은 물론 다른 컴퓨팅 환경에서도 신속하고 확실하게 실행되게 해준다.

출처: https://www.docker.com/resources/what-container(또는 https://dockr.ly/3uCjyQV)

즉, 컨테이너란 애플리케이션과 관련 의존 관계를 포함하고 있는 '소프트웨어 패키지'의 일종으로, 해당 패키지를 다양한 (OS나 하드웨어가 다른) 환경에서 실행할 수 있게 해주는 것이 특징이다. 이런 컨테이너의 특징 때문에 애플리케이션 배포를 담당하는 데브옵스 개발자 및 운영자 관점에서는 다음과 같은 장점이 존재한다.

① 애플리케이션을 환경에 의존하지 않고 안정적으로 실행할 수 있다.
② 하나의 서버 리소스를 효율적으로 사용할 수 있다.
③ 컨테이너 구성 파일을 배포 작업의 일부로 사용할 수 있다.

①에 대해서는 개발 환경에서 테스트 환경 또는 프로덕션 환경으로 컨테이너를 이동하는 경우나 온프레미스 환경에서 클라우드 환경으로 이동할 때도 애플리케이션이 동일하게 실행된다는 것을 의미한다. 환경에 따라 애플리케이션이 다르게 동작하는 주된 이유는 환경 변수나 의존 관계가 환경마다 다르기 때문이다. 하지만 컨테이너는 이 모든 것을 포함하고 있어서 환경 차이에 영향을 거의 받지 않고 이동성이 높은 것이 특징이다.

②는 컨테이너로 인해 하나의 물리 서버나 VM(Virtual Machine, 가상 머신) 리소스를 효율적으로 사용할 수 있게 됐다는 것을 의미한다. 특히, VM과 달리 각 컨테이너가 호스트 OS를 공유해서 이용하므로 컨테이너 시작 속도가 매우 빠르다. 또한, 컨테이너 본체인 컨테이너 이미지는 VM 이미지보다 크기도 작아서 배포 속도도 빠르다.

③에 대해서는 전통적인 애플리케이션의 경우 배포 순서를 기술한 매뉴얼이 있어서 운영자가 이를 참고해서 파일을 수동으로 설치하는 것이 일반적이다. 컨테이너(엄밀하게는 컨테이너 이미지)는 파일 배치 방법 등의 순서가 기입된 구성 파일(도커의 경우 Dockerfile)을 기반으로 작성된다. 따라서 컨테이너 실행 시점에 필요한 파일이 필요한 위치에 존재하는 상태로 사용할 수 있다. 바꿔 말하면, 컨테이너를 사용하면 일련의 배포 작업이 대부분 끝난 상태에서 이용할 수 있게 되는 것이다. 이 구성 파일은 소스 코드 관리 시스템으로 버전 관리를 할 수 있어서 재현성이 높은 배포가 가능하다.

또한, 컨테이너로 데이터베이스 같은 미들웨어도 배포할 수 있어서 컨테이너 내부 구조를 잘 모르더라도 '우선 움직이게 한 후'에 필요에 따라 상세한 사항을 조정할 수 있는, 이른바 '역진행 학습'이 가능하다는 것도 장점 중 하나다.

5.1.2 애플리케이션의 분리

컨테이너 실행해 보기

컨테이너에 대해 간략히 설명했으니 이번에는 컨테이너를 실현해 주는 기술적 요소를 살펴보도록 하자. 먼저 하나의 OS상에서 실행되는 복수의 애플리케이션이 '공통으로 사용하는 것'과 애플리케이션 단위로 독자적으로 '분리해서 사용하는 것'에 대해 살펴보겠다. 도커를 사용해 컨테이너 하나를 작성해 보도록 한다(그림 5.1).

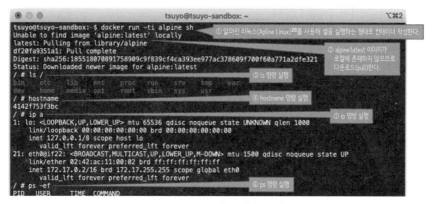

그림 5.1 **도커 컨테이너 실행**

① 알파인 리눅스(Apline Linux)[28]를 사용해 셸을 실행하는 형태로 컨테이너를 작성한다.

② alpine:latest 이미지가 로컬에 존재하지 않으므로 다운로드(pull)한다.

③ ls 명령 실행

④ hostname 명령 실행

⑤ ip 명령 실행

⑥ ps 명령 실행

이 예에서는 알파인 리눅스 컨테이너 이미지를 사용해 셸을 실행하는 형태로 컨테이너를 작성하고 있다(①). 도커에서는 로컬에 이미지 캐시가 없으면 도커 허브(DockerHub)라는 퍼블릭 컨테이너 레지스트리에서 이미지를 다운로드(pull)해 캐시하도록 기본 설정돼 있다. 출력 내용을 확인해 보면(②), 이 과정에 해당하는 알파인 리눅스의 latest라는 태그가 붙은 alpine:latest 이미지를 다운로드해서 로컬에 캐시하는 것을 알 수 있다.

다음은 해당 이미지를 기본으로 컨테이너를 작성한다. 여기서는 컨테이너 내의 셸을 실행하는 것이 전부이므로 ③ 이후의 모든 명령 앞에 프롬프트("/#")가 표시되고 있다. ③의 ls 명령으로 컨테이너 내의 루트 파일 시스템에 있는, 파일과 디렉터리를 확인하고 있다. 리눅스의 표준 루트 디렉터리가 표시되고 있지만, 자세히 보면 OS 시작 시에 사용되는 /boot 디렉터리가 없는 것을 알 수 있다.

---

28 musl(https://musl.libc.org/)과 BusyBox(https://busybox.net/)를 기반으로 한 리눅스 배포 버전. https://alpinelinux.org/

④의 hostname 명령과 ⑤의 ip 명령으로 호스트명이나 네트워크 인터페이스 정보를 조사하고 있지만, 이것도 원래 호스트와 다른 값임을 확인할 수 있다. 게다가 마지막 ps 명령(⑥)으로 컨테이너 내의 프로세스 목록을 표시하고 있지만, 표준 리눅스에서는 PID 1인 init 프로세스가 없고, 대신 현재 실행 중인 셸 프로세스가 PID 1로 표시되고 있다. 또한, 컨테이너에서 보이는 프로세스 수도 표준 리눅스와 달리 아주 적은 것을 알 수 있다.

이렇듯 컨테이너 안의 OS 환경은 물리 서버나 VM에 설치되는 OS와 비교해 여러 가지 제약이 있다는 것을 알 수 있다. 이런 컨테이너 제약을 설명하기에 앞서 먼저 OS의 '프로세스'에 대해 생각해 볼 필요가 있다.

프로세스가 분리하는 것

그림 5.2는 맥OS의 액티비티 모니터(activity monitor)를 실행해서 현재 동작하고 있는 프로세스들을 보여 주고 있는 화면이다. 여기서는 애플리케이션과 연결된 몇몇 프로세스를 확인할 수 있지만, '프로세스'가 분리하고 있는 것을 무엇일까?

Process Name	% CPU	CPU Time	Threads	Idle Wake Ups	% GPU	GPU Time	PID	User
Station Helper (...	9.6	15:05:49.19	25	579	0.0	0.00	9100	tsuyo
Station	7.8	5:06:19.36	32	2	0.0	0.01	9094	tsuyo
Activity Monitor	7.0	1:01:15.09	15	2	0.0	0.00	1484	tsuyo
com.docker.hyp...	4.5	6:41:54.68	17	230	0.0	0.00	15767	tsuyo
Google Chrome	2.3	10:25:38.42	39	3	0.0	0.76	1480	tsuyo
Microsoft Powe...	1.2	23:52.54	39	5	0.0	16:54.23	1488	tsuyo
Be Focused	1.1	1:09:20.80	8	11	0.0	0.01	99844	tsuyo
Google Chrome...	0.8	32:54.37	18	1	0.0	0.00	9983	tsuyo
Google Chrome...	0.7	2:13:27.63	28	1	0.0	0.00	1661	tsuyo
zoom.us	0.6	8:11:43.66	23	47	0.6	42.51	1487	tsuyo
Backup and Sy...	0.5	1:22:31.95	56	3	0.0	0.00	1731	tsuyo
Google Chrome...	0.4	3:57.00	17	10	0.0	0.00	74873	tsuyo
Google Chrome...	0.3	52:09.78	18	0	0.0	0.00	1622	tsuyo

System:	1.91%		Threads:	4,654
User:	3.39%	CPU LOAD	Processes:	690
Idle:	94.70%			

그림 5.2 프로세스 예

답은 가상 주소 공간이라고 하는 것으로, 각 프로세스가 독자적으로 가지고 있는 메모리 영역이다. 프로세스 A와 프로세스 B는 서로의 가상 주소 공간을 알 수 없으며, 접근할 수도 없다. 각 프로세스는 가상 주소 공간을 자신이 독점해서 사용한다. 즉, OS의 리소스 중 프로세스는 가상 주소 공간이라는 메모리 영역을 분리하고 있어서 공유해서 사용할 수 없다.

한편, 다른 OS 리소스인 네트워크나 파일 시스템 등은 프로세스들이 서로 공유해서 사용할 수 있다. 예를 들어 프로세스 간에 하나의 공통된 파일 시스템을 사용하므로, 프로세스 A가 특정 파일 시스템의 파일을 변경하면, 프로세스 B가 해당 파일을 열어서 변경된 내용을 확인할 수 있다. 또한, 네트워크 포트도 프로세스 A가 8080번 포트를 연 경우는 프로세스 B가 같은 포트를 동시에 열 수 없다. 이것은 네트워크 포트라는 리소스가 프로세스 간에 공유되기 때문이다.

컨테이너가 분리하는 것

그렇다면 컨테이너가 분리하는 것은 무엇일까? 바꿔 말하면 각각의 컨테이너가 다른 컨테이너를 의식하지 않고 '독점해서 사용할 수 있는' OS 리소스는 무엇일까?

그림 5.1의 도커 컨테이너 내에서 실행한 명령을 통해 알 수 있듯이, 컨테이너 내에서는 메모리 이외의 리소스도 제한된다. 바꿔 말하면, 프로세스 이상으로 독점해서 사용하는 리소스가 많다는 의미다.

VM 가상화와 달리 컨테이너 가상화는 **OS 수준의 가상화**다. 앞서 설명한 것처럼 각 VM에는 다른 OS를 설치할 수 있다. 반면 컨테이너는 그것을 실행하는 '호스트 OS'상에서만 실행된다. 즉, 컨테이너는 호스트 OS 관점에서는 '단순한 프로세스의 일종'에 지나지 않는다.[29] 컨테이너는 VM과 자주 비교되며, '경량 VM'이라는 인상을 주지만, 실상은 OS상의 프로세스[30]인 것이다.

---

29 이것을 잘 표현한 트위터가 있다. https://twitter.com/rhein_wein/status/662995114235678720(또는 https://bit.ly/3uSBhUm)

30 그림 5.1의 예에서는 docker run으로 지정한 sh 프로세스가 이에 해당한다.

이 두 가지 사실로 인해 컨테이너의 정체를 OS 리소스를 표준 프로세스 이상으로 독점해서 사용할 수 있는 프로세스라고 정의할 수 있다.

5.1.3 프로세스, 컨테이너, VM

앞 절에서 '컨테이너는 경량 VM이 아니라 프로세스'라고 말했지만, 여기서 프로세스, 컨테이너, VM에 대해 다시 한번 비교해 보도록 하겠다(그림 5.3).

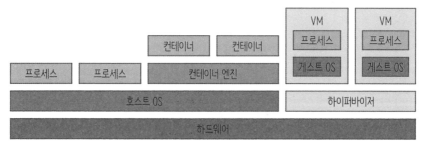

그림 5.3 **프로세스, 컨테이너, VM**

가장 왼쪽의 프로세스는 호스트 OS상에서 직접 생성, 관리된다. 이것은 여러분이 윈도우(Windows)나 맥(Mac) 등에서 애플리케이션을 더블 클릭해서 실행했을 때 생성되는 것과 비슷하다.

반면 가운데 있는 컨테이너는 호스트 OS상에서 직접 프로세스를 실행할 뿐만 아니라, '컨테이너 엔진'을 경유해서 컨테이너(프로세스)를 실행한다. 반복된 이야기지만, 컨테이너는 프로세스의 일종이므로 프로세스와 컨테이너는 비슷한 특성을 지닌다.

컨테이너 엔진에는 도커나 LXC 등이 있으며, docker run 등의 명령으로 컨테이너를 생성할 수 있다.

오른쪽 VM은 하드웨어상에 VMware ESXi 등의 하이퍼바이저(hypervisor)가 설치되며, 그 위에서 VM이 실행되는 것을 보여 주고 있다. 각 VM은 독자 OS(게스트 OS)를 가지며, 그 위에서 프로세스가 실행되는 형태다.

5.1.4 컨테이너를 지탱하는 기술

다음은 '컨테이너 엔진'이 어떤 마법을 사용해서 컨테이너를 '특별한 프로세스'로 만드는지 보도록 하겠다.

컨테이너는 호스트 OS상에서 실행되는 프로세의 일종이었다. 즉, '컨테이너를 컨테이너답게 만들어 주는 것'은 모두 호스트 OS의 기능을 기반으로 한 것이라 볼 수 있다. 이때 사용되는 기능이 리눅스 네임스페이스와 cgroups(Linux Control Groups)다. 이 절에서는 해당 기능들을 소개하고 컨테이너를 실현하기 위해 어떤 식으로 사용되는지 살펴보겠다.

리눅스 네임스페이스

리눅스 네임스페이스(linux namespaces)는 프로세스 간에 전역 시스템 리소스를 분리하는 커널의 기능이다. 네임스페이스(이름공간)은 프로그래밍 언어나 쿠버네티스에도 등장하는 것으로 비교적 익숙한 개념일 것이다. 같은 이름이라도 네임스페이스가 다르면 다른 것으로 간주해서 이름이 충돌하는 것을 방지하기 위한 개념이다. 리눅스 네임스페이스는 시스템 리소스를 각각의 네임스페이스로 나누는 역할을 한다.

리눅스 네임스페이스의 매뉴얼(그림 5.4)을 보면, 네임스페이스에는 리소스 관리를 위한 'Cgroup', 프로세스 간 통신을 위한 'IPC', 프로세스 ID인 'PID', 시간 정보인 'Time', 사용자 및 그룹 정보인 'User', '호스트명 및 NIS[31] 도메인명을 다루는 'UTS'가 있다.

이 리소스들의 변경은 같은 네임스페이스에 있는 프로세스만 볼 수 있다. 그림 5.1의 docker run에서 본 것처럼 컨테이너가 PID나 호스트명을 독자적으로 가지고 있는 것은 이 리눅스 네임스페이스라는 커널 기능 때문이다. 단, 리눅스 네임스페이스 자체에는 사용할 수 있는 물리 리소스를 제한하는 기능은 없다. 이 기능은 다음 절에서 설명하는 cgroups로 실현할 수 있다.

---

31 NIS(Network Information Service)는 썬 마이크로시스템즈(Sun Microsystems)가 개발한 것으로, 네트워트상의 컴퓨터들이 사용자명이나 호스트명 등의 데이터를 배포할 때 사용하는 클라이언트/서버형 디렉터리 서비스 프로토콜이다.

```
Namespace  Flag              Page                    Isolates
Cgroup     CLONE_NEWCGROUP   cgroup_namespaces(7)    Cgroup root directory
IPC        CLONE_NEWIPC      ipc_namespaces(7)       System V IPC,
                                                     POSIX message queues
Network    CLONE_NEWNET      network_namespaces(7)   Network devices,
                                                     stacks, ports, etc.
Mount      CLONE_NEWNS       mount_namespaces(7)     Mount points
PID        CLONE_NEWPID      pid_namespaces(7)       Process IDs
Time       CLONE_NEWTIME     time_namespaces(7)      Boot and monotonic
                                                     clocks
User       CLONE_NEWUSER     user_namespaces(7)      User and group IDs
UTS        CLONE_NEWUTS      uts_namespaces(7)       Hostname and NIS
                                                     domain name
```

출처: https://man7.org/linux/man-pages/man7/namespaces.7.html(또는 https://bit.ly/3GNyT3y)

그림 5.4 리눅스 네임스페이스

리눅스 네임스페이스 기능을 사용해 보자. 그림 5.5의 예에서는 PID의 네임스페이스를 확인하고 있다. 첫 명령에서는 호스트 OS상에서 실행되고 있는 프로세스를 확인하고 있으며(①), PID 1로 모든 프로세스의 부모 프로세스가 되는 init이 실행되고 있다.

다음은 unshare 명령으로 부모 프로세스와 네임스페이스를 나누어(공유하지 않고) 프로세스(zsh)를 실행하고 있다(②). unshare 옵션으로 앞서 소개한 네임스페이스 중 어떤 네임스페이스를 나누어 실행할지 지정할 수 있다. 여기서는 PID를 zsh가 독자적으로 사용하기 위해서 -p를 지정했다. 이 zsh 내에서 프로세스를 확인하면 앞서 unshare로 실행한 zsh가 PID 1로 실행되고, 다른 프로세스(ps 이외)는 전혀 보이지 않는 것을 알 수 있다. 이것이 바로 그림 5.1의 docker run으로 실행한 컨테이너 내의 ps 결과와 같은 이유다.

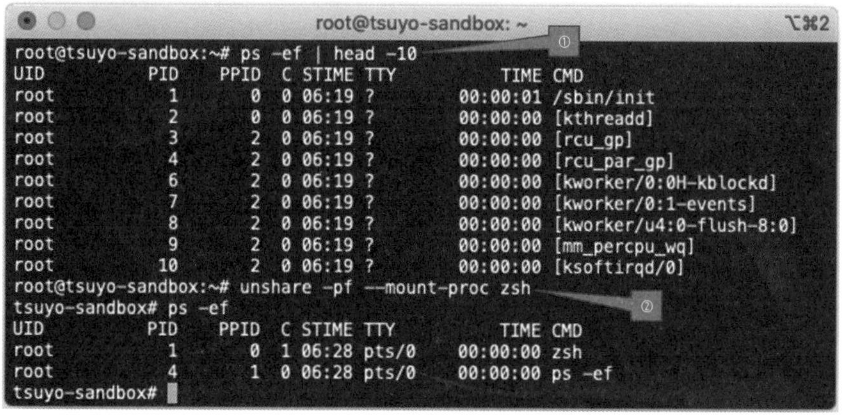

```
root@tsuyo-sandbox:~# ps -ef | head -10
UID        PID    PPID  C STIME TTY         TIME CMD
root         1       0  0 06:19 ?       00:00:01 /sbin/init
root         2       0  0 06:19 ?       00:00:00 [kthreadd]
root         3       2  0 06:19 ?       00:00:00 [rcu_gp]
root         4       2  0 06:19 ?       00:00:00 [rcu_par_gp]
root         6       2  0 06:19 ?       00:00:00 [kworker/0:0H-kblockd]
root         7       2  0 06:19 ?       00:00:00 [kworker/0:1-events]
root         8       2  0 06:19 ?       00:00:00 [kworker/u4:0-flush-8:0]
root         9       2  0 06:19 ?       00:00:00 [mm_percpu_wq]
root        10       2  0 06:19 ?       00:00:00 [ksoftirqd/0]
root@tsuyo-sandbox:~# unshare -pf --mount-proc zsh
tsuyo-sandbox# ps -ef
UID        PID    PPID  C STIME TTY         TIME CMD
root         1       0  1 06:28 pts/0   00:00:00 zsh
root         4       1  0 06:28 pts/0   00:00:00 ps -ef
tsuyo-sandbox#
```

그림 5.5 리눅스 네임스페이스(PID 예)

네임스페이스 예에서 확인할 수 있는 것이 한 가지 더 있다(그림 5.6). 이번에는 네트워크와 관련된 네임스페이스를 나누어 셸을 실행해 보도록 한다. 첫 명령으로 호스트 OS의 네트워크 인터페이스를 확인하고 있다(①).

다음은 unshare 명령을 -n 옵션으로 실행해서(②) 인수로 지정한 sh 명령을 부모 프로세스와 별도의 네트워크 네임스페이스로 실행하고 있다. 그림 5.6의 마지막 명령처럼 네트워크 인터페이스 정보가 앞의 호스트 OS에 비해 제한적인 것을 알 수 있다(③).

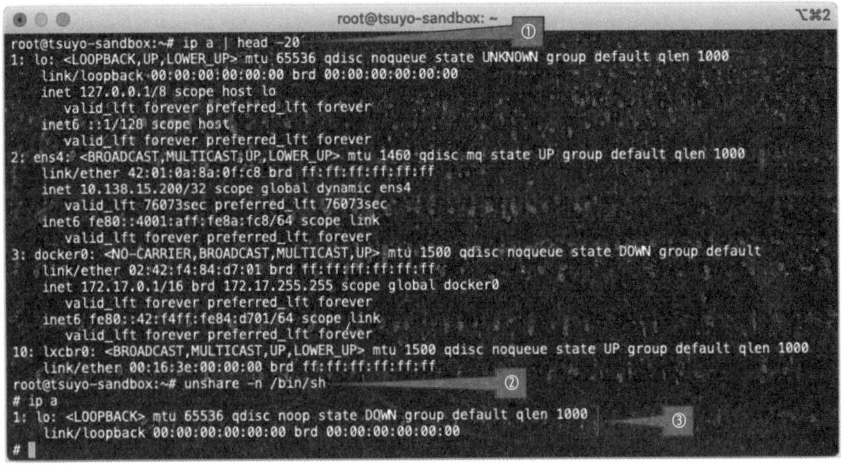

```
root@tsuyo-sandbox:~# ip a | head -20
1: lo: <LOOPBACK,UP,LOWER_UP> mtu 65536 qdisc noqueue state UNKNOWN group default qlen 1000
    link/loopback 00:00:00:00:00:00 brd 00:00:00:00:00:00
    inet 127.0.0.1/8 scope host lo
       valid_lft forever preferred_lft forever
    inet6 ::1/128 scope host
       valid_lft forever preferred_lft forever
2: ens4: <BROADCAST,MULTICAST,UP,LOWER_UP> mtu 1460 qdisc mq state UP group default qlen 1000
    link/ether 42:01:0a:8a:0f:c8 brd ff:ff:ff:ff:ff:ff
    inet 10.138.15.200/32 scope global dynamic ens4
       valid_lft 76073sec preferred_lft 76073sec
    inet6 fe80::4001:aff:fe8a:fc8/64 scope link
       valid_lft forever preferred_lft forever
3: docker0: <NO-CARRIER,BROADCAST,MULTICAST,UP> mtu 1500 qdisc noqueue state DOWN group default
    link/ether 02:42:f4:84:d7:01 brd ff:ff:ff:ff:ff:ff
    inet 172.17.0.1/16 brd 172.17.255.255 scope global docker0
       valid_lft forever preferred_lft forever
    inet6 fe80::42:f4ff:fe84:d701/64 scope link
       valid_lft forever preferred_lft forever
10: lxcbr0: <BROADCAST,MULTICAST,UP,LOWER_UP> mtu 1500 qdisc noqueue state UP group default qlen 1000
    link/ether 00:16:3e:00:00:00 brd ff:ff:ff:ff:ff:ff
root@tsuyo-sandbox:~# unshare -n /bin/sh
# ip a
1: lo: <LOOPBACK> mtu 65536 qdisc noop state DOWN group default qlen 1000
    link/loopback 00:00:00:00:00:00 brd 00:00:00:00:00:00
#
```

그림 5.6 리눅스 네임스페이스(네트워크 예)

cgroups(Linux Control Groups)

리눅스 네임스페이스 기능을 이용하므로 도커 컨테이너처럼 '리소스가 해당 컨테이너로 제한된' 환경을 만들 수 있었다. 하지만 각 컨테이너가 '어느 정도의 리소스를 사용할 수 있는지' OS 리소스를 제어하는 기능은 리눅스 네임스페이스가 제공하지 않는다. 즉, '특정 컨테이너가 시스템 전체 CPU 리소스 중 최대 50%를 사용해도 된다'라는 제약은 리눅스 네임스페이스 기능으로 실현할 수 없다. 컨테이너 엔진의 중요한 기능 중하나인 이런 제어 기능은 어떻게 실현되는 것일까?

이때 필요한 것이 이번에 소개할 **cgroups**(Linux Control Groups)라는 리눅스 커널의 기능으로, 프로세스를 그룹화하여 사용할 수 있는 리소스를 제한하는 커널의 한 기능이다. CPU나 I/O 등의 리소스를 통일해서 관리하고 계층적으로 정리할 수 있다. 그림 5.7에서 cgroups의 예를 볼 수 있다. 이 예에서는 시스템의 전체 메모리와 디스크를 교수용, 학생용, 시스템용 그룹으로 나누어서 각각 50%, 30%, 20%를 사용할 수 있도록 설정하고 있다.

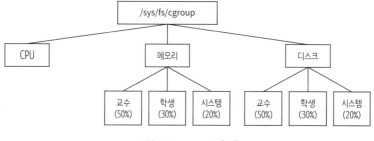

그림 5.7 cgroups의 예

cgroups도 리눅스 환경상에서 확인할 수 있으며, 일련의 과정을 그림 5.8에서 볼 수 있다. 개별 명령에 대해 자세히 보도록 하자. cgroups을 작성하려면 cgcreate 명령을 사용한다.[32] 이 예에서는 memory 컨트롤러(메모리 관련 리소스 제어) 아래에 test라는 경로로 컨트롤 그룹을 작성하고 있다.

```
$ sudo cgcreate -g memory:test
$ ls /sys/fs/cgroup/memory/test
…
```

---

32 환경에 따라서는 cgcreate 명령이 설치돼 있지 않을 수도 있지만, 예를 들어 우분투에서는 'cgroups-tools'라는 패키지를 설치하면 cgcreate 명령을 사용할 수 있다.

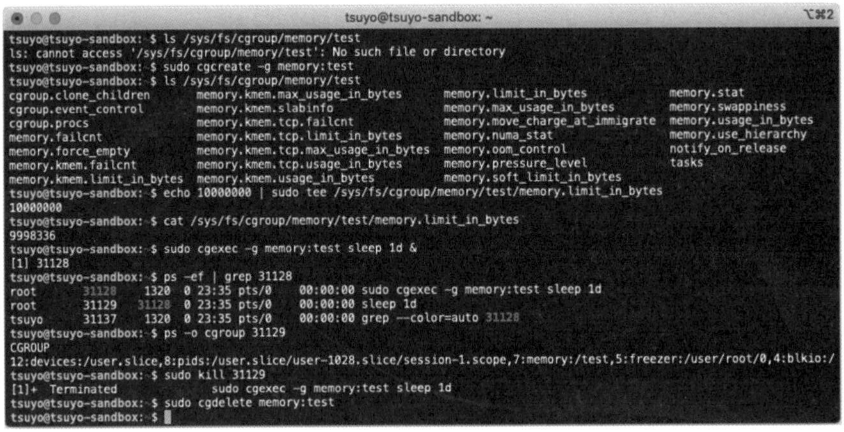

그림 5.8 cgroups 실행 예

/sys/fs/cgroup/<컨트롤러> 아래에 경로로 지정한 디렉터리가 작성된다. 이 예에서는 /sys/fs/cgroup/memory/test라는 디렉터리가 이에 해당하며, 여기에 컨트롤러를 제어하기 위한 여러 개의 파일이 생성된다. 예를 들어 memory.limit_in_bytes라는 파일은 이 컨트롤 그룹에서 실행되는 프로세스가 사용할 메모리의 상한을 바이트 단위로 지정하는 것이다.

실제로 특정 컨트롤 그룹에서 프로세스를 실행하려면 cgexec 명령을 사용한다. 옵션 -g로 사용하고 싶은 컨트롤 그룹을 지정해서 임의의 명령을 실행할 수 있다. 이 예에서는 먼저 memory.limit_in_bytes를 10,000,000바이트로 지정해서,[33] cgexec로 sleep 명령을 실행하고 있다.

```
$ echo 10000000 | sudo tee /sys/fs/cgroup/memory/test/memory.limit_in_bytes⏎
10000000
$ cat /sys/fs/cgroup/memory/test/memory.limit_in_bytes
9998336
$ sudo cgexec -g memory:test sleep 1d &
[1] 31128
```

* 지면상의 이유로 ⏎를 사용해 줄바꿈하여 표시했다.

---

33 단, 실제로 설정되는 값은 getconf PAGE_SIZE로 확인할 수 있는 시스템 기본 페이지 크기를 대략적으로 표시한 것으로, 9,998,336바이트다.

프로세스가 어떤 cgroups를 사용해서 실행되고 있는지는 ps -o cgroup으로 확인할 수 있다. sleep 명령이 작성한 컨트롤 그룹(7:memory:/test) 내에서 실행되고 있는 것도 확인할 수 있다. 또한, 사용하지 않는 cgroups는 cgdelete 명령으로 삭제할 수도 있다. 마지막으로 작성한 컨트롤 그룹을 삭제하고 관련 파일도 함께 삭제한다.

```
$ ps -ef | grep 31128
root        31128         1320    0 ……
root        31129        31320    0 ……
root        31137         1320    0 ……
$ ps -o cgroup 31129
CGROUP
……
$ sudo kill 31129
[1]+    Terminated                      sudo cgexec -g memory:test sleep 1d &
$ sudo cgdelete memory:test
```

5.1.5 컨테이너의 역사

여기까지 컨테이너를 지탱하는 리눅스 커널 기술에 대해 알아보았다. 컨테이너의 기본적인 요소가 블랙박스가 아니라 표준 리눅스 기능을 활용해 만들어진 것을 보았다. 참고로 현재 컨테이너가 실행되는 플랫폼으로 리눅스가 가장 많이 사용되고 있어서 리눅스를 호스트 OS로 사용하는 경우만 설명했다. 하지만 이 절에서는 컨테이너의 역사를 돌아보면서 다른 각도에서 컨테이너 기술을 조감하도록 하겠다. 그림 5.9는 컨테이너의 역사를 정리한 것이다.[34]

---

34 https://blog.aquasec.com/a-brief-history-of-containers-from-1970s-chroot-to-docker-2016(또는 https://bit.ly/3gPLl8v)를 참고했으며, 솔라리스 컨테이너(Solaris Container)와 워든(Warden)에 대해서는 저자가 썬 마이크로시스템즈와 피보탈(Pivotal) 재직 당시의 정보를 기반으로 구성했다.

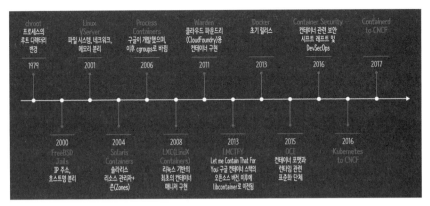

그림 5.9 **컨테이너의 역사**

먼저 1979년 유닉스(Unix) V7에 chroot이라고 하는 프로세스의 루트 디렉터리를 변경하는 기능(시스템콜)이 등장했다. 이 기능을 사용해 지금까지 프로세스에서 공통적으로 사용하던 '루트 디렉터리(이른바 '/')'를 프로세스 단위로 변경할 수 있게 됐으며, 이를 통해 애플리케이션이 특정 디렉터리에 접근하는 것을 제어할 수 있게 됐다. 이것은 프로세스 간 리소스(이 경우에는 파일 시스템)를 '분리'하는 기능의 조상격이라고 할 수 있다.

그 후 2000년에 FreeBSD의 Jails라고 하는 기능이 등장했다. 이 기능을 사용해 하나의 시스템을 'Jail'이라고 하는 더 작은 단위로 분할할 수 있게 됐으며, 각각의 Jail에 IP 주소나 호스트명을 부여할 수 있게 됐다. 또한, 다음 해인 2001년에는 리눅스 버전의 Jails라고 할 수 있는 Linux-VServer라는 기능이 도입됐다.

2004년에는 사용 유닉스인 솔라리스(Solaris)상에서 동작하는 솔라리스 컨테이너(Solaris Container)라는 기능이 소개됐으며, 이는 솔라리스 10 퍼블릭 베타의 핵심 기능으로 릴리스됐다. 솔라리스 컨테이너는 원래 솔라리스 리소스 매니저(Solaris Resource Manage, SRM)라는 시스템 리소스를 효율적으로 관리하는 시스템(앞서 본 cgroups과 같은 기능이다)과 솔라리스 존(Solaris Zones)이라는 파일 시스템 및 네트워크 등 리소스를 분리하는 기능을 조합해서 구현한 기능이다. 여러분이 알고 있는 도커 등의 현대 컨테이너 기술에 가장 근접한 원형이 바로 이 솔라리스 컨테이너로, 이 기술이 도커의 초기 버전이 릴리스되기 약 10년 전에 등장했다는 것은 놀라운 사실이다.

2006년에는 구글에 의해 cgroups(Linux Control Group)의 원형인 프로세스 컨테이너(Process Container)가 공개됐다. 또한, 2008년에는 리눅스 네임스페이스 및 cgroups를 기반으로 리눅스상에서 완전하게 동작하는 컨테이너인 LXC(LinuX Container)가 릴리스됐다.

오픈소스의 PaaS(Platform as a Service) 제품인 클라우드 파운드리가 일반 릴리스된 것은 2011년이지만, 이때 사용된 리소스 격리 기술이 워든(Warden)(이후 Garden이 됨)이었다. 워든은 당시 LXC를 기반으로 구현됐지만, 리눅스 이외의 호스트 OS도 사용할 수 있도록 변경됐다. 단, 리눅스에서는 여전히 cgroups 및 네임스페이스를 기반으로 하고 있다. 워든은 이후 Go 언어로 재작성되면서 가든(Garden)으로 다시 태어났다.

마찬가지로 도커도 처음에는 LXC에 의존하고 있었지만(LXC 경유로 cgroups나 네임스페이스 기능 사용), 이후로 libcontainer[35]라고 하는 컨테이너 작성을 위한 라이브러리를 채택하면서 직접적으로 커널 기능에 접근할 수 있게 됐다. 그리고 이 libcontainer에 영향을 끼친 개념이 LMCTFY(Let Me Contain That For You)다. LMCTFY는 구글 사내에서 사용한 컨테이너 스택을 오픈소스로 만든 것으로, 2013년에 릴리스됐다(현재는 활동이 중지됐다). 그리고 같은 해인 2013년에 도커의 초기 릴리스가 이루어졌으며, 현재 컨테이너의 인기에 불을 붙인 계기가 되었다는 것은 여러분도 알 것이다.

5.1.6 컨테이너 이미지

컨테이너 이미지란, 쉽게 말하면 애플리케이션을 실행할 때 필요한 모든 것이 담긴 '소프트웨어 패키지'다. 하지만 일반적인 소프트웨어 패키지처럼 하나의 바이너리 파일로 존재하는 것은 아니다. 여기서는 특히 컨테이너 이미지의 구체적인 예로 도커 이미지를 다룬다.

도커 이미지는 여러 개의 읽기 전용 '레이어'로 구성되며, 개별 레이어는 재사용할 수 있다. 앞서 본 알파인 리눅스 등도 기본이 되는 OS 레이어를 기반으로 미들웨어나 애플리케이션 레이어를 겹쳐서 하나의 '이미지'를 형성하고 있다(그림 5.10). 단, 컨테이너를 실행

---

35 https://github.com/opencontainers/runc/tree/main/libcontainer(또는 https://bit.ly/3uTwsKw)

한 후 설정을 변경하는 등 원래 이미지를 수정할 수는 있다. 이 수정은 별도의 **컨테이너 레이어**라고 하는 곳에서 하며, 이 레이어는 컨테이너 실행 시에 도커에 의해 자동으로 추가된다.

또한, 실제 수정 작업은 수정한 후에 처음으로 대상 파일이 컨테이너 레이어로 복사되는 이른바 '카피 온라이트(copy-on-write)' 방식이다. 앞서 본 읽기 전용 레이어들을 이 컨테이너 레이어와 구분해서 **이미지 레이어**라고 한다. 그리고 이 레이어들 사이의 상호 작용을 정의하는 것이 도커의 **스토리지 드라이버**(storage driver)다. 스토리지 드라이버는 플러그인 방식으로 도커 이미지가 요구하는 사양을 따르고 있다면 자유롭게 선택할 수 있으며, 현재 도커에서는 overlay2라는 스토리지 드라이버를 권장하고 있다.

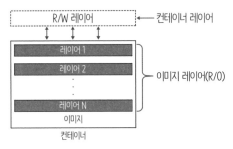

그림 5.10 **이미지 레이어와 컨테이너 레이어**

도커 이미지는 Dockerfile 내에 이미지 작성 순서를 기록하는 것이 일반적이며, 그중에서 COPY 명령 등 이미지를 변경하는 명령을 실행할 때마다 신규 레이어가 추가된다. 그림 5.11은 이미지 레이어의 예다. docker run이나 docker pull로 이미지(정확히는 이미지를 형성하는 각 레이어)를 다운로드한 후에 리눅스의 경우 로컬의 /var/lib/docker/〈스토리지 드라이버〉에 이미지를 저장한다(①). 또한, docker history 명령으로 각 이미지가 작성됐을 때의 명령어 목록을 표시할 수 있으며(②), 이때 SIZE에 변화가 있는 명령이 새로운 레이어를 만드는 명령이다(그림 5.11 ②의 CREATED BY를 보면 ADD와 COPY 명령의 SIZE가 0이 아닌 것을 알 수 있다).

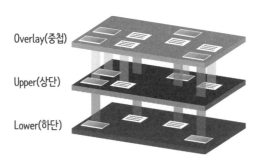

그림 5.11 **이미지 레이어의 예시**

5.1.7 유니온 파일 시스템

도커에서는 이처럼 소프트웨어 패키지(이미지)를 세분화(레이어)해서 관리하므로 공통 레이어(OS 레이어 등)를 재사용할 수 있고 이를 통해 효율을 높일 수 있다. 그렇다면 이 '레이어를 겹쳐서' 하나의 가상 이미지로 보여 주는 기술은 무엇일까?

그것은 바로 유니온 파일 시스템(Union File System, UnionFS) 기능이다. 유니온 파일 시스템은 다른 파일 시스템을 겹쳐서 하나의 파일 시스템으로 보여 주는 커널 기술이다(그림 5.12). 유니온 파일 시스템에는 몇 가지 구현 방법이 있으며, 그중 하나가 OverlayFS다. 앞서 본 overlay2는 이 OverlayFS에 대한 스토리지 드라이버다.

Overlay(중첩)

Upper(상단)

Lower(하단)

그림 5.12 **유니온 파일 시스템(UnionFS)**

쿠버네티스

이 절에서는 컴퓨터 확장성(scalability)의 역사와 함께 대규모로 컨테이너 기반 애플리케이션을 구축할 때 빠지지 않는 '컨테이너 오케스트레이션'과 이를 대표하는 쿠버네티스에 대해 소개하도록 한다.

5.2.1 컴퓨터의 확장성

지금까지 컨테이너 기술에 대해 구체적으로 살펴보았지만, 컨테이너는 기본적으로 '머신 한 대'의 리소스를 효율적으로 관리하는 구조다. 머신 한 대는 온프레미스 물리 서버이거나 클라우드상의 VM 인스턴스일 수도 있으며, 어느 쪽이든 '제한된 자원을 세분화해서 리소스를 효율적으로 다루는 기술'이 컨테이너의 주요 역할이다.

한편 애플리케이션이 마이크로서비스화돼서 규모가 커지고 복잡해지면, 각 서비스를 구현하고 있는 컨테이너 수도 늘어난다. 이 경우 언젠가는 '머신 한 대'로 모든 컨테이너를 운영하기 어려워지는 시점이 온다. 또한, 가용성이나 확장성 관점에서 같은 컨테이너를 여러 대의 머신으로 분산해서 배치하고 싶은 경우도 있다.

이런 때 '컨테이너 엔진보다 상위에 있는 계층에서 전체 컨테이너를 관리하고 싶다'는 필요가 생기며, 그 역할을 하는 것이 '컨테이너 오케스트레이션(container orchestration)'이라는 소프트웨어다. 컨테이너 오케스트레이션의 개요를 소개하기에 앞서 먼저 컴퓨터의 리소스를 '확장(scale)'시키는 방법을 역사와 함께 확인해 보도록 하겠다.

컨테이너 기술과 확장(수직 방향)

머신 한 대의 리소스(CPU나 메모리 등)를 늘리는 것이 수직 방향 확장이며, 스케일업(scale-up)이라고도 한다. 그림 5.13은 썬 마이크로시스템즈(Sun Microsystems)의 썬 엔터프라이즈 10000(Sun Enterprise 10000, 일명 E10K)라고 하는 사람 키보다 큰 거대한 슈퍼컴퓨터다. 이런 머신에 CPU, 메모리 등을 보드에 꽂아서 리소스를 추가하는 방식이 수직 방향 확장이다.

2000년도 초기의 애플리케이션은 웹 계층, 애플리케이션 계층, 데이터베이스 계층으로 이루어진 '3계층 애플리케이션'이라는 구성이 일반적이었다. 커뮤니케이션도 웹 계층과 애플리케이션 계층, 애플리케이션 계층과 데이터베이스 계층 사이에서만 이루어지는 간단한 구성이었으므로 각 계층에서 사용되는 소프트웨어가 한 대의 머신을 독점해도 문제가 없었다. 단, 거대한 머신은 대당 가격이 비싸므로 귀중한 자원을 효율적으로 사용해야 했으며, 이를 위해 OS의 리소스 관리 기능으로 컨테이너가 등장한 것이다(E10K의 경우는 솔라리스 컨테이너).

©Tonusamuel
https://commons.wikimedia.org/wiki/File:Sun_Starfire_10000.jpg

그림 5.13 선 엔터프라이즈 10000

컨테이너 기술과 확장(수평 방향)

한편 저렴한 머신을 추가해서 리소스를 늘리는 구성이 **수평 방향 확장**이다(그림 5.14). 스케일업과 상반되는 개념으로 **스케일아웃**(scale-out)이라고도 부른다.

클라우드의 영향도 있지만 현재 컴퓨팅 리소스를 확장할 때는 이 수평 방향 확장이 일반적이다. 애플리케이션 관점에서 보면 예전에는 MPI(Message Passing Interface)에 대응한 프로그래밍을 하는 등 애플리케이션 측에서 실행되는 플랫폼의 병렬성을 의식해야만 했던 시대가 있었다. 시대가 변하면서 하둡(Hadoop)과 같은 데이터 분산 처리용 프레임워크가 등장하면서 프로그래밍하는 측이 분산 환경을 의식하지 않아도 프레임워크 측이 처리를 분산해서 실행해 주는 구조가 등장했다. 그리고 애플리케이션이 컨테이너화된 현재는 개별 컨테이너가 실행되는 프로세스가 단일 머신이든, 분산 환경이든 동일하게 실행된다. 단, 개별 컨테이너가 협력해서 동작하려면 누군가가 조율하는 역할을 해야 한다. 이것이 바로 '컨테이너 오케스트레이션'의 큰 역할 중 하나다.

©Cskiran
https://en.wikipedia.org/wiki/File:Multiple_Server_.jpg

그림 5.14 **수평 방향 확장(scale-out)**

5.2.2 컨테이너 오케스트레이션과 쿠버네티스

IT 세계에서 사용되는 오케스트레이션(orchestration)이란 컴퓨터, 애플리케이션, 서비스 등을 자동으로 구성, 관리, 조율하는 것을 의미한다. 그리고 이때 지휘자 역할을 하는 것을 오케스트레이터(orchestrator)라고 한다. 오케스트레이션을 사용하면 복잡한 태스크나 흐름을 간단하게 처리할 수 있게 된다. 컨테이너 오케스트레이션(container orchestration)은 규모가 크고 동적인 환경에서 다음과 같은 컨테이너 생명 주기를 관리한다.

- 가용성, 이중화가 갖추어진 컨테이너 작성과 배포
- 부하에 따른 스케일아웃, 스케일인, 부하분산
- 호스트(서버), 컨테이너의 상태 확인

컨테이너 오케스트레이션을 구현한 것으로 쿠버네티스(Kubernetes), 도커 스웜(Docker Swarm), 메소스(Mesos), 노매드(Nomad) 등이 있으며, 현재 가장 많이 사용되는 것은 쿠버네티스다.

쿠버네티스는 컨테이너화된 애플리케이션이나 서비스를 관리하기 위한 것으로, 이동 및 확장이 가능한 오픈소스 플랫폼이다. YAML을 사용한 선언적 설정으로 복잡한 컨테이너 애플리케이션의 배포를 쉽게 자동화할 수 있다. 또한, 쿠버네티스 생태계도 규모가 커서 오픈소스 또는 상용 버전의 다양한 툴 및 서비스를 사용할 수 있다.

쿠버네티스라는 이름은 그리스어로 '조타수', '파일럿'을 의미한다. 구글이 사내의 대규모 클러스터 관리를 위해 사용하고 있던 보그(Borg)라는 소프트웨어를 기반으로 2014년에 쿠버네티스 프로젝트로 오픈소스화했다. 현재 쿠버네티스는 구글이 오랜 시간 대규모 프로덕션 환경을 운영한 경험과 커뮤니티에서 수집된 최고의 아이디어 및 실전 경험을 조합해서 완성된 것으로, 다양한 곳에서 폭넓게 사용 중이다.

5.2.3 쿠버네티스의 기능 개요

쿠버네티스의 주요 기능은 다음과 같다.

서비스 검색과 부하분산

DNS명이나 독자 IP 주소를 사용해서 컨테이너를 외부에 공개할 수 있다. 또한, 특정 컨테이너의 부하가 높으면 배포가 안정되도록 네트워크 트래픽을 부하분산한다.

저장소 오케스트레이션

영구 볼륨으로 NFS, iSCSI, 클라우드 저장소 등을 컨테이너에 마운트할 수 있게 해준다.

자동 롤아웃과 롤백

배포하기 바람직한 상태(desired state)와 실제 상태(actual state)의 일관성을 자동으로 확보한다. 예를 들어 컨테이너 버전을 업그레이드하는 경우에는 선언적으로 바람직한 상태 (새로운 버전)를 기술해 두면, 쿠버네티스가 자동으로 이전 컨테이너를 정지하고 새 컨테이너를 실행한다.

리소스 관리와 일정 제어

서버의 클러스터를 CPU와 메모리 풀(pool)로 사용한다. 각 컨테이너가 필요로 하는

CPU나 메모리양을 알리면, 쿠버네티스는 컨테이너를 노드에 맞추어 리소스를 최대한 활용할 수 있게 해준다. 또한, 같은 노드에 컨테이너를 배치하는 어피너티(affinity)나 다른 노드에 배치하는 안티 어피너티(anti-affinity)를 이용할 수도 있다.

자가 복구(self-healing)

실행에 실패한 컨테이너나 장애가 발생한 컨테이너를 정해진 규칙에 따라 재시작하거나 교환한다. 또한, 사용자가 정의한 대로 상태를 확인해서 조건을 만족하지 않은 경우에 컨테이너 사용을 중지할 수도 있다.

시크릿(secret)과 설정 관리

패스워드나 토큰, SSH 키 등의 기밀 정보를 컨테이너와 분리시켜 관리 및 저장할 수도 있다.

5.2.4 쿠버네티스 아키텍처

그림 5.15는 쿠버네티스 클러스터 아키텍처다. 쿠버네티스 클러스터는 클러스터 전체를 관리하는 '제어 플레인(control plane) 컴포넌트'와 실제 포드(pod)를 호스트하는 '(워커) 노드(node) 컴포넌트'로 구성된다. 포드에 대해서는 뒤에서 설명하겠지만, 쿠버네티스의 최소 배포 단위로 하나 이상의 컨테이너로 구성된다.

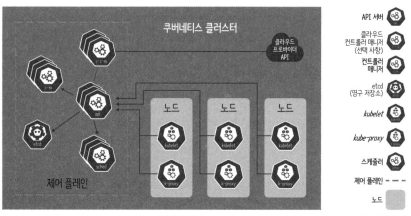

출처: https://kubernetes.io/docs/concepts/overview/components(또는 https://bit.ly/3BDWovc)

그림 5.15 쿠버네티스 아키텍처 스타일

제어 플레인 컴포넌트

제어 플레인 컴포넌트(control plane component)는 앞서 본 쿠버네티스 기능을 구현하기 위한 것으로, 클러스터 내의 노드와 포드를 관리한다. 프로덕션 환경에서는 제어 플레인이 복수의 노드를 사용해 고가용성을 확보하는 것이 일반적이지만, 클라우드 벤더의 쿠버네티스 서비스를 사용하면 벤더 측에서 제어 플레인을 관리하므로 사용자는 이 기능을 인식할 필요가 없다. 표 5.10에 제어 플레인 컴포넌트의 기능을 정리했다.

표 5.1 제어 플레인 컴포넌트

컴포넌트명	기능
kube-apiserver	쿠버네티스 API를 공개하는 프론트엔드
etcd	모든 클러스터 데이터를 저장하는 KVS(키-값 저장소)
kube-scheduler	포드 실행 노드를 스케줄링
kube-controller-manager	노드 컨트롤러(node controller): 노드가 정지됐을 때 감지
	복제 컨트롤러(replication controller): 포드 수 유지
	엔드포인트 컨트롤러(endpoints controller): 서비스와 포드 결합

노드 컴포넌트

쿠버네티스 클러스터에는 적어도 하나의 노드가 존재한다. 노드 컴포넌트(node component)는 모든 노드를 실행하고, 실행 중인 포드를 유지하며, 쿠버네티스의 실행 환경을 제공한다. 표 5.2에 노드 컴포넌트와 기능을 정리했다.

표 5.2 노드 컴포넌트

컴포넌트명	기능
kubelet	클러스터 내의 각 노드에서 동작하는 에이전트
	컨테이너 실행 상태를 확인
kube-proxy	클러스터 내의 각 노드에서 동작하는 네트워크 프록시
container runtime	Docker, containerd, CRI-O 및 Kubernetes CRI(Container Runtime Interface)의 임의 구현

쿠버네티스 API

쿠버네티스 클러스터와 kubectl 등의 클라이언트는 모든 **쿠버네티스 API**[36]를 사용해 커뮤니케이션한다. 제어 플레인의 쿠버네티스 API 서버가 JSON 형식의 RESTful API를 받아서 클러스터와 클라이언트를 연결하는 단일 인터페이스 역할을 한다.

이 커뮤니케이션을 담당하는 것이 'API 객체'라고 하는 것으로 시스템 상태를 나타내는 기본 단위다. 포드(pod), 디플로이먼트(deployment), 서비스(service) 등 다수의 API 객체가 존재한다(리스트 5.1). 쿠버네티스의 AI 객체 중에서 마이크로서비스를 배포할 때 중요한 역할을 하는 몇 가지를 추려서 소개하도록 하겠다.

리스트 5.1 API 객체 예(Deployment.yaml)

```
apiVersion: apps/v1
kind: Deployment
metadata:
  name: hello-world
spec:
  replicas: 5
  selector:
    matchLabels:
      app: hello-world
  template:
    metadata:
      labels:
        app: hello-world
    spec:
      containers:
      - name: hello-world
        image: gcr.io/google-samples/hello-app:1.0
        ports:
        - containerPort: 8080
---
apiVersion: v1
kind: Service
metadata:
  name: hello-world
```

---

36 옮긴이 쿠버네티스를 사용하기 쉬운 UI와 함께 제공하는 플랫폼으로 오픈시프트(OpenShift)라는 것이 있다. 원래는 레드햇(RedHat)이 개발했지만, 현재는 IBM에 인수된 상태다. 내가 사용했던 플랫폼인데, 쿠버네티스의 명령어를 사용하지 않고서도 클라우드 서비스를 쉽게 사용할 수 있게 해준다. AWS나 애저보다 서비스 수는 적지만 직관적이고 단순해서 클라우드화가 쉽다는 것이 장점이다.

```
spec:
  selector:
    app: hello-world
  ports:
  - port: 80
    protocol: TCP
    targetPort: 8080
```

포드

포드(pod)는 쿠버네티스로 작성 및 관리할 수 있는 최소 배포 단위다. 포드는 하나 이상의 컨테이너로 구성되며, 포드 내의 컨테이너는 IP 주소와 저장소 볼륨을 공유한다. 개별 포드를 직접 작성할 수도 있지만, 보통은 디플로이먼트(deployment)나 잡(job)처럼 별도의 API 객체가 간접적으로 생성하는 경우가 대부분이다. 또한, 포드 작성은 원자성(atomic) 처리로, 포드를 완전히 생성하든가 아니면 전혀 생성하지 않든가 중 하나로, 어중간한 상태로는 생성되지 않는다.

디플로이먼트

쿠버네티스의 중요한 역할 중 하나가 포드를 적절한 상태(선언된 대로) 지속해서 운영하는 것이다. 이때 필요한 포드 수를 관리하는 것이 레플리카셋(ReplicaSet)이라는 API 객체다. 디플로이먼트는 레플리카셋의 롤아웃을 관리해서 선언적 업데이트를 제공하는 API 객체다.

서비스

서비스(service)는 일련의 포드를 네트워크 경유로 접속할 수 있도록 공개하는 API 객체다.

컨피그맵

컨피그맵(ConfigMap)은 타 API 객체가 사용할 때 필요한 설정을 저장할 수 있는 API 객체다. 설정은 키-값(key-value) 형식으로 저장되며, 포드에서 환경 변수, 명령줄 인수, 볼륨 내 설정 파일 등으로 이용할 수 있다.

5.3 서버리스

5.3.1 서버리스란

서버리스란 무엇일까? 서버리스(serverless, 또는 서버리스 컴퓨팅)란, 한 마디로 말하면 '서버를 관리할 필요가 없는 애플리케이션을 구축해서 실행한다'는 개념이다.[37] 이름 때문에 오해하곤 하지만, 코드를 호스트해서 실행하기 위한 '서버가 불필요하다'는 의미가 아니다. 여기서의 서버리스란, 서버 구축, 유지/관리, 업데이트, 확장, 용량 관리 등에 시간과 리소스를 투입할 필요가 없다는 의미다. 그리고 이 작업들이나 기능은 모두 서버리스 플랫폼이 처리해 주며, 개발자나 운영팀으로부터 완전히 추상화된다. 그 결과 개발자는 애플리케이션의 비즈니스 로직 작성에 집중할 수 있게 되며, 운영 엔지니어는 비즈니스상 중요한 태스크에 더 집중할 수 있게 된다.[38]

5.3.2 서버리스의 두 가지 대상

서버리스 플랫폼을 실행하려면 여전히 서버가 필요하다. 그러면 왜 이 플랫폼을 '서버리스'라고 부르는 것일까? 서버리스의 대상(서비스나 제품이 가지는 가상의 사용자상)이 크게 두 가지로 나뉘기 때문이다.

첫 번째 대상은 개발자다. 개발자는 서버리스 플랫폼에서 실행되는 코드를 작성하며, 이런 장점(서버를 신경 쓰지 않고 코드 작성)을 즐기는 입장이다. 두 번째 대상은 서버리스 플랫폼 제공자다. 제공자는 내부, 외부 고객용으로 서버리스 플랫폼을 배포 및 제공한다. 외부 고객 제공자는 주로 클라우드 벤더가 많다. 내부 고객의 경우는 자사 내의 쿠버네티스 환경상에 서버리스 구조를 도입해서 개발자에게 제공하는 형태가 있다.

즉, '서버리스'라는 용어는 개발자 입장에서 봤을 때 적합한 용어다. 이런 대상을 명확하

---

37 CNCF 서버리스 워킹 그룹이 정리한 백서에 이렇게 정의돼 있다. https://github.com/cncf/wg-serverless/tree/master/whitepapers/serverless-overview(또는 https://bit.ly/3hOPBCa)

38 [옮긴이] 쉽게 말하면 아파치(Apache)나 Nginx, IIS 등의 웹서버를 설치하거나 설정하지 않고서도 웹 애플리케이션을 작성 및 실행할 수 있게 된다.

게 의식해서 '서버리스'라는 용어가 플랫폼 전체적으로 '서버가 불필요'하다는 의미가 아니라는 것을 주의할 필요가 있다.

5.3.3 서버리스 아키텍처

3계층 애플리케이션과 서버리스 애플리케이션

다음으로 서버리스를 구성하는 요소와 아키텍처에 대해 살펴보도록 하겠다.

그림 5.16은 전통적인 3계층 애플리케이션 구성도다. 왼쪽부터 브라우저나 모바일 등의 클라이언트, 애플리케이션 서버, 데이터베이스 서버의 3계층으로 구성된다. 이 구성에서 클라이언트는 HTML이나 자바스크립트 처리에 집중한다. 대부분의 시스템 로직(인증, 페이지 이동, 검색, 데이터베이스 처리)은 애플리케이션 서버에서 구현된다.

그림 5.17은 이 구성을 서버리스 아키텍처로 재구성한 것이다. 3계층 애플리케이션과 다른 점은 크게 다음 다섯 가지다.

① 애플리케이션 서버에서 인증 부분 서비스를 빼내고 범용적인 외부 서비스를 사용하는 점
② 클라이언트가 일부 데이터베이스(그림 5.17에서는 제품 데이터베이스)에 직접 접속하는 것을 허용하는 점(또는 이 데이터베이스도 범용적인 외부 서비스를 사용한다).
③ 애플리케이션 서버의 로직(사용자 세션 관리나 데이터베이스에서 정보를 직접 얻어서 렌더링)이 일부 클라이언트 측에서 실행되는 점
④ 시간이 걸리는 무거운 처리(검색 기능 등)는 서버 측에서 처리. 단, 기존처럼 해당 로직을 항시 가동 상태에 있는 애플리케이션 서버상에서 실행하는 것이 아니라 매번 이벤트 단위로 실행되는 서비스 기능으로 처리하는 점
⑤ 검색 이외의 다른 기능도 마찬가지로 다른 서비스로 구현하며, 이벤트 단위로 실행한다는 점

그림 5.16 **3계층 애플리케이션**

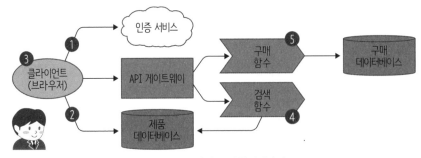

그림 5.17 **서버리스 애플리케이션**

3계층 애플리케이션에서 애플리케이션 서버의 주요 역할 중 하나는 요청과 응답 주기를 제어하는 것이다. 서버 측 컨트롤러는 입력을 처리해서 적절한 애플리케이션 로직을 호출하며, 보통은 템플릿 엔진을 사용해서 응답을 동적으로 구성한다.

반면 서버리스 애플리케이션에서는 애플리케이션 로직의 일부에 외부 서비스를 이용한다. 이 때문에 서버 측 컨트롤러 대신에 클라이언트 측에서 정적 플로와 동적 콘텐츠 생성이 이루어진다. 클라이언트는 API를 호출해서 클라이언트 측 UI 프레임워크를 사용해 동적 콘텐츠를 생성하고, 이를 통해 다양한 서비스 간 상호 작용을 조정할 수 있다.

3계층 구성에서 애플리케이션 서버의 가장 중요한 부분은 컨트롤러와 인프라 사이에서 이루어지는 작업, 즉 비즈니스 로직이다. 장시간 운영되는 서버가 애플리케이션이 실행되고 있는 동안 이 로직을 구현한 코드를 계속 호스트해서 필요한 처리를 한다.

서버리스 애플리케이션에서는 비즈니스 로직을 실행하는 커스텀 코드의 주기가 아주 짧아서 단일 HTTP 요청/응답 주기에 가깝다. 코드는 요청이 도착하면 활성화되며, 처리가 끝나면 바로 중지 상태가 된다. 이 코드는 서버리스 플랫폼이 관리하는 환경 내에 존재해서 코드의 생명 주기나 확장도 플랫폼에 의해 관리된다. 또한, 요청 단위의 주기가 짧아 요청 수로 서비스 과금을 설정하기도 해서 팀(프로젝트)에 따라서는 비용(클라우드 서비스 비용)을 크게 줄일 수도 있다.

지금까지 언급한 것을 정리하면, 다음 두 가지가 서버리스 아키텍처의 기본 바탕이 된다.

- '외부 서비스'를 이용한다.
- '비즈니스 로직을 이벤트 주도 서비스'로 구현한다

각각에 대해 자세히 살펴보도록 하겠다.

BaaS와 FaaS

전자인 '외부 서비스'는 BaaS라고 하며, 후자인 '비즈니스 로직을 이벤트 주도 서비스'로 구현하는 것을 FaaS라고 한다.

BaaS(Backend-as-a-Service)

예에서 본 것처럼 애플리케이션 핵심 기능의 일부를 외부 API 서비스로 교체하는 것이다. API 이용자는 이 API들을 확장 및 운영을 고려하지 않고 이용할 수 있어서 '서버리스'로 다룰 수 있다. 전형적인 클라이언트는 SPA(Single Page Application)나 모바일 애플리케이션 등 이른바 '리치(Rich) 클라이언트'다. 모바일에는 특히 MBaaS(Mobile Backend-as-a-Service)라는 것도 있다. BaaS 서비스의 예는 데이터베이스 서비스인 구글 파이어베이스(Google Firebase)나 인증 서비스인 Auth0 등이 있다.

FaaS(Functions as-a-Service)

이벤트 주도(event-driven) 컴퓨팅을 제공하는 서비스다. 개발자는 이벤트나 HTTP 요청에 의해 실행되는 함수를 사용해서 애플리케이션 코드를 실행 및 관리한다. 개발자는 작은 코드 단위를 FaaS에 배포해서 필요에 따라 개별 처리로 실행한다. BaaS와 마찬가지로 서버나 인프라를 관리할 필요가 없고, 확장도 자동으로 이루어진다. FaaS 서비스의 예는 AWS 람다(Lambda), 애저 함수(Azure Functions), 구글 클라우드 함수(Google Cloud Functions) 등이 있다.

이 장의 주제인 '자신의 코드를 어떤 식으로 클라우드 네이티브에 배포할지'라는 관점에서 서버리스를 고려한 경우는 FaaS가 중심이 된다. 또한 일부에서는 FaaS만 서버리스라고 부르는 경우도 있지만, 엄밀히 말해서는 BaaS와 FaaS를 합쳐서 서버리스 플랫폼이라고 하니 주의하자.

서버리스 아키텍처의 상세 내용

그림 5.18은 서버리스 아키텍처를 일반화한 것이다.[39] 크게 4개의 컴포넌트가 등장하며, 각각의 역할은 다음과 같다.

- 이벤트 소스: 하나 또는 그 이상의 인스턴스에 대해 이벤트를 트리거 또는 스트리밍한다.
- 함수(function) 인스턴스: 하나의 함수(마이크로서비스)로 요건에 따라 확장한다.
- FaaS 컨트롤러: 함수 인스턴스와 그 소스를 배포, 제어, 감시한다.
- 플랫폼 서비스: FaaS가 사용하는 BaaS 서비스다.

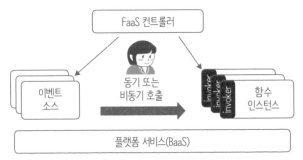

그림 5.18 **서버리스 아키텍처의 일반화**

5.3.4 서버리스 사용 예

지금까지 서버리스의 개요와 아키텍처를 살펴보았다. 여기서는 이 서버리스의 특징들을 활용한 실제 사용 예[40]를 몇 가지 살펴보도록 하겠다. 서버리스가 유효한 경우로 다음과 같은 작업을 생각할 수 있다.

- 비동기, 병행, 또는 독립된 작업 단위로 병렬화하기 쉬운 작업
- 요구 빈도가 낮으면서 산발적인 작업
- 확장 요건의 범위가 넓고, 예측 불가능한 작업

---

39 CNCF Serverless Whitepaper v1.0 'Detail View: Serverless Processing Model'. https://github.com/cncf/wg-serverless/tree/master/whitepapers/serverless-overview(또는 https://bit.ly/3h0PBCa)

40 CNCF Serverless Whitepaper v1.0 'Serverless use cases'. https://github.com/cncf/wg-serverless/tree/master/whitepapers/serverless-overview(또는 https://bit.ly/3h0PBCa)

- 스테이트리스(Stateless)이고 생명 주기가 짧은 작업
- 비즈니스 요건이 빈번하게 변화하고, 개발도 그에 맞추어 빠르게 진행해야 하는 작업

각각의 경우를 자세히 알아보도록 하겠다.

멀티미디어 처리

일반적인 사용 예로 새로운 파일을 업로드할 때 변환 처리를 하는 함수가 있다. 예를 들어 아마존 S3 같은 객체 저장소 서비스에 영상을 업로드한 경우에는 이벤트가 실행돼서 영상의 썸네일을 생성하고, 그것을 객체 저장소 패킷이나 데이터베이스에 저장하는 함수다. 이것은 병렬화할 수 있는 계산 태스크의 일부 예로 필요에 따라 확장할 수 있다.

데이터베이스 변경 관련 트리거

이 예에서는 데이터베이스에서 데이터가 삽입, 변경, 삭제된 경우에 함수가 호출된다. 이 함수는 기존 SQL 트리거와 비슷한 기능으로, 데이터베이스 메인 처리와 병행해서 처리된다. 예를 들어 같은 데이터베이스 내의 어떤 데이터를 변경하거나(감사 테이블에 기록 등), 외부 서비스를 호출하는(이메일 전송 등) 등의 비동기 로직을 실행하는 함수다. 이 예에서는 비즈니스상 필요성이나 변경을 처리하는 서비스의 분산 정도에 따라 빈도, 원자성, 일관성 등이 달라진다.

IoT 센서의 메시지

네트워크에 접속하는 자율형 장치가 폭발적으로 증가하고 대량의 트래픽이 발생하면서 HTTP보다 가벼운 프로토콜이 사용되기 시작했다. 클러스터 서비스는 메시지에 빠르게 대응하고, 메시지의 확산이나 갑작스러운 유입에 대응하기 위해서 확장성을 갖추어야 한다. 서버리스 기능은 IoT 장치(사물인터넷 장치)에서 MQTT 메시지[41]를 효율적으로 관리하고 필터링할 수 있다. 이 기능은 일래스틱(elastic, 탄력적) 확장을 통해 갑작스러운 부하로부터 다른 서비스를 보호할 수 있다.

---

41 [옮긴이] 사물인터넷에서 사용되는 프로토콜

대규모 스트림 처리

비트랜잭션형, 비요청/응답형의 예로 무한하게 발생하는 메시지의 스트림(stream) 내에 데이터를 처리하는 경우가 있다. 함수는 메시지의 소스에 접속할 수 있으며, 메시지는 이벤트 스트림에서 읽어서 처리한다. 높은 성능과 높은 유연성, 그리고 계산량이 많은 처리를 생각하면 이것은 서버리스의 중요한 사용 예가 된다. 대부분의 경우 스트림 처리에서는 NoSQL 또는 인메모리 데이터베이스에 있는 객체 세트와 데이터를 비교하거나 스트림에서 데이터를 집약해서 객체 또는 데이터베이스에 저장할 필요가 있다.

배치 잡(batch job) 및 스케줄 태스크

비동기적인 방법으로 하루에 몇 분 동안만 부하가 매우 높은 병렬 계산, 입출력, 네트워크 접속을 해야 할 때는 서버리스가 최적이다. 잡은 실행되고 있는 동안 필요한 리소스를 효율적으로 소비할 수 있으며, 사용하지 않는 동안에는 비용이 발생하지 않는다.

HTTP REST API와 웹 애플리케이션

기존 응답 요청형 작업은 정적인 웹사이트이든, 자바스크립트나 파이썬 같은 프로그래밍 언어를 사용해서 필요한 때마다 응답을 생성하는 경우든 서버리스에 매우 적합하다. 최초 사용자는 실행에 시간이 걸릴 수도 있다. 하지만 기존에 자주 사용했던 JSP(Java Server Page) 등도 서블릿 컴파일이나 추가 부하를 처리하기 위해 새로운 JVM을 실행하는 등 지연이 발생했다. 이 사용 예의 장점은 각 REST 호출이 공통 데이터 백엔드를 사용하더라도 독립적으로 확장해서 개별 과금할 수 있다는 것이다.

지속적 통합 파이프라인

마지막으로 CI(Continuous Integration) 파이프라인 사용 예를 보도록 하겠다. 기존 CI 파이프라인에는 잡을 디스패치하기 위해서 아이들(idle) 상태에서 대기하고 있는 워커 노드 풀이 존재한다. 서버리스는 미리 호스트를 준비하지 않아도 돼서 비용을 절감할 수 있다. 빌드 잡은 새로운 코드 커밋(commit)이나 풀 리퀘스트(pull request)에 의해 실행된다. 함수가 호출되면서 빌드와 테스트 케이스가 실행되고 필요한 시간만큼 사용한다. 사용하지 않는 동안은 비용이 발생하지 않는다. 이를 통해 비용을 절감하고 부하에 따라 자동 확장해서 병목 현상을 줄일 수 있다.

5.3.5 서버리스의 장점

서버리스의 사용 예에 이어서 실제로 애플리케이션을 서버리스로 설계하고 배포할 때 얻을 수 있는 장점을 알아보도록 하겠다.

비용 절감

서버리스에 의해 서버 관리, 데이터베이스 관리, 인증 등의 애플리케이션 로직을 외부에 맡길 수 있다. 이를 통해 하드웨어, 네트워크 인프라 비용 절감과 개발자 인건비를 절감할 수 있다. 물론 IaaS나 PaaS를 사용해도 서버나 OS 관리 비용을 절감할 수 있지만, 서버리스 특유의 BaaS, FaaS 관점에서 어떤 비용을 줄일 수 있는지 보도록 하자.

BaaS

BaaS에서는 서버나 OS뿐만 아니라 '애플리케이션 컴포넌트' 자체가 상품화된다. 예를 들어 Auth0와 같은 인증을 BaaS로 사용하는 경우, 어떤 애플리케이션에도 공통으로 적용할 수 있는 계정 생성, 로그인, 패스워드 관리, 타 인증 제공사와의 결합 등을 사용할 수 있다. 또한, 파이어베이스 같은 데이터베이스 BaaS를 사용하면 모바일 단말기 간 데이터를 실시간으로 동기화할 수 있는 기능을 컴포넌트로 사용할 수 있게 된다. 기존에는 이런 기능을 독자적으로 개발, 운영하는 경우가 많았으므로 그만큼의 인건비(서비스 이용도 포함)를 절약할 수 있다.

FaaS

IaaS나 PaaS를 비용 측면에서 비교해 보면 더 명확하게 와 닿는다.

IaaS는 '사용한 만큼 과금'이라는 솔깃한 문구가 보이지만, 실제로는 애플리케이션으로 비즈니스 로직을 처리하지 않는 시간도 VM이 실행되고 있어서 요금이 부과된다. PaaS도 배포 후는 애플리케이션이 실행 중인 상태가 돼서 명시적으로 정지하지 않는 한 요금이 부과된다.

반면 FaaS는 함수가 실제로 처리한 시간만큼만 과금되므로 적절히 활용하면 비용을 크게 절감할 수 있다. '적절히' 활용할 수 있는 가장 전형적인 예는 일정 시간 단위(예를 들어 1시간당) 평균 시스템 리소스 이용 시간은 적지만, 가끔 상당량의 처리가 발생하는 경우(즉 부하가 급격히 증가하는 경우)다(그림 5.19). FaaS에서는 이런 심각한 처리 시간이 그대로 비용으로 연결되므로, 오히려 불필요한 처리를 줄이려고 코드 최적화를 실시하게 되는 것도 놓칠 수 없는 장점이다.

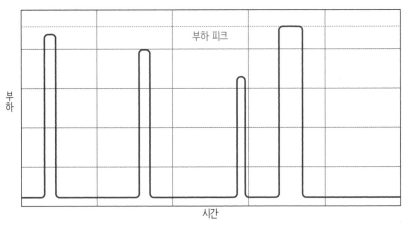

그림 5.19 **서버리스에 최적인 작업 예**

쉬운 유지/관리

비용 절감과도 연관성이 있지만, 서버리스 도입에 의해 유지/관리도 쉬워진다. FaaS에서는 함수를 배포한 후에는 설정을 변경할 필요 없이 리소스를 자동으로 확장해 준다. 불필요한 리소스 정지도 포함해서 자동 확장(축소)해 주므로 부하를 미리 예측해서 리소스를 준비하지 않아도 된다. 반면, 자체 설계한 인프라에 대해서는 보안 관리가 필요하다. 특히, 개발자나 운영자의 수에 비해 보안 전문가의 수는 적은 것이 일반적이어서 운영 전체에 영향을 줄 수도 있다. 서버리스를 도입해서 운영이 쉬워진다는 것은, 그만큼 고객에 가치 있는 것을 신속하게 전달할 수 있게 된다는 것을 의미한다.

IaaS에도 자동으로 리소스를 확장하는 기능이 있지만, 인프라를 의식한 설정 및 관리가 필요하다. 이런 배려가 불필요한 점이 서버리스의 큰 장점 중 하나다.

5.3.6 서버리스의 제약

앞 절에서 장점에 대해 설명했지만, 서버리스에도 여러 단점 및 제약이 있다. 이번 절에서는 이를 확인해 보도록 하자.

단, 서버리스는 컨테이너 기술 등에 비해 비교적 새로운 개념이기에 장래에는 해결될 제약도 있을 것이다. 한편, 서버리스 고유의 제약으로 시간이 흘러도 해결되지 않을 것도 있다. 이 두 종류의 제약을 정리한 것이 표 5.3이다. 각 제약에 대해 자세히 살펴보도록 하겠다.

표 5.3 **서버리스의 제약**

종류	개요
서버리스 고유의 제약	상태 관리의 번잡함
	지연 시간 발생
	로컬 테스트의 어려움
현재 구현에 의한 제약	콜드 스타트
	툴이나 실행 환경의 제약
	벤더 종속

* 이 표는 《What Is Serverless?》(마이크 로버츠/존 채핀 지음, 오라일리 미디어 Inc., 2017년, ISBN 9781491984161)의 4장을 참고하여 이 책의 저자가 정리한 것이다.

상태 관리의 번잡함

서버리스 컴포넌트는 데이터베이스처럼 상태를 명시적으로 관리하는 것을 제외하고 기본적으로 스테이트리스(stateless, 상태를 저장하지 않는)다. 스테이트리스 애플리케이션은 확장하기 쉽다는 장점이 있는 반면, 사용 중인 데이터를 메모리나 로컬에 임시 파일로 저장해야 한다는 제약이 있다.

상태[스테이트(state)] 관리가 필요한 경우는 인메모리 데이터베이스처럼 BaaS 컴포넌트를 사용해야 한다. 하지만 로컬 메모리나 파일을 처리하는 것처럼 간단하지 않으며, 액세스를 위한 지연 시간도 발생한다. 또한 기존 애플리케이션을 서버리스 환경으로 마이그레이션하는 경우에는 스테이트리스 형태에 맞추어 재설계해야 할 수도 있으며, 사용하고 있는 BaaS별 특성에 맞추어 데이터 일관성도 고려해야 한다.

지연 시간 발생

외부 서비스인 BaaS를 사용하는 경우는 해당 BaaS가 제공하는 네트워크 프로토콜(예를 들어 REST API)을 사용해야 한다. 특정 BaaS에 대한 지연 시간이 발생한다고 해서 프로토콜을 더 빠른 것으로 변경하거나 컴포넌트 간 네트워크 토폴로지(예를 들면 같은 물리 머신상에 배치)를 변경할 수 없다.

로컬 테스트의 어려움

서버리스 플랫폼에서 애플리케이션을 구현할 때 가장 부정적인 단점이라면 자신이 가지고 있는 PC 등 로컬 환경에서 테스트하기 어렵다는 것이다.

현재는 오픈소스 중심으로 대부분의 데이터베이스나 메시지 큐 등의 서비스가 컨테이너 이미지로 제공되고 있다. 즉, 컨테이너 환경만 있으면 네트워크가 연결돼 있지 않아도 로컬에서 대부분의 개발 및 테스트가 가능하다. 그러나 서버리스에서는 함수 기반의 단위 테스트는 할 수 있지만, 서비스를 사용하는 통합 테스트는 어렵다.

또한, 컨테이너 기반이라면 확장 테스트 등도 어느 정도까지는 로컬에서 할 수 있다. 하지만 서버리스는 클라우드의 서비스 구현을 로컬에서 실행할 수 있는 툴[42] 등을 사용해도 로컬에서 할 수 있는 테스트는 기본적인 기능으로 한정된다.

콜드 스타트

서버리스 플랫폼이 가지고 있는 성능 문제 중 하나로 **콜드 스타트**(cold start)[43]가 있다.

서버리스 코드를 실행하는 환경은 플랫폼에 의존하지만, 예를 들어 컨테이너를 사용했다고 가정해 보자. 이때 최초 접속이나 한동안 접속이 없었다가 접속하는 경우, 또는 컨테이너 수가 확장 기능에 의해 바뀐 직후에 접속할 때는 초기화 처리 등으로 인해 컨테이너가 바로 실행되지 않는다. 이런 이유로 지연 시간이 발생할 수 있다. 이것은 일정 시간 내에 처리를 완료해야 하는, 이른바 '실시간 처리'가 요구되는 환경에서 특히 심각

---

42 예를 들면 localstack(https://localstack.cloud/)이나 DynamoDB Local이 있다. [https://docs.aws.amazon.com/amazondynamodb/latest/developerguide/DynamoDBLocal.html(또는 https://go.aws/36TijDA)]

43 시스템 또는 그 일부가 재시작될 때 내부 객체의 초기화가 필요하다는 등의 이유로 일반적인 동작을 하지 못하는 문제를 의미한다.

한 문제가 된다. 단, 이 제약은 플랫폼 제공사의 최적화 노력에 의해 이후에는 개선되리라 예상하고 있다.

툴이나 실행 환경의 제약

컨테이너 기반 애플리케이션의 경우 '개별 애플리케이션을 컨테이너 이미지로 패키징하고 그것을 컨테이너 오케스트레이션으로 한 번에 배포한다'는 것이 가능하다. 서버리스 애플리케이션 전체를 배포하고자 할 때 동일한 방식을 제공해 주는 툴이 현재는 존재하지 않는다.

또한, FaaS 실행 환경에서 이용할 수 있는 리소스(CPU, 메모리, 실행 환경)도 매우 제한적이다. 따라서 기존 애플리케이션을 FaaS상에서 실행시키려면 리소스 이용 관점에서도 재설계를 해야 하는 경우가 많다. 게다가 서버리스 실행 환경에서 얻을 수 있는 로그나 메트릭스 정보도 컨테이너 기반에 비해 많은 제약이 있다. 특히, 서버리스 애플리케이션 전체를 일괄적으로 감시할 수 있는 감시 툴은 현재 많지 않다.

또한, 로컬에서 테스트가 제한되므로 원격 실행 환경에서 디버그해야 하지만, 이를 위한 툴 지원도 제공되기 시작한지 얼마 되지 않았다. 단, 툴이나 실행 환경에 대해서는 오픈소스를 포함해서 나날이 발전하고 있는 상태다.

벤더 종속(vendor lock-in)

서버리스 플랫폼을 선택하면 해당 플랫폼 고유의 프레임워크와 툴을 활용해서 개발하게 된다. FaaS의 함수 구현은 플랫폼마다 달라서 기본적인 호환성이 없다. 또한, 해당 플랫폼에서 이용할 수 있는 BaaS나 타 서비스도 어느 정도 제한돼 있다. 플랫폼을 나중에 변경해야 하는 경우 마이그레이션 비용과 운영 비용이 매우 커진다.

이것은 서버리스 특유의 제약이 아니라 플랫폼으로 퍼블릭 클라우드를 선택한 경우 항상 발생하는 문제다. 특히, 서버리스가 컨테이너 기술이나 쿠버네티스와 다른 점은 현시점에 서버리스와 관련된 '업계 표준이라 할 수 있는 사양'이 없다는 점이다. 애플리케이션을 컨테이너 기반으로 작성했다면 어느 클라우드 제공사의 쿠버네티스 서비스든(온프레미스의 쿠버네티스 환경에서도) 실행할 수 있지만, 서버리스는 아직 거기까지 표준화되지 못했다. 하나의 가능성으로 케이네이티브(Knative)[44]나 쿠베리스(Kubeless)[45]처럼 서버리스 플랫폼을 쿠버네티스상에서 실행하는 프레임워크가 표준이 된다면, 쿠버네티스가 가진 기본 장점을 활용하면서 서버리스의 제약도 줄일 수 있다.

5.4 배포 기술 비교와 정리

지금까지 컨테이너, 쿠버네티스, 서버리스를 중심으로 마이크로서비스를 지탱하는 플랫폼 기술을 소개했다. 서버리스는 '서버 관리를 필요로 하지 않는 애플리케이션을 구축해서 실행'하는 플랫폼이라고 설명했지만, '그러면 서버리스는 PaaS(Platform-as-a-Service)와 무엇이 다른가'라는 의문을 품을 수도 있다. 사실 PaaS도 그 기본적인 개념은 서버리스와 같으며, '사용자가 인프라 관리를 의식하지 않고 애플리케이션을 개발, 실행, 관리'하기 위한 플랫폼이다. 따라서 여기서는 PaaS와의 차이점을 포함해서 전체를 정리하고 이 장을 마무리짓도록 하겠다.

그림 5.20 서버리스, PaaS, 컨테이너 오케스트레이션

---

44 https://knative.dev/
45 https://kubeless.io/

그림 5.20은 서버리스(FaaS), PaaS, 컨테이너 오케스트레이션(CaaS, Container-as-a-Service)을 비즈니스 로직에 집중(세로축)과 인프라에 대한 관심과 제어(가로축)으로 도식화한 것이다.

서버리스에서는 비즈니스 로직에 집중할 수 있는 여력이 큰 반면, 컨테이너 오케스트레이션에서는 인프라를 가장 의식해야 한다. PaaS는 이 둘 사이에 위치하고 있다. 물론, 이것은 어느 한 가지 배포 방법이 우수하고 그것만 사용하면 된다는 의미가 아니다. 애플리케이션의 특성이나 처리 방식을 고려해서 배포 방법을 조합해, 적재적소에 적용하는 것이 중요하다.

컨테이너 오케스트레이션의 특징

쿠버네티스를 중심으로 한 컨테이너 오케스트레이션은 다음 세 가지에 최적인 플랫폼으로, 이 세 가지가 주요 장점이기도 하다.

- 인프라를 사용자 자신이 관리하고 싶은 경우
- 특정 제공사에 종속되는 것(벤더 종속)을 피하고 싶은 경우
- 이동성이나 애플리케이션 재사용성을 높이고 싶은 경우

반대로, 다음 사항이 단점이다.

- 보안 관리 및 인프라 운용(이미지 관리 포함)이 어느 정도 필요

PaaS의 특징

클라우드 파운드리나 히로쿠(Heroku) 등의 PaaS는 다음과 같은 장점이 있다.

- OS나 컨테이너 관리가 불필요
- 패키지화된 최적의 애플리케이션이 있으면 바로 배포 가능

또한, 운영 시작 후에도 플랫폼이 알아서 애플리케이션을 확장해 준다. 반대로 컨테이너 오케스트레이션과 비교해 다음과 같은 단점이 있다.

- 특정 클라우드 제공사에 종속
- 인프라를 정밀하게 관리하거나 제어할 수 없음

서버리스의 특징

서버리스는 다음과 같은 장점이 있다.

- 인프라 관리나 범용적인 서비스를 플랫폼에 위임하여 이벤트 주도 함수에 집중해서 애플리케이션을 개발할 수 있음
- 배포 후에도 코드가 실제로 실행되는 시간에만 과금됨

특히, 두 번째 장점은 다른 서비스와는 차별되는 고유의 특징이다. 반대로, 다음과 같은 단점이 있으며, 이후 해결해야 할 과제이기도 하다.

- 현재는 플랫폼이나 커뮤니티가 아직 성숙되지 않은 상태다.
- 기존 애플리케이션을 마이그레이션하려면 난이도가 높다.

기술 전반에 대한 이야기지만, 소프트웨어 배포 세계에서 만능 열쇠는 존재하지 않는다. 즉, 모든 것을 만족시키는 해결책은 없는 것이다. 다양한 환경이나 조건을 고려해서 최적의 플랫폼 또는 그 플랫폼들의 조합을 선택할 필요가 있다.[46]

---

46 옮긴이 개인적으로는 서버리스 함수가 어느 정도 수준의 애플리케이션(실시간이나 아주 빠른 성능을 요구하지 않는)에서는 사용하기 아주 편리한 방법이라고 생각한다. 사실, 대부분의 API가 하는 기능을 함수 기반으로 작성해서 요청/응답 엔드포인트만 만들어주면 끝이다. 심지어는 API 서비스 등을 잘 활용하면 인증 처리 등도 어느 정도 구현된 상태로 배포할 수 있다.

제6장

서비스 메시

6.1 서비스 메시의 필요성

마이크로서비스에서는 다수의 서비스를 상호 연계해서 하나의 시스템을 구성한다. 이런 시스템 구성에서는 무엇을 고려해야 할까? 서비스가 '상호 연계'된다고 하지만, 연계된 서비스에는 어떻게 도달하면 좋을까? 애당초 여러 개 있는 서비스는 어떻게 배포해야 하는 것일까? 특정 서비스에서 장애가 발생했을 때는 어떤 서비스까지 영향을 주는지 바로 파악할 방법은 있는 것일까?

다수의 서비스로 구성되는 마이크로서비스는 초분산 시스템이므로 서비스를 잘 관리하지 않으면 관리에 필요한 리소스가 커져서 파산할 수도 있다. 이런 이유로 사용되는 것이 서비스 메시(service mesh)로, 서비스를 최적화해서 관리하기 위한 방법이다. 이 장에서는 서비스 메시가 제공하는 기능과 장점에 대해 설명한다. 또한, 서비스 메시의 대표적인 소프트웨어도 소개한다.

6.1.1 마이크로서비스에서 서비스 접근하기

서비스 메시를 설명하기 전에 먼저 마이크로서비스에서 서비스에 접근할 때 발생하는 문제에 대해 살펴보도록 하겠다. 그림 6.1은 이 문제들을 정리한 것이다.

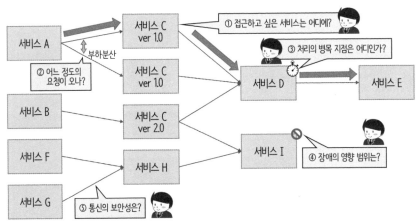

그림 6.1 **마이크로서비스에서 서비스에 접근할 때 발생하는 문제**

서비스의 단위

그림 6.1의 ①을 보자. 서비스 A는 서비스 C에 접근하고 있다. 서비스 A는 이 서비스 C의 IP 주소를 어떻게 아는 것일까?

5장에서 언급한 것처럼 마이크로서비스는 컨테이너나 서버리스처럼 런타임상에서 실행되는 경우가 많다. 이들 플랫폼상에서는 서비스 배포나 재시작 때마다 IP 주소가 변경되는 것이 일반적이다. 마이크로서비스의 장점 중 하나로 '서비스 단위로 기능을 변경하거나 운영할 수 있다'가 있지만, 이 장점을 누리기 위해서는 서비스가 항상 배포 및 재시작된다고 생각하는 것이 좋다. 따라서 서비스를 호출하는 쪽은 호출하고 싶은 서비스의 IP 주소를 항상 파악할 수 있는 구조가 필요하다.

또한, 서비스 A는 서비스 C의 버전 1.0을, 서비스는 B는 서비스 C의 버전 2.0을 사용하는 등, 같은 서비스라도 여러 버전을 운영하는 경우도 있다. 이런 때도 호출하는 쪽이 필요로 하는 버전에 도달하기 위한 구조가 필요하다. 즉, 서비스 호출자가 목표 서비스가 네트워크상 어디에 위치하는지 찾을 수 있도록 '서비스 검색'을 실현하는 것이 과제 중 하나다.

요청 트래픽

계속해서 그림 6.1의 ②를 살펴보자. 예를 들어 서비스 C가 인증 등 전사적 공통 서비스인 경우, 수많은 서비스가 서비스 C를 호출하게 된다. 이 때문에 서비스 C는 '어떤 서비스가 접속하고 있는지', '어느 정도의 요청이 오는지', '피크는 언제인지' 등 수신하는 요청이 어떤 특성을 가지고 있는지 파악하는 것이 어렵다. 따라서 요청을 상황에 따라 동적으로 부하분산할 수 있는 트래픽 제어가 필수다.

서비스의 상태

성능이나 장애 관점에서 과제는 없을까? 그림 6.1의 ③과 ④를 보자. 서비스 A가 서비스 C를 호출하고 다시 서비스 D, 서비스 E를 계속해서 호출한다. 만약 어떤 서비스에서 지연이나 장애가 발생한다면, 그 위치를 찾을 수 쉽게 찾을 수 있을까?

마이크로서비스에서 내부 구현은 각 서비스에 따라 최적인 방법을 채택할 수 있어서 다양한 프로그래밍 언어와 방법이 사용된다. 이 때문에 서비스 상태를 알기 위한 로직을 서비스에 구현하려고 하면 프로그래밍 언어별로 라이브러리를 준비해야 해서 비효율적이다. 또한, 서비스 구현에 제약을 받게 돼서 '가장 적합한 구현 방법을 채택한다'는 방침을 지키지 못하게 된다. 따라서 내부 구현에 의존하지 않고 서비스가 출력하는 정보로부터 서비스가 항상 실행되고 있고, 오류가 없다는 것을 판단해야만 한다. 서비스 출력을 통해 내부 상태를 파악할 수 있는 것을 **관찰 가능성**(observability)이라고 한다. 마이크로서비스를 구성하는 서비스는 이 관찰 가능성을 갖추는 것이 중요하다.

관찰 가능성은 서비스가 정상적으로 동작하는지 파악하기 위해 중요한 역할을 한다. 지연이나 장애가 발생한 경우의 영향에 대해서도 생각해 보자. 그림 6.2는 마이크로서비스의 장애 확산을 그림으로 그린 것이다.

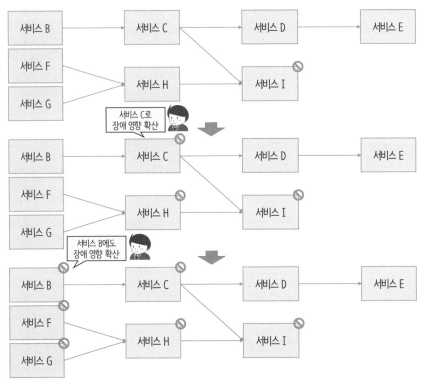

그림 6.2 **장애 영향의 확산**

서비스 I에서 오류가 발생했으므로 서비스 I를 호출하는 서비스 C나 H도 서비스 I의 응답을 사용할 수 없어서 오류가 발생한다. 또한, 서비스 C나 H를 호출하고 있는 서비스 B와 F, G도 오류가 발생한다. 이렇게 오류가 각 서비스에 연쇄적으로 영향을 끼친 결과, 시스템 전체가 중단된다.

원래라면 서비스 D나 E는 정상 동작하고 있으므로 예를 들어 서비스 B와 C 중에서도 서비스 D와 E를 사용하는 처리라면 계속 정상 동작해야 한다. 이렇게 특정 서비스에서 발생한 장애가 시스템 전체에 영향을 끼치는 것이 아니라 특정 처리로 영향이 제한되도록 하는 것이 중요하다. 이것을 장애의 분리(fault isolation)라고 한다.

보안

그림 6.1의 ⑤가 가리키고 있는 보안도 중요한 요소다. 접근자의 인증이나 통신로의 암호화 등, 보안 기능을 효율적으로 구현하는 구조도 필요하다.

마이크로서비스에서 고려해야 할 것

지금까지 본 마이크로서비스의 과제로부터 고려해야 할 사항을 다시 정리해 보겠다.

서비스 검색

호출할 서비스의 네트워크상 위치를 찾기 위한 구조다. 서비스가 배포되는 환경의 특성상 IP 주소가 동적으로 변경되는 경우가 많으므로 최신 IP 주소를 항상 파악할 필요가 있다. 또한, 서비스는 여러 버전을 가지고 있으므로 필요한 버전의 IP 주소를 알아야 한다.

트래픽 제어

요청 상황에 따라 동적인 부하분산을 실현하려면 네트워크 제어가 필요하다. 어떤 서비스에서 호출이 오는지 전체적으로 파악하는 것이 어려우므로 대량의 요청이 오더라도 시스템이 다운되지 않도록 제어해야 한다.

관찰 가능성

서비스 출력으로부터 해당 서비스가 정상 동작하고 있는지 내부 상태를 파악하는 구조다. 서비스들이 복잡하게 연계되므로 장애나 지연이 발생한 서비스를 빠르게 찾을 수 있어야 한다. 마이크로서비스의 서비스는 각각 최적의 구현 방법을 채택하고 있으므로 내부 구현에 의존하지 않고 내부 상태를 파악할 수 있어야 한다.

장애의 분리

특정 서비스에서 발생한 장애나 지연이 광범위하고 연쇄적인 영향을 끼치지 않도록 장애 영향 범위를 제한할 필요가 있다.

보안

요청이 여러 서비스를 거쳐서 오므로 요청을 보내는 서비스의 인증(허가) 및 통신로의 암호화가 중요하다.

이런 요소들을 효율적으로 해결하기 위해서 마이크로서비스에서는 서비스 메시라고 하는 개념을 도입하는 경우가 많다. 다음 절에서는 서비스 메시가 무엇인지 알아보겠다.

6.2 서비스 메시란?

서비스 간 상호 통신이 그림 6.3처럼 그물 형태, 즉 메시(mesh)형으로 연결돼 있어서 마이크로서비스의 서비스 간 통신을 관리하는 구조를 서비스 메시라고 한다.

그림 6.4처럼 서비스 간 모든 통신이 통과하는 계층으로 서비스에 부속되는 경량 프록시를 둔다. 그리고 이 프록시가 서비스 검색이나 트래픽 제어, 관찰 가능성, 장애의 분리, 보안 등을 관리하는 기능을 하는 것이다.

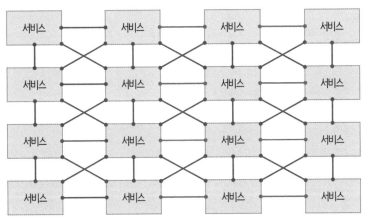

그림 6.3 그물 형태로 연결되는 서비스

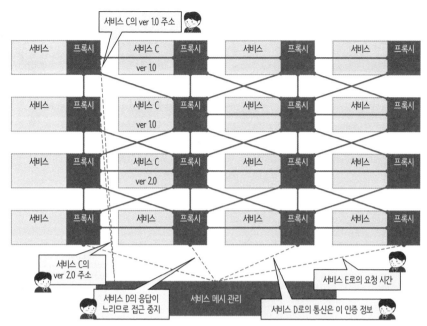

그림 6.4 서비스 메시의 개념도

그림 6.5에서 좀 더 자세한 서비스 메시 구성을 보여 주고 있다. 서비스 메시는 제어 플레인과 데이터 플레인이라는 두 가지 컴포넌트로 구성된다. 제어 플레인(control plane)은 서비스 메시를 관리하는 것으로, 서비스 검색 등의 관리에 필요한 정보를 보관하거나 구성 변경 등의 관리 명령을 내린다. 데이터 플레인(data plane)은 제어 플레인이 내린 지시를 받아서 서비스 통신을 제어하거나 관리에 필요한 정보를 제어 플레인에 전송한다.

데이터 플레인은 서비스 구현 시에 내장되는 것이 아니라 '사이드카 패턴'이라고 하는 방법으로, 각 서비스에 부속되는 형태다. 사이드카 패턴(sidecar pattern)은 보조적인 기능을 서비스와 분리해서 별도의 컴포넌트로 배포하는 분산 시스템의 설계 패턴 중 하나다.

서비스와 보조 기능은 네트워크나 디스크 등의 필요한 정보를 공유한다. 서비스는 비즈니스 로직에 전념하고, 보조 기능은 운영 등의 지원에 전념하게 하므로, 전체적으로 서비스 운영에 필요한 기능을 모두 갖추는 것이다.

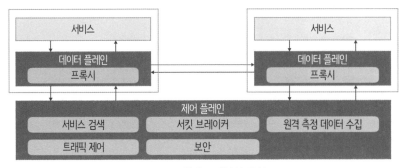

그림 6.5 서비스 메시의 구성

서비스 메시에서는 사이드카로 프록시를 사용하므로 구현 언어에 의존하지 않고 서비스와 관련된 모든 통신을 제어할 수 있다. 즉, 서비스 메시를 실현하기 위해서 서비스를 변경하지 않아도 되며, 서비스 개발팀은 비즈니스 로직 개발에 전념할 수 있게 되는 것이다.

제어 플레인은 프록시를 제어하므로 서비스와 관련된 통신을 제어해서 마이크로서비스를 관리한다. 마이크로서비스를 구성하는 서비스는 항상 변한다. 따라서 사이드카로 사용하는 프록시도 마이크로서비스 구성이 변하면 설정을 변경해 주어야 하므로, API로 제어할 수 있는 프록시 구현이 필요하다(그림 6.6).

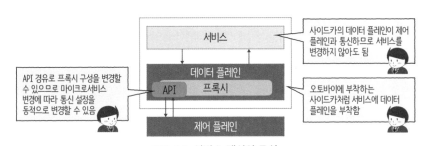

그림 6.6 서비스 메시의 구성

6.3 서비스 메시로 할 수 있는 것

지금까지 서비스 메시의 개요와 구성에 대해 살펴보았다. 서비스 메시를 사용하면 무엇을 할 수 있는지 좀 더 자세히 보도록 하겠다. 다음은 서비스 메시를 사용해서 마이크로서비스를 관리할 때 대표적인 것이다. 각 항목에 대해 자세히 살펴보도록 하겠다.

- 서비스 검색과 부하분산
- 트래픽 제어
- 서킷 브레이커
- 분산 추적을 위한 원격 측정 데이터 수집
- 보안

6.3.1 서비스 검색과 부하분산

이미 다뤘지만 **서비스 검색**은 호출할 서비스의 네트워크상 위치를 찾는 것이다. 그림 6.7은 서비스 메시를 사용한 서비스 검색 구현 방법을 보여 주고 있다.

각 서비스가 배포나 재시작에 의해 IP 주소가 변경되면 제어 플레인이 그것을 감지한다. 감지 방법 중 하나는 데이터 플레인이 제어 플레인에게 IP 주소를 통지하는 것이다. 서비스에 접근하는 쪽의 데이터 플레인은 제어 플레인에서 접근할 위치 정보를 입수한다. 또한, 데이터 플레인은 부하분산 방침(policy)도 함께 수신해서 각 방침에 맞는 방법으로 서비스 접근을 분산한다.

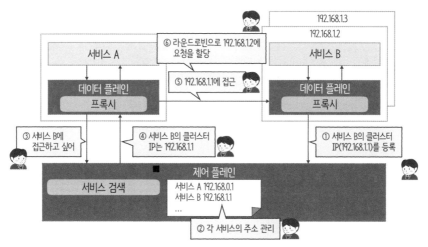

그림 6.7 **서비스 검색과 부하분산**

6.3.2 트래픽 제어

트래픽 제어는 서비스에 접속을 할당하기 위한 설정을 변경하거나 서비스가 반환하는 값을 변경하는 등 서비스 간 통신을 제어하는 구조다. 다음은 트래픽 제어의 대표적인 예다.

- 트래픽 분할
- 조건에 따른 트래픽 분리
- 장애 주입

트래픽 분할, 조건에 따른 트래픽 분리

트래픽 분할(traffic splitting)은 서비스로 가는 요청 중 10%를 버전 2에, 나머지 90%를 버전 1에 할당하는 등 요청 접속 위치를 특정 비율로 나누는 것이다(그림 6.8).

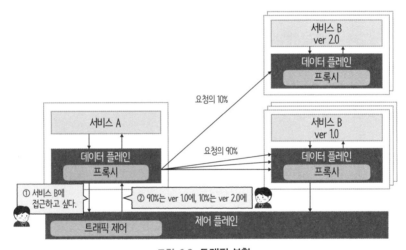

그림 6.8 트래픽 분할

반면 조건에 따른 트래픽 분리(traffic steering)는, 예를 들어 쿠키에 포함된 사용자 ID가 테스트용 ID라면 버전 2로 할당하고 그 이외는 버전 1에 할당하는 것처럼 요청 내용 관련 조건을 설정해서 접근 위치를 변경하는 것이다(그림 6.9).

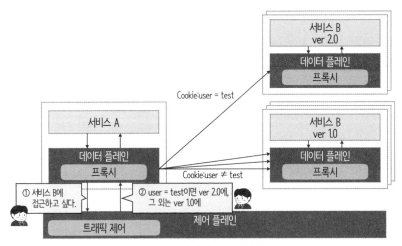

그림 6.9 조건에 따른 트래픽 분리

트래픽 분할이나 분리는 카나리 릴리스나 A/B 테스트에 활용할 수 있다. 카나리 릴리스 (canary release)는 새로운 버전을 릴리스할 때 새 버전에 접속하는 사용자 비율을 제한해 서 혹 문제가 발생해도 사용자에게 파급되는 영향을 줄여 주는 릴리스 방법이다. 릴리 스할 때 신/구 버전을 동시에 운영하면서 먼저 테스트 사용자에게만 신 버전을 공개하 고, 다음으로 10%, 20%로 사용자 비율을 점차 늘려 나간다.

A/B 테스트는 기능 추가나 개선에 여러 안이 있는 경우, 여러 안을 릴리스해서 어떤 안 이 가장 효과가 높은지 측정하는 테스트하는 기법이다. 사용자를 반으로 나누어 버전 A와 B에 할당하거나 특정 속성을 지닌 사용자만 버전 B에 할당해서 각 버전의 사용법 이나 효과 등의 피드백을 얻을 수 있다.

장애 주입

장애 주입(fault injection)은 특정 서비스 접근 시에 대해 응답이 돌아오기까지 일정 시간 의 지연을 일부러 발생시키거나 반드시 HTTP 상태 코드가 500번대 오류를 반환하게 하는 등 장애 상태를 만들어내는 구조다(그림 6.10). 마이크로서비스 테스트에서는 서비 스 간 통신 장애 테스트가 중요하지만, 장애 상태를 발생시키는 것이 어려운 경우가 많 다. 이런 장애 주입을 사용하면 장애 상태를 만들 수 있어서 효과적으로 테스트할 수 있다.

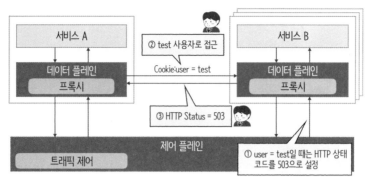

그림 6.10 **장애 주입**

6.3.3 서킷 브레이커

서킷 브레이커(circuit braker)는 특정 서비스에 장애가 발생했을 때 영향 범위를 가능한한 최소화하기 위한 구조다.[47] 그림 6.2에 있는 것처럼 특정 서비스에 장애가 발생하면 해당 서비스를 호출하는 서비스도 장애가 발생하며, 또한 그 서비스를 호출하는 서비스도 장애가 발생해서 결국 시스템 전체에 영향을 주게 된다.

장애 종류에 따라서는 서비스를 호출하는 측에 오류가 바로 전달되지 않으며, 타임아웃까지 기다려야 하는 경우도 있다. 이렇게 타임아웃을 기다리는 것이 연쇄적으로 발생하면 시스템 전체가 느려질 수도 있다. 그래서 장애 발생을 감지하면 일정 시간은 장애가 발생한 서비스 접근을 절단하고, 오류를 바로 반환하도록 한다. 이렇게 하면 타임아웃 대기를 배제해서 시스템 전체 지연을 방지할 수 있다. 또한, 서비스가 회복된 것을 감지하면 해당 서비스 접근을 원래대로 재개한다(그림 6.11).

47　서킷 브레이커는 전기 회로에 이상 전류가 감지되면 자동으로 전기를 차단하는 장치 이름이다.

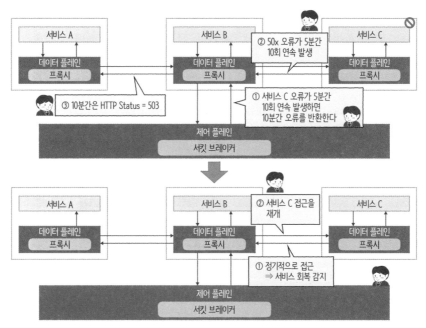

그림 6.11 **서킷 브레이커**

6.3.4 분산 추적을 위한 원격 측정 데이터 수집

분산 추적(distributed tracing)은 하나의 요청이 여러 서비스에서 사용될 때 호출되는 순서나 각 서비스에서의 처리 시간 등 요청을 추적하는 구조다.

서비스 단위로 로그를 취득해서 언제, 어느 정도의 요청이 발생했는지 알려주는 시스템은 많다. 하지만 마이크로서비스 같은 분산 시스템에서는 하나의 서비스에서만 처리가 완료되는 것이 아니라 여러 서비스를 함께 사용하게 된다. 이런 경우 각 서비스에서 취득한 로그만으로는 전체 처리 흐름을 파악할 수가 없다. 특정 서비스 A에서 처음 처리한 요청이 서비스 B에서는 두 번째로 처리한 요청이 될 수도 있다. 이때 서비스 A의 첫번째 요청과 서비스 B의 두 번째 요청 로그를 연결해서 전체를 파악하면 된다. 이렇게 요청을 연결하는 구조를 분산 추적이라고 한다.

그림 6.12는 이스티오(Istio)라는 서비스 메시에서 수집한 로그[원격 측정 데이터(telemetry data)][48]를 재거(Jaeger)라는 가시화 툴로 가시화한 예다. 이 예에서는 '7 Traces'라고 표시 돼 있으므로(그림 6.12 ①), 최근 1시간 동안 productpage에 7회 접근한 것을 알 수 있다. 또한, 위에서 세 번째에 있는 접근에서 415밀리초가 걸린 것을 알 수 있다(그림 6.12 ②). 415밀리초 내역을 알기 위해서 범위를 좁혀보면 productpage로부터 details나 reviews 가 호출되고 있다는 것과(그림 6.12 ③), reviews 처리 시간이 약 250밀리초라는 것을 알 수 있다(그림 6.12 ④).

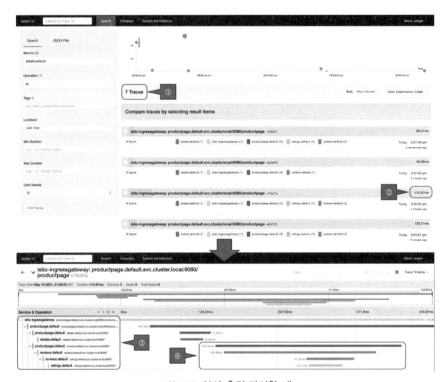

그림 6.12 **분사 추적 가시화 예**

---

48 원격 측정 데이터는 이벤트, 로그, 메트릭스, 트레이스 등 정기적으로 생성되는 데이터다. 자세한 내용은 이번 장 마지 막의 칼럼을 참조하자.

이 예처럼 서비스 메시 구현에서는 원격 측정 데이터 수집 기능만 제공하고, 추적 가시화 프로바이더라고 하는 원격 측정 데이터 가시화 툴을 별도로 연동하는 경우가 많다. 추적 가시화 프로바이더에는 집킨(Zipkin)[49]이나 재거[50] 같은 오픈소스 소프트웨어가 유명하다.

서비스 메시의 원격 측정 데이터 수집 흐름을 보여 주는 것이 그림 6.13이다. 여러 서비스에 걸쳐 있는 요청을 연결하기 위해서 데이터 플레인은 요청을 식별하기 위한 요청 ID를 부여한다. 또한, 데이터 플레인은 요청을 받은 시간이나 응답을 반환하기까지 걸린 시간, 오류의 유무 등, 요청 ID와 함께 제어 플레인에 원격 측정 데이터를 전송한다. 이 요청 ID를 전체 처리에 지속적으로 사용하면 제어 플레인에서 수집된 방대한 원격 측정 데이터에서 일련의 처리와 연계된 데이터를 추출해서 가시화할 수 있다.

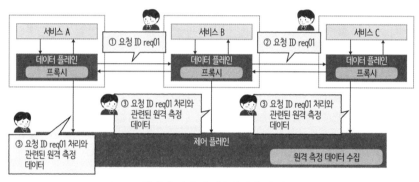

그림 6.13 분산 추적에 필요한 원격 측정 데이터 수집

이 원격 측정 데이터 수집에서는 관찰 가능성을 이용하고 있다. 각 서비스 구현을 수정하지 않고 서비스가 출력한 응답이나 로그로부터 서비스 상태를 파악하고, 데이터 플레인이 요청 ID를 할당해서 전체 처리 상태를 파악할 수 있다.

49   https://zipkin.io/
50   https://www.jaegertracing.io/

6.3.5 보안

서비스 메시는 서비스가 다른 서비스를 호출할 때 인증 및 허가나 안전한 통신을 효율적으로 관리하는 보안 기능도 제공한다. 제어 플레인은 데이터 플레인에 인증 및 허가 방침을 배포한다. 또한, 서비스를 호출하는 측(클라이언트에 해당)과 호출되는 측(서버에 해당)이 상호 TLS 인증을 실현할 수 있도록 전자 증서를 발행하고 관리한다(그림 6.14).

각 서비스가 독자 인증서를 이용한 경우, 해당 인증서가 신뢰할 수 있는 것으로 처리하기 위해서는 관리가 필요하며, 서비스 메시에서는 이를 일괄적으로 관리하므로 서비스가 늘어도 효율적으로 관리할 수 있다.

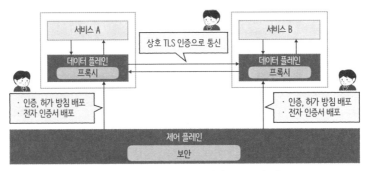

그림 6.14 상호 TLS 인증을 통한 서비스 간 인증

6.4 서비스 메시의 소프트웨어 예

마지막으로 서비스 메시의 대표적인 소프트웨어를 소개하도록 하겠다. 여기서는 이스티오(Istio)와 링커드(Linkerd), 컨설(Consul) 등 세 가지를 소개한다. 다른 소프트웨어에도 관심이 있다면 서비스 메시를 비교한 웹사이트(Service Mesh Comparison)[51]를 참고하면 된다.

---

51 https://servicemesh.es/

6.4.1 이스티오

이스티오(Istio)[52]는 구글, IBM, 리프트(Lyft)가 개발한 것으로 2017년 5월에 처음 버전 0.1이 공개됐으며, 현재도 오픈소스 프로젝트로 개발이 진행되고 있다. 이스티오를 도입한 클라우드 서비스나 제품도 많이 발표되고 있으며, 30여 개의 기업이 파트너로서 프로젝트를 지원하고 있다.[53]

그림 6.15는 이스티오의 아키텍처다. 이스티오에서는 제어 플레인으로 istiod가, 데이터 플레인으로 엔보이가 사용된다. 참고로 엔보이(envoy)[54]는 이스티오 프로젝트가 아니라 리프트사가 개발해서 오픈소스로 공개한 프록시 소프트웨어다.

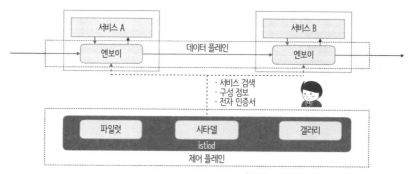

출처 : https://istio.io/latest/docs/ops/deployment/architecture/

그림 6.15 이스티오의 아키텍처

제어 플레인인 istiod는 크게 파일럿(pilot), 시타델(citadel), 갤러리(gallery)로 구성된다. 이세 가지 기능은 원래 독립된 컴포넌트로 운영되고 있었지만, 2020년 3월에 릴리스된 버전 1.5부터 istiod라는 하나의 프로세스로 운영되고 있다.[55] 또한, 믹서(mixer)라는 원격 측정 데이터를 수집하는 기능이 있었지만, 엔보이의 확장 기능을 사용하도록 변경되면서 비추천 기능이 됐다. 파일럿, 시타델, 갤러리의 역할은 다음과 같다.

---

52 https://istio.io/

53 https://istio.io/latest/about/ecosystem/(또는 https://bit.ly/3vydR6N)

54 https://www.envoyproxy.io/

55 https://istio.io/latest/blog/2020/istiod/(또는 https://bit.ly/3JWNZG6)

파일럿(pilot)

엔보이와 연계해서 서비스 검색과 트래픽 제어를 담당한다.

시타델(citadel)

인증처로서 비밀 키 관리나 인증서 발생을 담당한다.

갤러리(gallery)

이스티오 설정을 관리한다.

6.4.2 링커드

링커드(Linkerd)[56]는 부오얀트(Buoyant)사가 개발했고 오픈소스 프로젝트로 공개돼 있는 서비스 메시 소프트웨어다. CNCF(Cloud Native Computing Foundation)의 프로젝트 중 하나이기도 하다. 2016년 1월에 버전 0.0.7이 공개됐으며, 2017년 4월에 이미 버전 1.0.0 이 릴리스되는 등, 긴 역사를 지니고 있어 금융 기관을 시작으로 많은 기업의 상용 서비스로 채택되고 있다.

트위터(Twitter)에서 근무했던 기술자가 부오얀트를 설립했으며, 트위터에서 경험한 대규모 서버 운영의 노하우를 바탕으로 링커드를 개발했다고 한다. 이런 배경으로 버전 1은 '트위터 스택'이라고 불리는 피네이글(Finagle), 네티(Netty), 스칼라(Scala), JVM으로 구성돼 있다. 또한, 쿠버네티스뿐만 아니라 AWS의 ECS나 도커, 자바 8이 실행되는 서버상에서도 동작하는 등, 다양한 실행 환경을 지원하는 것도 특징 중 하나다.

마이크로서비스의 대규모 환경을 고려해서 성능을 향상시키려 했고 '트위터 스택'을 버리고 고(Go) 언어와 러스트(Rust) 언어를 사용해 전부 재작성한 버전 2가 2018년 9월에 릴리스됐다. 이 버전은 쿠버네티스에서만 실행된다. 또한, 프록시 구현은 콘딧(Conduit) 이라는 명칭으로 별도 릴리스된 적이 있지만, 링커드 2.0으로 통합됐다. 현재는 버전 1 과 2의 개발이 지속적으로 진행 중이다.

---

[56] https://linkerd.io/

그림 6.16은 링커드 2.0의 아키텍처다. 제어 플레인인 컨트롤러와 데이터 플레인인 linkerd-proxy로 구성된다. 또한, 메트릭스 수집은 프로메테우스(Prometheus),[57] 대시보드는 그라파나(Grafana)[58]를 사용해서 링커드 프로젝트 외의 오픈소스 소프트웨어도 활용하고 있다.

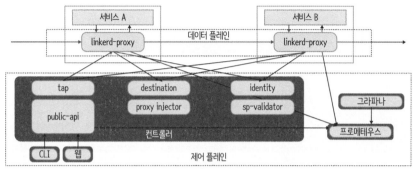

출처: https://linkerd.io/2.11/reference/architecture/(또는 https://bit.ly/3te0yUG)

그림 6.16 링커드 2.0의 아키텍처 스타일

컨트롤러의 주요 컴포넌트와 역할은 다음과 같다.

destination

각 프록시가 요청의 목적지 네트워크 정보를 얻기 위해 참조한다. 또한, 목적지에 배포할 때 재시도 횟수나 타임아웃 등의 정보를 얻을 때도 참조한다.

identity

인증처로서 각 프록시에 인증서를 발행한다.

proxy injector

실행 환경인 쿠버네티스상에서 새로운 포드가 작성되면, 웹후크로부터 알림을 받아서 프록시를 사이드카로 실행한다.

---

57   https://prometheus.io/

58   https://grafana.com/

sp-validator

서비스 프로파일(링커드 구성 정보)을 저장하기 전에 타당성을 검증한다.

tap

명령줄과 웹의 각 인터페이스에서 요청과 응답을 실시간으로 감시한다.

6.4.3 컨설

컨설(Consul)[59]은 해시코프(HashiCorp)사가 개발한 클러스터 관리 소프트웨어로 서비스 검색이나 원격 측정 데이터 수집 등 서비스 메시 기능도 제공한다. 2014년 4월에 버전 0.1.0이 공개됐으며, 2017년 10월에 버전 1.0이 릴리스됐다. 2018년에 릴리스된 버전 1.2 에서는 컨설 커넥트(Consul connect)라는 기능이 구현돼서 서비스 메시라는 용어도 컨설 의 문서에서 사용되기 시작했다.

그림 6.17은 컨설의 아키텍처다. 클러스터 구성 정보나 상태를 관리하는 서버와, 서비스 가 실행되고 있는 노드에 컨설의 구성 방침을 적용하거나 노드 상태를 감시하는 클라이 언트로 구성된다(서버-클라이언트 구성이다). 또한 서비스에 사이드카로 컨설 커넥트를 운 영하며, 데이터 플레인 역할을 한다. 이 컨설 커넥트와 함께 사용할 프록시 구현으로는 컨설 독자 구현 또는 엔보이, 사용자가 선택한 커스텀 구성 중 하나를 선택할 수 있다.

컨설은 서버와 클라이언트를 운영 환경의 각 노드에 도입하는 타입으로, 가상 서버나 쿠버네티스 클러스터 등 여러 실행 환경을 선택하거나 함께 사용할 수 있는 것이 특징 이다. 또한, 서로 떨어져 있는 데이터 센터처럼 네트워크 대역을 충분히 확보할 수 없는 클러스터 사이에도 상호 접속을 통해 관리할 수 있다.

---

59 https://www.consul.io/

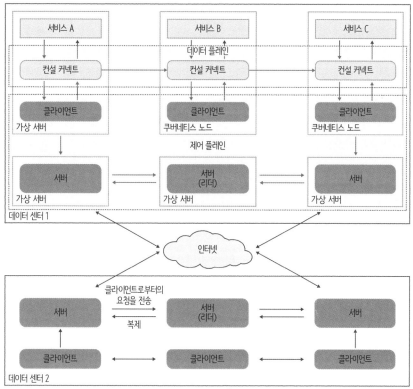

출처: https://www.consul.io/docs/architecture(https://bit.ly/35cFCY7)
https://docs.microsoft.com/ko-kr/azure/aks/servicemesh-about

그림 6.17 **컨설의 아키텍처 스타일**

지은이 COLUMN **서비스 메시 인터페이스**

서비스 메시 소프트웨어를 몇 가지 소개했지만, 이외에도 다양한 소프트웨어가 공개되어 있다. 선택지가 늘어서 마이크로서비스 관리를 위해 서비스 메시를 쉽게 사용할 수 있게 됐지만, 그만큼 새로운 문제도 발생하고 있다. 그것은 서비스 메시 구현마다 다른 API나 기능을 제공하고 있어서, 효율적인 운영을 위해서 해당 메시 구현에 의존하도록 애플리케이션을 만들어야 한다. 이스티오라면 이스티오용 애플리케이션을, 링커드라면 링커드용으로 만들거나 이스티오와 링커드 API를 사용하도록 변경해야 하는 등 운영 효율성이 떨어지게 된다.

그래서 2019년 5월에 마이크로소프트와 링커드, 해시코프 등을 중심으로 여러 기업이 참여한 **서비스 메시 인터페이스**(Service Mesh Interface, 이하 **SMI**)[60]라고 하는 표준화 진행을 발표했다. SMI에서는 쿠버네티스상에서 실행된다는 것을 전제로 다음 네 가지 사양을 정하고 있다.

트래픽 접근 제어(traffic access control)
허가된 사용자나 서비스만 접근할 수 있도록 접근 제어를 정의하는 사양

트래픽 분할(traffic split)
요청을 일정 비율로 복수의 서비스로 분할하는 트래픽 분할을 정의하는 사양

트래픽 사양(traffic specs)
HTTP/1이나 HTTP/2의 패스 정의나 HTTP 헤더 필터 정의 등, 프로토콜 수준에서 통신을 제어하기 위한 쿠버네티스 리소스 정의 관련 사양

트래픽 메트릭스(traffic metrics)
오류율이나 서비스 간 통신 지연 등, 주요 메트릭스를 취득하기 위한 사양

지은이 COLUMN　원격 측정 데이터

원격 측정의 원래 기원은 위성이나 로켓 등의 우주 개발이나 스마트 미터를 사용한 가스나 전기 사용량 측정 등, 원거리에서 대상 기기의 상태를 관측하는 '원격 측정법'이라는 기법에서 온 것이다. IT 시스템에서는 시스템에 이상이 발생하지 않는지, 고장을 미연에 방지할 수 없는지, 시스템이나 애플리케이션의 개선이나 향상 기준은 무엇인지 등을 분석하기 위해서 IT 시스템의 상태를 관측하는 것이다. 이때 수집하는 데이터를 **원격 측정 데이터**(telemetry data)라고 하며, 구체적으로는 다음과 같은 데이터를 수집한다.

이벤트
'아침 9시에 어떤 처리를 했고 지시를 받아서 어떻게 했다'처럼 특정 시간에 발생한 개별 요청이나 액션을 기록한 것이 **이벤트**(event)다. 문제가 발생했을 때 시발점이 무엇인지 분석할 때 사용할 수 있다.

메트릭스
CPU나 메모리, 디스크 등의 서버 사용률이나 초당 요청 수, 일정 시간 내의 합계나 평균을 집계한 데이터가 **메트릭스**(metrics)다. 시간당 건 수나 퍼센티지 등의 수치로 측정할 수 있

60　https://smi-spec.io

는 것이라 생각하면 된다. 이벤트는 개별 요청이나 액션의 기록이므로 데이터양이 많아지지만, 메트릭스는 집계 후 데이터이므로 이벤트보다 데이터양이 적다는 장점이 있다. 또한, 특정 시간대에 요청이 집중되는지 등의 이용 상태나 경향을 파악하기 쉽다.

로그

애플리케이션이나 플랫폼이 출력하는 오류나 경고 등의 텍스트 메시지가 **로그**(log)다. 프로그램 코드의 몇 번 행에서 오류가 발생했는지, 그리고 그때의 오류 종류는 무엇인지 등의 상세 정보를 출력할 수 있으므로 문제 해결에 도움이 된다.

트레이스

여러 서비스에 걸쳐서 요청이 처리되는 경우 어떤 순서로 서비스가 호출되는지, 각 서비스에서 어떻게 처리돼서 어떻게 다른 서비스로 연결되는지 등을 파악할 수 있게 해주는 것이 **트레이스**(trace)다. 복잡하게 연계된 서비스 내에서 문제가 발생한 위치를 찾을 때 도움이 된다.

이 원격 측정 데이터를 모두 기록하는 메트릭스의 집계 간격은 주의해서 설정해야 한다. 집계 간격을 '1초 단위'로 하면, 원격 측정 데이터양이 순식간에 방대해져서 보관하는 데이터베이스나 저장소가 넘칠 수 있다. 또한, 데이터양이 많아서 가시화 및 참조 데이터 검색 시에 시간이 오래 걸린다. 따라서 수집할 데이터를 제한하거나, 집계 간격을 길게 해서 데이터양을 줄일 필요가 있다.

반면, 데이터양을 너무 줄이면 문제가 발생하거나 개선 작업을 계획할 때 필요한 데이터를 찾지 못할 수도 있다. 데이터양을 줄이면서 문제 판별이나 개선 계획에도 활용할 수 있는 정도로 최적화할 수 있는지는 엔지니어의 능력에 달렸기도 하다.

제 7 장

마이크로서비스의 개발과 운영

이 장에서는 마이크로서비스 기반의 클라우드 네이티브 애플리케이션을 개발하고 운영할 때 도움이 될 기법이나 툴을 소개한다. 본 주제로 들어가기에 앞서 애플리케이션 개발과 운영 관점에서 마이크로서비스 적용의 장점과 과제를 확인하고 넘어가겠다.

7.1 마이크로서비스의 개발과 운영

7.1.1 마이크로서비스 개발과 운영의 장점과 고려 사항

2장에서 다룬 것처럼 마이크로서비스는 대규모이면서 복잡한 시스템 개발, 운영에 적합하다. 마이크로서비스 적용 시스템을 성공으로 이끌려면 마이크로서비스가 대규모 시스템에 적합한 이유를 이해하고 있어야 한다. 그래서 대규모 시스템에서 접할 수 있는 전형적인 문제점과 마이크로서비스 적용의 장점을 설명하겠다.

대규모 분산 시스템의 과제

일반적으로 대규모 분산 시스템을 개발하면 다음과 같은 문제에 직면하게 된다.

① 코드 해석 툴이 있지만 객체 간 의존 관계 파악이 어려워져서 서비스 및 시스템 전체 구조를 파악하기 어렵다.

② 새로운 기능을 추가하거나 변경해서 릴리스할 때 버그를 발견하면 해당 부분을 수정할 때까지 전체 릴리스를 중지해야 한다. 또한, 해당 수정에 의한 의존 관계를 엄격하게 확인해야 해서 개발에 부담이 된다.

③ 상기 이유로 개발자가 배포 시에 자신감을 잃게 되며, 다수의 관계자들에게도 부담을 준다. 의존 관계가 크므로 개발팀 간의 커뮤니케이션 관계적 측면에서도 문제가 된다.

④ 규모가 커질수록 전체 빌드나 결합에 많은 시간이 걸린다.

⑤ 시간이 많이 걸린 아티팩트(artifact, 성과물)는 많은 공간을 요구하게 되고, 이것이 원인이 돼서 다른 환경으로의 이식성(portability)이 떨어질 수도 있다. 컨테이너라면 그 장점인 이식성에 영향을 줄 가능성도 있다. 또한, PaaS 서비스에 따라서는 큰 아티팩트를 사용할 수 없는 경우도 있어서 어쩔 수 없이 가상 머신을 사용해야 하는 등 서비스 선택의 폭이 줄어든다.

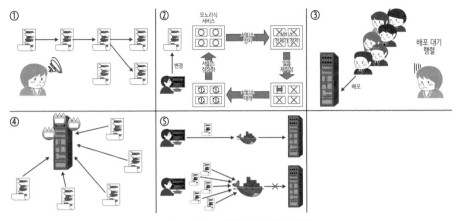

그림 7.1 **대규모 분산 시스템의 과제**

대규모 분산 시스템을 마이크로서비스로 구성한 경우의 장점

대규모이면서 복잡한 분산 시스템을 마이크로서비스로 개발하면 다음과 같은 장점을 누릴 수 있다(그림 7.2).

① 마이크로서비스 방식에서는 서비스 단위로 배포할 수 있어서 버그 수정이나 기능 릴리스가 쉽다.

② DDD(도메인 주도 개발) 설계를 활용하므로 책임 범위(boundary context)나 서비스 간 의존 관계를 명시적으로 나눌 수 있다.

③ 각 서비스의 규모가 작아져서 구축, 테스트, 배포까지 적은 인원으로 개발하기 쉽다.

④ 각 서비스의 담당 범위에서 책임 권한이 확실하다면 자유롭게 개발해서 배포를 진행할 수 있다. 여기서 자유라는 것은 기술 스택 전반을 의미한다. 예를 들어 팀의 기술 수준이나 언어, 프레임워크의 성숙도에 따라 개발을 진행할 수 있다. 또한, 기계 학습 모델의 실행 API은 파이썬(Python)으로 작성하고 다른 부분은 고(Go)나 자바로 작성할 수도 있다. 즉, 서비스에 최적인 기술을 선택할 수 있는 것이다.

⑤ 서킷 브레이커 등을 구현해 두면 설령 장애가 발생해도 사용자에게 파급되는 장애 영향을 국소화할 수 있다. 약한 결합은 물론 장애를 전제로 설계하는 것은 마이크로서비스를 구현하는 데 있어 중요한 요소다.

⑥ 자신이 담당하고 있는 서비스가 다른 사람이 담당하고 있는 서비스에 주는 영향을 줄일 수 있다. 이것도 약한 결합이 주는 장점이다. 예를 들어 릴리스한 자신의 서비스가 서비스 전체에 영향을 주고 있다면, 즉시 분리시켜서 원상태로 되돌릴 수 있다.

⑦ 상기 이유로 개발자는 자신감을 갖고 배포할 수 있으며, 크기도 작아서 쉽게 분리시킬 수 있다.

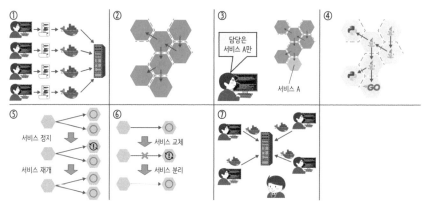

그림 7.2 **대규모 분산 시스템을 마이크로서비스로 구성한 경우의 장점**

대규모 분산 시스템을 마이크로서비스로 구성한 경우의 주의점

대규모 분산 시스템을 마이크로서비스로 구성한 경우에는 다음과 같은 점을 주의해야 한다(그림 7.3).

① 각 마이크로서비스 자체는 단순하지만 시스템 전체적으로는 동적 부품이 늘어나므로 전체를 파악하기 어려워진다.

② 서비스가 나누어지므로 서비스 간 통신 구현이 필요하다. 또한, 서비스 간 통신이 늘어나면 네트워크 폭주나 대기 시간이 발생할 수 있다.

③ 타 서비스에 의존하는 마이크로서비스를 작성하는 경우, 모노리스이지만 계층화 아키텍처에서 고려해야 하는 것과는 다른 접근법이 필요하다. 예를 들어 여러 서비스 간 의존 관계를 정의해서 리팩터링하는 것이 어려워진다. 특히 서비스 개선이 빨라진 경우에는 동일한 독자 함수와 라이브러리를 사용하고 있는 서비스 간 의존 관계(독자 함수, 라이브러리 버전 등)를 유지하는 것이 어렵다.

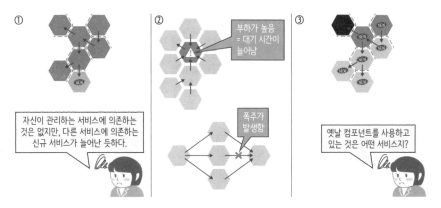

그림 7.3 대규모 분산 시스템을 마이크로서비스로 구성한 경우의 주의점

7.2 마이크로서비스의 개발과 운영에 필요한 모범 사례

7.2.1 데브옵스

지금은 데브옵스라는 용어를 다양한 미디어의 다양한 문맥에서 접할 수 있다. 데브옵스(DevOps)란, 개발(Development)과 운영(Operations)을 합친 용어다. 그림 7.4에 있는 것처럼 Dev 담당, Ops 담당, 그리고 마케팅이나 영업 부분 등의 사업 담당이 지속적 통합과 지속적 배포, 그리고 피드백을 반복하면서 서비스 및 제품의 품질을 높여가는 방법론이다.

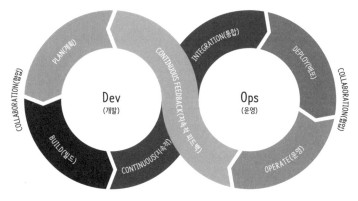

그림 7.4 데브옵스

데브옵스를 가장 먼저 언급한 것은 '10+ Deploys Per Day: Dev and Ops Cooperation at Flickr'라는 발표였다. 당시에는 1일 10회 배포하거나 그것을 어떻게 실현한 것인지에 집중했지만, 이후 그 본질이 데브 담당, 옵스 담당의 협력이라는 형태로 퍼졌다. 이 발표가 있었던 2009년 이후, 데브옵스를 성공적으로 이끌기 위한 우수한 사례들이 축적됐다. 2009년 당시는 온프레미스 데이터 센터에 설치된 서버 하드웨어가 인프라의 주요 선택지였지만, 지금은 클라우드가 유력한 IT 인프라로 진화, 성장했다. 클라우드 서비스에서 제공하는 API를 사용해서 구축, 운영, 감시하는 것이 당연한 시대가 되고 있다.

단순히 데브옵스라고 하면 개발 및 운영에 대한 사례나 툴, 기법 등을 떠올리기 쉽지만, 사실은 가장 효과적인 데브옵스를 실천하기 위해서는 조직 및 팀마다 성숙한 문화를 가지고 있어야 한다. 문화의 성숙에 대해서는 목표와 주요 성과(Objectives and Key Results, OKR), 주요 업무 성과 지표(Key Performance Indicator, KPI), 주요 목표 달성 지표(Key Goal Indicator, KGI) 등을 정하고 이를 기준으로 팀 목표, 개인 목표를 정해서 개발팀과 운영팀, 또는 제품팀이 협력해서 서비스나 제품 품질을 높이고 성공한 경험을 많이 쌓는 것이 중요하다. 특히 마이크로서비스의 장점으로 빠른 릴리스 주기를 들 수 있지만, 운영팀에서 얻은 피드백 및 메트릭스와 과제나 제품팀의 추가 기능 제안에 대해 유연하게 대응할 수 있는 것도 장점이다.

데브옵스의 많은 사례나 실전 기법이 등장하고 있지만, 범용적인 만능 해결책이라고 볼 수는 없다. 각 조직 문화나 비즈니스의 속도감, 데브옵스의 이해도, 툴을 포함한 기술 숙련도에 맞추어 커스터마이징해 적용하는 것이 좋다. 예를 들어 하향식으로 접근해 문화나 의식 개혁부터 시작해도 좋고, 상향식으로 접근해서 개발 프로세스 개선을 위한 툴 사용부터 시작해도 좋다. 중요한 것은 데브옵스를 실현하고 싶다는 의지를 잃지 않는 것이다.

7.2.2 지속적 통합/지속적 전달(CI/CD)

데브옵스에서 지속적 통합과 지속적 전달이라는 용어가 자주 등장하므로 같이 배워 두면 도움이 될 것이다. 이 둘을 합쳐서 CI/CD라고 부른다(그림 7.5).

그림 7.5 CI/CD

지속적 통합(CI)

지속적 통합(Continuous Integration, CI)이란, 개발팀 또는 운영팀 멤버가 버전 관리 툴(Git 리포지터리 등)에 소스 코드를 커밋(commit)할 때마다 빌드와 테스트를 자동화하는 프로세스다. 코드를 커밋하면 빌드 처리가 자동으로 실행된다. 빌드와 단위 테스트 완료 후 리포지터리 관리자에 의한 승인을 거쳐 개인이 커밋한 코드가 전체 코드에 머지(merge)된다. 이렇게 자동화된 통합 프로세스를 **파이프라인**(pipeline) 또는 **CI/CD 파이프라인**이라고 한다.[61] 파이프라인 처리를 실현하기 위한 툴로 오픈소스인 젠킨스(Jenkins)나 각 클라우드 서비스 및 소프트웨어 개발사가 제공하는 다양한 설루션이 제공되고 있다. 용도에 맞는 것을 선택해 사용하면 된다.

지속적 전달(CD)

지속적 전달(Continuous Delivery, CD)은 지속적 통합 이후의 작업을 자동화하는 것이다. 구체적으로는 지속적 통합에 의한 빌드가 끝난 후에 아티팩트를 배포할 환경을 구성해서 테스트하고, 실제 환경에 적용하는 과정을 반복하는 프로세스를 **지속적 전달**이라고 한다.[62] 여기서 말하는 테스트란, 통합 테스트나 End to End(E2E) 테스트 등을 의미한다. 또한, 최근에는 사용자 인터페이스와 사용자 경험(User Interface/User eXperience, UI/UX) 관점에서도 제대로 동작하는지 확인하는 테스트도 지속적 전달에 포함시키거나,

---

61 최근 해외에서는 용어에서 CI를 빼고 'CD 파이프라인'이라고 부르는 경우도 있다.
62 최근 해외에서는 지속적 통합을 포함한 설계, 개발, 테스트, 리소스에 걸친 전체 과정을 지속적 전달로 해석하기도 한다.

A/B 테스트를 위한 별도의 릴리스 파이프라인을 준비하는 것도 포함된다.

대규모 시스템으로 여러 서비스를 배포해서 관리하는 마이크로서비스의 특성상 CI/
CD를 제외하고서는 이야기를 진행할 수 없다. 즉, 자신의 팀에서 어떤 툴을 효과적으
로 도입할지 고민하지 않으면 안 된다.

7.2.3 깃옵스

마이크로서비스를 적용하면 시스템이 다수의 서비스로 구성될 가능성이 있다. 이때 각
서비스를 수동으로 배포하는 것은 비효율적이며, 수동이기 때문에 실수가 발생할 가능
성도 높아진다. 그러므로 서비스 배포에는 CI/CD 같은 자동화 기법을 사용하는 것이
현실적인 대응 방법이다. 컨테이너화된 서비스의 배포를 효율화하기 위한 것으로 CI/
CD의 파생 기법인 깃옵스라는 것이 있다(그림 7.6).

깃옵스(GitOps)는 리포지터리인 깃(Git)을 중심으로 애플리케이션 개발은 물론 배포 및
운영 작업을 자동화하는 기법이다. 깃상의 코드 기반에서 애플리케이션 코드뿐만 아니
라 인프라나 미들웨어 구성 정보도 관리하며, 커밋과 승인을 트리거로 해서 빌드나 배
포를 실시하는 것이다. 깃에 의한 버전 관리는 물론 릴리스 시의 인프라, 미들웨어, 애
플리케이션 상태도 관리할 수 있어서 장애가 발생한 경우에는 이전 상태와 비교하거나
원상태로 복구하는 것이 쉬워진다.

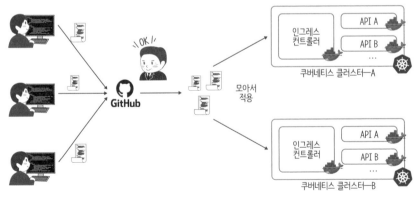

그림 7.6 **깃옵스 구성**

7.2.4 Infrastructure as Code와 변경 불가 인프라

Infrastructure as Code(IaC)

Infrastructure as Code(IaC)[63]란, 가상 서버나 네트워크 등 인프라 구성 정보를 코드화해서 관리하는 방식이다. 바꿔 말하면 인프라 구성 정보가 애플리케이션 프로그램처럼 코드로 작성되며, 버전 관리가 가능한 리포지터리에서 코드베이스로 관리되는 것이 IaC의 핵심이다. IaC에 의해 코드화된 구성 정보를 바탕으로 언제든지 최적화된 인프라를 구축할 수 있게 된다.

변경 불가 인프라

변경 불가 인프라(immutable infrastructure)는 IaC와 함께 적용되는 기법이다. 변경 불가 인프라에서는 원칙적으로 다음 방침에 의거해서 인프라를 관리한다.

① 한번 구축한 인프라는 변경하지 않는다.
② 일괄 적용이나 파라미터 변경이 필요한 경우에는 해당 변경을 이미 적용한 새로운 인프라를 배포한다.

'변경 불가 인프라'라는 용어는 위의 ①번 방침에서 유래된 명칭이다. IaC에 의한 인프라의 코드화가 실현되어 있다면, CI/CD, 깃옵스 등의 기법을 사용해 ②번 방침도 적용할 수 있다.

IaC와 변경 불가 인프라는 인프라 관리의 자동화 및 효율화, 그리고 품질 개선에 효과적이다. 인프라 구성을 코드화하면 인프라 구성 표준화와 구축 자동화를 도모할 수 있다. 현재 시스템을 복사해서 다른 환경에다가 동일한 시스템을 신속하고 정확하게 재구축할 수 있다.

또한, 변경을 코드 기반에 적용하므로 인프라를 구성하는(서버나 네트워크) 인스턴스 고유의 오류를 최소화할 수 있다. 인프라 구성 정보가 모두 코드화되어 있고 깃처럼 리포

---

63 [옮긴이] 역자가 담당하고 있는 프로젝트에서 IaC를 사용하고 있다. 깃상에 웹서버나, DB, 애플리케이션 서비스, 저장소, 네트워크 등 시스템 전체를 구성하는 개별 구성 요소의 설정 정보가 저장돼 있다. 이 정보를 클라우드 서비스에 연결하면 원클릭으로 시스템이 구축된다. 즉, IaC를 이용해서 동일한 시스템을 약간의 설정만 바꿔서 다른 인스턴스로 쉽게 재구축할 수 있다.

지터리에 존재하므로 실수에 의한 각 인스턴스 고유의 파라미터 설정 오류를 최소화할 수 있다.

7.3 마이크로서비스의 개발에 필요한 환경

7.3.1 컨테이너 실행 환경

컨테이너가 마이크로서비스 개발에 있어 필수는 아니지만, 컨테이너를 활용하면 다양한 OS나 미들웨어 환경을 쉽게 준비할 수 있다. 또한, 이후 쿠버네티스와 함께 클라우드 네이티브 실행 환경이 늘어날 것이므로 개발 환경으로 컨테이너 실행 환경을 준비해 두는 것이 좋다. 개인이 컨테이너나 마이크로서비스 실행 환경을 필요로 할 때는 도커가 제공하는 윈도우/맥용 도커 데스크탑(Docker Desktop for Windows/Mac)을 사용하면 좋다(그림 7.7).

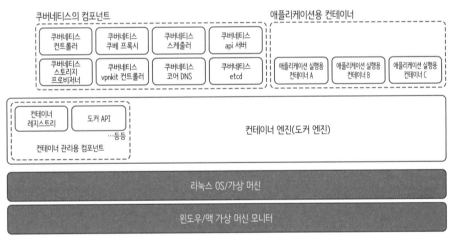

그림 7.7 **컨테이너 환경**

도커 데스크탑에서는 도커 기반의 컨테이너 실행 환경뿐만 아니라 쿠버네티스 실행 환경도 제공한다. 윈도우나 맥 모두 환경에 맞는 가상 머신 환경에 관련 툴이 설치되므로 편리하며, 환경이 망가져도 간단하게 복원할 수 있다.

또한, 윈도우 사용자의 경우는 WSL(Windows Subsystem for Linux)과 연계도 진행되고 있어서 윈도우 환경이라도 윈도우상에서 실행되는 리눅스 환경을 사용해 컨테이너를 조작할 수 있다. 맥OS의 경우는 유닉스 커맨드라인 셸을 사용할 수 있어서 신경 쓰지 않아도 되지만, 윈도우 사용자라면 WSL과 함께 사용할 것을 권한다.

7.3.2 IDE, 편집기, 툴

마이크로서비스라고 해서 특정 IDE(Integrated Development Environment, 통합개발환경)나 편집기만 사용할 수 있는 것은 아니다. 익숙하거나 좋아하는 IDE나 편집기면 아무것이나 괜찮다. 굳이 하나 추가하자면 원격으로 컨테이너에 접속해서 원격 디버그나 실시간으로 코드 리뷰를 할 수 있는 IDE와는 물리적으로 떨어져 있는 개발자와 함께 쉽게 작업할 수 있는 환경이면 좋다(그림 7.8, 그림 7.9).

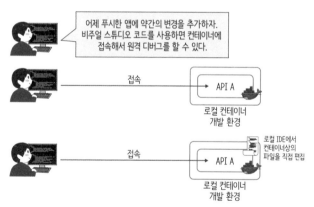

그림 7.8 IDE의 원격 기능을 사용한 디버그 ①

B가 작성한 코드에 버그가 있어서 수정하고 싶지만,
잘 모르는 부분이 있으니 B랑 코드를 공유하면서 확인해 보자.

라이브 공유 기능을 켜서 B를 초대!

A가 불러서 왔어. 여기까지 작성했으니
이 메소드에 ××를 추가하면 잘 동작할 거야.
이 변수명이 이상하니까 수정해 두자.

B가 바로 수정했다.
이제 확신을 가지고 코드를 푸시할 수 있어.

그림 7.9 IDE의 원격 기능을 사용한 디버그 ②

개발에 필요한 툴은 사용하고 있는 클라우드 서비스나 인프라에 따라 달라진다. 일반적으로 다음과 같은 툴이 필요하다. 자신의 환경에 맞게 선택하면 된다.

- 컨테이너 운영 환경
- 컨테이너 오케스트레이션 운영 환경
- 소스 코드 리포지터리의 사용자 인터페이스(CLI, UI)
- 클라우드 플랫폼의 사용자 인터페이스(CLI)
- 웹브라우저

7.3.3 팀 개발 준비

팀 개발을 실시하기 전에 최소한 다음 환경을 준비해 두면 도움이 될 것이다.

팀 멤버와 커뮤니케이션할 수 있는 툴

원격 근무(또는 재택 근무)가 늘어나면서 일하는 방식을 선택할 수 있게 됐으며, 엔지니어의 근무 방식도 갈수록 유연해지고 있다. 하지만 팀에서 커뮤니케이션이나 의견 공유가 되지 않으면 인식 차이에 의해 서비스 개발이 늦어질 수 있다. 커뮤니케이션 툴도 여러 가지가 공개되어 있지만, 다음 절에서 소개할 CI/CD 툴과 연계되는 것이 좋다(그림 7.10).

예를 들어 사람과 사람 사이의 커뮤니케이션뿐만 아니라 '빌드나 테스트가 통과된 것을 통지한다', '서비스 경고를 통지한다' 하는 기능이 있다면, 커뮤니케이션 툴만 보고서도 상태를 실시간으로 쉽게 파악할 수 있다. 또한, 이 툴이 상태에 따라 어떤 행동을 취해야 하는지 기본 정보를 알려준다.

반면, 통계 정보를 보거나 집계하고 감시 정보 등을 커뮤니케이션과 툴과 통합시키면 오히려 정보 파악이 어려워지므로 별도의 감시 툴을 사용하는 것이 좋다.

그림 7.10 **커뮤니케이션 툴**

개발 태스크 관리, 백로그 관리, 버그 관리, 칸반 보드 등의 개발상황 관리 툴

특히 애자일 개발에서는 각 기능 단위로 누가 담당하고 있는지, 누가 리뷰했는지, 어떤 경위로 프로덕션에 릴리스했는지, 해당 코드가 프로덕션 환경에 적용됐는지 등을 가시화해서 모든 팀 멤버가 확인할 수 있는 투명성이 높은 개발을 해야 한다(그림 7.11).

또한, 제품 개선 요구나 버그 보고 등을 접수해서 백로그(backlog)로 등록하거나 버그 등도 등록해서 관리해야 하며, 우선순위를 포함해 등록한 내용이 누구에게나 공개돼야 한다. 칸반(Kanban) 보드가 있으면 어떤 태스크가 어떤 멤버에게 할당됐고, 어디까지 구현됐는지 한눈에 파악할 수 있으므로 추천한다.

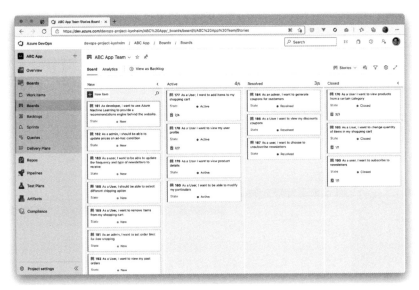

그림 7.11 **개발 상황 관리 툴 예(애저 데브옵스[64] 보드)**

분산 리소스 코드 리포지터리와 주변 기능

마이크로서비스의 리뷰, 테스트, 배포를 원활히 하기 위한 준비가 필요하다. 각 개발자
가 개발한 코드를 개인 브랜치에 푸시해서 풀리퀘스트＋테스트＋리뷰 프로세스를 거치
게 하는 기능이나 리뷰 시의 토론 내용을 남기기 위한 기능이 필요하다.

개발 환경, 스테이징 환경, 프로덕션 환경

용도에 맞게 애플리케이션 배포 환경을 준비해 두자. 일반적으로 개발 환경, 스테이징
(staging) 환경, 프로덕션(production) 환경을 준비하는 경우가 많다(그림 7.12).[65]

정확하고 신속하게 각 환경을 구축하기 위한 변경 불가 인프라를 도입하자. 더 많은 환
경을 준비하는 경우도 있지만, 비용을 고려해서 판단하도록 하자.

---

64 울긴이 실제 역자가 사용하고 있는 환경도 이 애저 데브옵스(Azure DevOps)다. 아마 애저(Azure) 클라우드를 사용하
고 있다면 거의 필수일 것이다. 이 환경에서는 문서화, 백로그 관리, 버그 관리, 코드 리포지터리 관리, 코드 커밋, 풀
리퀘스트, 코드 리뷰, CI/CD 등 애자일 개발에 필요한 거의 모든 작업을 진행할 수 있다.

65 울긴이 은행 등의 금융 서비스 관련 시스템에서는 재해 복구(disaster recovery) 환경도 준비해 둔다. 즉, 전쟁이나 자연
재해 등으로 프로덕션 환경이 고장나더라도 서비스를 지속할 수 있도록 별도의 물리적 위치(별도의 데이터 센터나 다른
나라)에 구축한다.

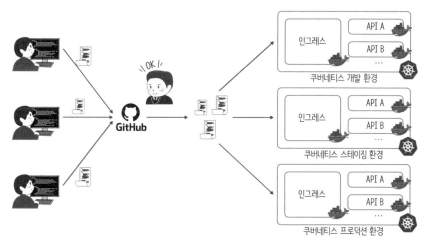

그림 7.12 **개발 환경, 스테이징 환경, 프로덕션 환경**

7.3.4 소스 코드와 구성 파일 관리

클라우드 네이티브 개발 시 리포지터리 내에서 관리하는 주요 소스 코드와 스크립트 및 그 역할을 정리하면 다음과 같다(그림 7.13).

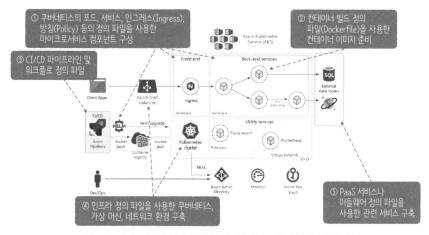

그림 7.13 **소스 코드와 구성 파일 관리(마이크로소프트 애저 예)**

① 각 마이크로서비스의 소스 코드

마이크로서비스를 구성하기 위한 각각의 소스 코드다. 프론트엔드(사용자 인터페이스)와 백엔드(API 등) 소스 코드가 포함된다.

② 각 마이크로서비스를 빌드하기 위한 컨테이너 정의 파일 및 서비스 전개용 파일

컨테이너 정의 파일의 예로 Dockerfile이 있으며, 서비스 전개용 파일의 예로 헬름 (Helm) 차트 등이 있다.

③ 파이프라인 및 워크플로용 정의 파일

깃허브 액션(GitHub Action)이나 깃랩(GitLab) 파이프라인, 스피나커(Spinnaker), 플럭스 (Flux), 플래거(Flagger) 등의 정의 파일이 있다.

④ 서비스 기반, 인프라, 미들웨어 정의 파일

예를 들어 오픈스택 히트(OpenStack Heat), AWS 클라우드 포메이션(AWS cloud formation), 애저 암 템플릿(Azure ARM Template), 앤서블(Ansible), 셰프(Chef) 정의 파일 등 서비스 기반, 인프라, 미들웨어를 정의해서 언제든지 환경을 구축할 수 있게 해주는 파일이다.

⑤ 서비스 기반, 인프라 미들웨어 구축 스크립트

④에서 다룬 툴로 실현할 수 없는 것을 보완해 주는 스크립트 및 웹서버, 데이터베이스 서버 설정 파일이 포함된다. 이 파일은 Dockerfile 내에서만 사용된다.

7.4 릴리스 관리

각 개발자의 개별 개발 환경과 팀 개발 환경에 대해서는 이해했을 것이다. 여기서는 실제로 소스 코드를 리포지터리에 푸시한 후에 릴리스 관리를 어떤 식으로 하는지 생각해 보도록 하자. 안전하고 신속하게 서비스를 릴리스하려면 서비스 전체의 일관성을 유지하면서 릴리스해야 한다.

7.4.1 릴리스의 기본적인 흐름

보통 모노리스 애플리케이션이라면 단위 테스트 후에 빌드해서 개발 환경에 배포하고 통합 테스트를 한다. 그리고 이 테스트를 통과하면 스테이징 환경에 배포해서 성능 테스트를 하고 프로덕션에 배포하는, 단순한 파이프라인으로 구성했었다.

반면 마이크로서비스에서는 릴리스 단위가 작아 컴포넌트 간 결합 강도가 약해서(약한 결합) 각 서비스를 언제든지 개별적으로 배포할 수 있다. 이때, '어떤 툴이 있을 경우, 그 툴을 어떻게 조합하면 마이크로서비스 릴리스를 잘 관리할 수 있는지' 알아 두면 좋다. 인프라 구축이 완료된 경우 기본적으로 다음 순서로 서비스를 릴리스한다.

① 개발 대상 리포지터리에서 코드와 컨테이너 이미지를 풀(Pull)

② 소스 코드 추가, 변경, 컨테이너를 활용한 테스트

③ 개발 대상 리포지터리에 코드 푸시(Push)

④ 코드 리뷰(Review)

⑤ 코드 머지(Merge)

⑥ 컨테이너 이미지 준비

⑦ 개발 환경에 릴리스

⑧ 테스트

⑨ 프로덕션 환경에 릴리스

7.4.2 파이프라인

마이크로서비스뿐만 아니라 소프트웨어 설계 및 개발, 인프라 구축, 애플리케이션 릴리스까지의 일련의 프로세스를 자동화하기 위해서는 파이프라인을 구축할 필요가 있다. 빌드와 릴리스 과정 중에서 사람의 손이 필요한 것은 코드 편집, 리뷰, 승인 정도로 한정하는 것이 효율성 관점에서 좋다.

기존의 파이프라인 사용 예를 보여 주는 것이 그림 7.14다. 소규모 애플리케이션 변경이나 상태 변화가 적은 경우에는 이 방법을 사용해도 되지만, 대규모 애플리케이션에서 변경이 잦은 경우에는 해당 변경을 추적하는 것이 어려울 때도 있다. 또한, 구성 변경은 애플리케이션 갱신뿐만 아니라 로그 수집을 통해 얻은 메트릭스 기반으로 변경하는 경우도 있다. 특히, 카나리 릴리스에서는 메트릭스를 찾아 구성 변경을 하기 위해서는 커스터마이징된 메트릭스 분석 에이전트를 독자적으로 만들어야 한다. 게다가 릴리스에 필요한 통계 정보 등을 가시화하는 기능이 필요할 수도 있다.

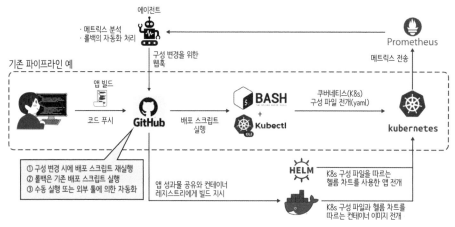

그림 7.14 기존의 파이프라인을 사용한 예

이런 파이프라인을 구현해 주는 다양한 툴이 있지만, 여기서는 스피나커(Spinnaker)와 플럭스2/플래거(Flux2/Flagger)를 소개한다.

스피나커

넷플릭스(Netflix)가 개발한 지속적 전달(CD) 툴로,[66] 여러 클라우드 서비스에 마이크로서비스를 배포할 수 있도록 해준다(그림 7.15). 배포용 파이프라인을 만들어서 블루그린 배포, 카나리 릴리스, A/B 테스트 등을 적용할 수 있다. 또한, 파이프라인 내에 승인 프로세스도 내장할 수 있어서 슬랙(slack)이나 마이크로소프트 팀즈(Teams) 등의 커뮤니케이션 툴로 통지할 수도 있다. 카나리 릴리스를 위한 메트릭스 분석이 우수하다는 것도 특징이다.

---

66 https://spinnaker.io/

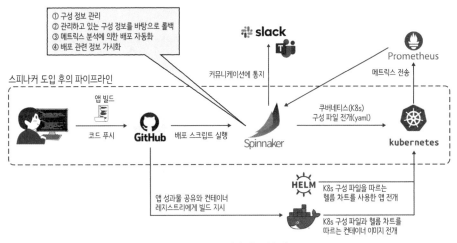

그림 7.15 스피나커 도입 예

플럭스2/플래거

플럭스2[67]와 플래거[68]는 쿠버네티스를 위한 깃옵스(지속적 전달) 솔루션이다(그림 7.16). 쿠버네티스의 구성 파일은 YAML을 사용해서 관리하지만, 플럭스2를 사용하면 kubectl를 입력하지 않아도 된다. 또한, kubectl에 통합된 커스터마이즈(Kustomize)[69] 및 헬름(Helm), 깃허브, 깃랩, 그리고 컨테이너 이미지 레지스트리인 하버(Harbor) 등과의 연계도 쉽게 해낼 수 있다. 게다가 커뮤니케이션 툴에 상태 변화(배포 시작/성공/실패 등)를 통지하거나 커뮤니케이션 툴로부터 배포할 수도 있다.

---

67 https://fluxcd.io/

68 https://flagger.app/

69 https://kustomize.io/

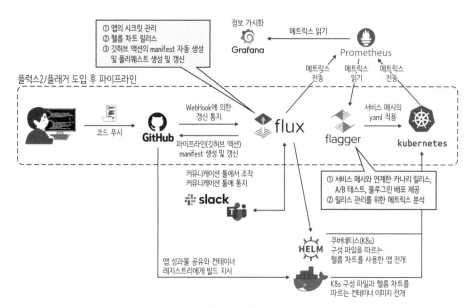

그림 7.16 **플럭스2/플래거 도입 예**

스피나커와의 차이는 깃옵스를 실현하기 위해서 소스 코드 리포지터리+파이프라인 (깃허브)를 가운데 배치하고 있다는 것이다. 쿠버네티스에 배포하는 것은 깃허브 액션 (GitHub Actions)[70]에서 제공하는 파이프라인을 사용한다. 반면 플래거는 배포에 특화된 툴로 이스티오, 링커드, AWS 앱 메시[71](AWS app mesh), NGINX[72] 등의 서비스 메시 툴과 연계해서 카나리 릴리스, A/B 테스트, 블루그린 배포 등의 배포 전략을 실현한다.

7.5 마이크로서비스의 감시와 운영

마이크로서비스는 분산 컴퓨팅 아키텍처의 하나다. 운영 시에는 각 API가 어떤 식으로 통신하는지, 어디가 병목 지점인지, 정의된 대로 통신하고 있는지 등을 장애가 발생하기 전에 파악해 두어야 한다. 어떤 이벤트가 발생했을 때 제대로 추적(트레이스)할 수 있

---

70   https://github.co.jp/features/actions

71   https://aws.amazon.com/ko/app-mesh/

72   https://www.nginx.com/

는 상태라면 스테이징 환경에서는 릴리스 전에 확인을 할 수 있고, 프로덕션이라면 장애 시에 어떤 일이 벌어지고 있는지 명확하게 파악할 수 있다.

비즈니스 관점에서도 사용자의 질의가 오기 전에 어떤 서비스에서 어디가 병목 지점인지 알 수 있으므로, 사용자 경험 향상에 기여할 수 있다. 이러한 배경에서 마이크로서비스를 운영할 때 필요한 감시와 운영 방법에 대해 알아 둘 필요가 있다. 이 절에서는 이에 대한 기본적인 개념과 구현 예를 보도록 한다.

7.5.1 감시와 운영 체제, 데브옵스 조직과 사이트 신뢰성 엔지니어링

장애가 발생한 경우 비교적 작은 시스템이라면 서버 재시작으로 문제를 일단 해결하고 이후에 다시 조사해서 분석과 수정 단계를 거쳐도 되지만, 대규모로 비즈니스의 근간을 이루는 기반 시스템이라면 그렇게 할 수 없다. 운영팀에서 장애 해결을 하는 경우 비슷한 장애 대응이 무한적으로 늘어날 수 있다. 또한, 불분명한 작업 분담이나 책임 분담, 수작업 중심의 운용, 고립된 조직 등이 시스템 운영의 방해 요인이 될 수 있다.

따라서 마이크로서비스와 클라우드 네이티브에 맞추어 감시 구조와 운영 체제를 만들 필요가 있다. 이때 필요한 것이 **사이트 신뢰성 엔지니어링**(Site Reliability Engineering, 이하 **SRE**)이다. SRE란 구글 사내 엔지니어가 경험한 대규모 시스템의 성공 사례(프랙티스, practice)를 정리한 것으로, 마이크로서비스 개발과 운영에 있어서도 도움이 된다. SRE의 핵심을 구현하는 다섯 가지 기본 원칙은 다음과 같다.

① 조직의 고립을 줄인다.
② 실패를 허용한다.
③ 단계적 변경을 적용한다.
④ 툴과 자동화를 활용한다.
⑤ 모든 것을 계측 가능, 관측 가능 상태로 만들어 둔다.

이 다섯 가지 기본 원칙을 어떻게 실천할지가 마이크로서비스 적용 시스템의 성공 여부를 결정한다.

SRE를 운영 단계에 사용하는 엔지니어를 사이트 신뢰성 엔지니어라고 한다. 사이트 신뢰성 엔지니어는 SRE의 기본 원칙 아래 데브와 옵스 간 조율과 통계 기법을 사용한 과학적, 현실적 서비스 수준 목표(Service Level Objective, 이하 SLO) 정의 및 설정과 서비스의 안정적인 운영을 목표로 한다. 마이크로서비스 운영뿐만 아니라 릴리스를 책임지는 경우도 있다. 예를 들어, 서비스의 안정적인 릴리스를 위해서 배포 스크립트를 작성하거나 정의 파일을 수정하는 경우도 있다. 조직 규모나 서비스 규모에 따라 달라질 수도 있지만, 작은 조직 및 서비스라면 데브 또는 옵스가 담당하거나, 데브와 옵스가 함께 담당하는 경우도 있다.

중요한 것은 다섯 가지 기본 원칙 외에 서비스 수준 품질 목표(Service Level Agreement, 이하 SLA)나 SLO에 대해 이해관계자와 사전에 합의해 둘 필요가 있다. 사이트 신뢰성 엔지니어는 SLA나 SLO 달성을 위해서 노력하지만, 과도하게 하진 않는다. 실패를 허용한다는 두 번째 원칙 때문에 '100% 가용성은 현실적이지 않으므로 현실적인 SLO를 정해서 서비스를 지속한다'는 것을 목표로 한다.

7.5.2 관찰 가능성과 모니터링, 로그 관리

마이크로서비스 기반을 운영함에 있어 모니터링은 매우 중요하다. 모노리스 애플리케이션에서는 '서버나 컨테이너가 고장나면 전체가 정지'되므로 문제 발생 원인을 쉽게 알 수 있다. 하지만 마이크로서비스에서는 서비스의 일부에 버그가 존재해서 일부 서비스에 오류가 발생해도 시스템 전체적으로는 약간 늦어지는 정도로 문제가 없는 듯이 보일 수도 있다. 따라서 시스템 전체 감시에 서비스 단위로 추가 감시 구조를 마련해서 단위 서비스 상태를 파악할 필요가 있다.

SRE의 다섯 가지 원칙 중에서 마지막에 있는 '모든 것을 계측 가능, 관측 가능 상태로 만들어 둔다'란 마이크로서비스 적용 시스템 전체와 각 서비스, 그리고 서비스 간 상태를 정상적으로 유지하기 위해 관찰 가능성을 중요시한다는 의미다. 이 관찰 가능성은 영어로는 옵저버빌리티(observability)라고 한다. 마이크로서비스와 모니터링을 이야기할 때 자주 사용하는 용어이므로 기억해 두자. 다음은 구체적으로 어떤 관찰 가능성을 실현해서 서비스 모니터링을 실시하면 좋은지 관련 기술을 소개한다.

골든 시그널

기존 감시 기법에서는 마이크로서비스 실행 환경에서 어떤 일이 발생하고 있는지 파악하기 어려우므로 이런 어려움을 메울 사례나 툴이 개발되고 있다. 특히, 모니터링의 기초 정보가 되는 로그 및 메트릭스 수집을 위해 SRE 기술인 '골든 시그널'이라는 것이 유명하다. 골든 시그널(golden signal)이란, 분산 시스템의 모니터링에서 중요한 네 가지 시그널(시스템 경고)을 의미한다. 모니터링하는 시그널을 어느 정도 추려 두지 않으면 '경고 지옥'이 돼서 정말 중요한 시그널을 놓칠 수 있다. 그래서 다음 네 가지 시그널을 모니터링 우선순위가 높은 골든 시그널로 정하고 있다.

① 지연(latency)

서비스 요청의 지연을 측정한다.

② 트래픽(traffic)

초 단위의 HTTP 요청, 세션, 트랜잭션 수를 측정한다.

③ 오류(error)

요청에 대한 오류 빈도를 측정한다.

④ 포화도(saturation)

리소스가 소비되어 성능 한계(100%)까지 도달하기까지 어느 정도 걸리는지 측정한다.

예를 들어 컨테이너 기반상에서 마이크로서비스 적용 시스템을 운영할 때는 앞의 네 가지 시그널을 인프라, 쿠버네티스, 컨테이너, 미들웨어, 애플리케이션(서비스)으로부터 수집하는 것이 가장 좋은 접근법이다.

로그와 메트릭스 수집 아키텍처

그러면 로그나 메트릭스를 어떤 식으로 수집하면 될까?

예를 들어 클라우드에서 마이크로서비스를 적용한 시스템을 운영하는 경우라면, 하드웨어를 제외한 모든 로그를 수집해서 장애가 발생했을 때 문제를 곧바로 파악할 수 있게 해야 한다. 예를 들어 쿠버네티스라면 다음을 감시해야 한다.

- 인프라 관련: 가상 머신(CPU, 메모리, 디스크), 네트워크
- 쿠버네티스 컴포넌트: 제어 플레인(kube-apiserver, etcd, kube-scheduler, kube-controller-manager, cloud-controller-manager)
- 노드(kube-let, kube-proxy)

각 클라우드 서비스에는 로그와 메트릭스 수집, 분석 기능이 있으므로 가상 머신이나 쿠버네티스에 애드온(add-on)으로 설치해서 에이전트를 통해 로그를 출력하는 경우가 많다. 물론 별도로 로그 통합, 분석 기반을 가지고 있는 경우에도 가상 머신이나 쿠버네티스 애드온을 통해 로그를 출력할 수 있다.

또한 쿠버네티스에서는 애플리케이션의 로그, 메트릭스를 포드(pod) 내에 로그 에이전트를 넣어서 출력한다. 예를 들어 단순한 기법으로 로그를 표준 출력해시 파일에 기록하는 방법이 있다. 이외에도 클러스터에 포드로 로그 에이전트를 넣거나 서비스 메시(이스티오)처럼 포드 내에 로그 에이전트를 올려서 로그 통합/분석 기반에 로그를 출력하는 방법도 있다.

로그나 메트릭스 저장 위치를 쿠버네티스의 워커(worker) 노드 역할을 하는 가상 머신으로 정하는 것은 권하지 않는다. 클라우드 서비스에서는 SLA로 서비스를 보장하더라도, 쿠버네티스의 워커 노드에서 장애가 발생할 가능성이 충분하기 때문이다. 장애에 대비해서 수집한 로그는 로그 기반에 두거나 오래 되어서 불필요해진 로그는 기록 용도로 객체 저장소 등에 옮기는 것을 고려해야 한다.

로그와 메트릭스 수집 툴
로그와 메트릭스 수집 및 감시용 툴로 다양한 것이 존재한다. 오픈소스에서는 ELK(Elastic Search+LogStash+Kibana) 또는 EFK(Elastic Search+Fluentd+Kibana)라는 툴 조합이 있으며, 퍼블릭 클라우드에서는 로그 수집에 AWS CloudWatch logs, Azure LogAnlaytics, GCP GKE Cloud Operation/Logging 등이 사용된다.

또한, 메트릭스 수집 관련해서는 오픈소스에서는 시스디그(Sysdig), 프로메테우스(Prometheus) 등이 있고, SaaS에서는 데이터로그(Datalog)나 메트릭파이어(MetricFire), 뉴렐릭(New Relic) 등이 있다. 퍼블릭 클라우드에서는 AWS CloudWatch Metrics, Azure

Monitor, GCP GKE Cloud Operations/Monitoring이 있다. 수집할 수 있는 로그나 메트릭스는 각 툴마다 다르므로 운영 시에 필요한 로그나 메트릭스를 수집할 수 있는지 사전에 검토할 필요가 있다. 여기서는 툴의 한 예로 시스디그와 프로메테우스를 소개하겠다.

시스디그

시스디그(Sysdig)[73]는 주로 인프라의 메트릭스를 수집한다(그림 7.17). 수집 대상 메트릭스의 예로 클라우드 플랫폼 메트릭스, 호스트 시스템 메트릭스, 네트워크 메트릭스, HTTP 메트릭스, 쿠버네티스 메트릭스 등이 있다. 그 외에 대응하는 애플리케이션이나 JMX(Java Management Extensions)[74], 프로메테우스, StatsD[75] 등의 메트릭스도 지원한다. 또한, PromQL(Prometheus Query Language)[76]를 사용하면 그라파나(Grafana)로 가시화하거나 시스디그 모니터(Sysdig monitor)[77]로 대시보드를 만들고 경고 알림을 줄 수도 있다.

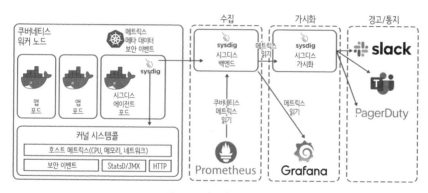

그림 7.17 **시스디그 도입 예**

프로메테우스

프로메테우스(Prometheus)는 풀(pull)형 이벤트 감시 솔루션이다. 메트릭스 수집은 푸시 게이트웨이(push gateway)나 잡(job) 또는 엑스포터(exporter)를 통해서 이루어진다. 푸시

---

73 https://sysdig.com/

74 https://docs.oracle.com/en/java/javase/17/jmx/index.html(또는 https://bit.ly/3vmnfdR)

75 https://docs.datadoghq.com/

76 https://prometheus.io/docs/prometheus/latest/querying/basics/(또는 https://bit.ly/3taNWj4)

77 https://docs.sysdig.com/en/sysdig-monitor.html(또는 https://bit.ly/35DwbRv)

게이트웨이는 비교적 짧은 수명의 잡(엔드포인트가 있는 서비스 등)의 메트릭스를 축적해서 추출자를 통해 수집한다(그림 7.18 ①). 엑스포터는 데이터베이스 하드웨어, 메시징 서비스, 저장소, HTTP, API, 모니터링 시스템용으로 만들어진 것이다. 엑스포터를 통해서 각 서비스의 메트릭스를 추출자가 수집한다(그림 7.18 ②). 엑스포터에는 프로메테우스가 공식적으로 지원하는 것과 외부 서비스가 운영하는 것이 있다. 예를 들어 공식 엑스포터로는 MySQL, HAProxy[78], JMX, memcached 등이 있다. 필요한 기능의 엑스포터가 없다면 직접 만들 수도 있다. 또한, 경고 매니저 경유로 슬랙(slack)이나 페이저듀티(PagerDuty)[79]와 연계할 수도 있으며(그림 7.18 ③), 시계열 데이터베이스[80]에 기록된 메트릭스를 외부 엔드포인트나 저장소에 출력할 수도 있다(그림 7.18 ④). 그리고 쿠버네티스상의 컨테이너에서 실행되는 애플리케이션에서도 프로메테우스용 클라이언트 라이브러리 경유로 메트릭스를 전송할 수 있다(그림 7.18 ⑤).

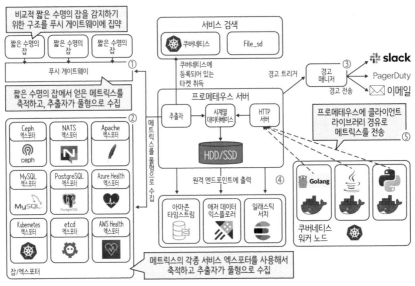

그림 7.18 **프로메테우스 도입 예**

---

78 http://www.haproxy.org/

79 https://www.pagerduty.com/

80 시계열 데이터(특정 시간 단위로 취득한 데이터)의 저장 및 처리에 특화된 데이터베이스

로그와 메트릭스 분석, 가시화, 경고 알림

분석과 가시화에서는 그라파나 등의 오픈소스 툴이나 클라우드 서비스의 로그 분석 기능을 사용하며, 메트릭스 분석 서비스에서는 쿼리를 실행해서 그래프화하거나 쿼리에 값을 지정해서 경고 알림을 줄 수도 있다. 그래프화한 것은 대시보드로 만들면 기반 전체에서 어떤 일이 벌어지고 있는지를 쉽게 파악할 수 있다. 그라파나에서는 앞서 언급한 시스디그와 프로메테우스의 로그를 그래프로 표현할 수 있다.

사용자 시점에서 모니터링

사용자 인수 테스트(User Acceptance Test, UAT)를 반복하면 UI/UX에 문제가 있는지 테스트할 수 있지만, 그 전에 셀레니움(Selenium) 등의 E2E 테스트 툴을 사용하면 시스템 동작에 문제가 없는지 테스트할 수 있다. 릴리스 프로세스 안에 이런 시스템 동작 테스트를 넣어 두는 것이 좋으며, 사용자로부터의 메트릭스 수집도 적극 도입하는 것이 좋다. 예를 들어, 프론트엔드용 백엔드 패턴처럼 브라우저나 모바일 애플리케이션의 백엔드로 마이크로서비스를 제공하는 있는 경우에는 사용자에게 제공되는 마이크로 서비스 프론트엔드 모니터링도 넣어 두어야 한다.

제8장

클라우드 배포 모델 동향

2010년대 인프라부터 애플리케이션까지 폭넓은 기술을 갖춘 '풀스택 엔지니어 (fullstack engineer)'가 IT 엔지니어의 이상적인 모델로 자리매김해서 젊은 엔지니어들이 목표로 삼곤 했다. 매일 발생하는 다양한 문제를 어려움 없이 신속하게 처리하고, 여러 기술에 정통해서 의지하고 싶은 엔지니어로 흠잡을 곳 없는 이상적인 롤모델이지만, 그런 인재가 되려면 많은 경험과 끊임없는 노력, 그리고 오랜 시간을 필요로 한다.

한편, 클라우드를 활용한 시스템 개발 현장에서는 풀스택 엔지니어 같은 역할을 요구하는 경우가 늘어나고 있다. 데브옵스 실천에 있어서 애플리케이션 개발자의 판단, 조작으로 신속하고 유연하게 애플리케이션 운영 플랫폼(도커 등)이 배포되고, 그 위에 애플리케이션이 설치되는 것이 순서다. 즉, 애플리케이션 개발을 담당하는 소프트웨어 엔지니어도 어느 정도 인프라 관련 경험과 지식을 갖추고 있어야 한다.

이런 이유로 마이크로서비스를 다루고 있는 이 책의 마지막 장으로 마이크로서비스를 적용한 시스템이 운영될 클라우드 플랫폼의 동향에 대해 알아보도록 한다.

8.1 클라우드 배포 모델

'클라우드'라고 하면 많은 사람이 퍼블릭 클라우드를 떠올릴 것이다. 또는 프라이빗 클라우드가 떠오르는 사람도 있을 것이다. 퍼블릭 클라우드와 프라이빗 클라우드의 차이는 클라우드 서비스의 접근 가능성에 있다.[81]

퍼블릭 클라우드(public cloud)란, 불특정 다수의 사용자에게 클라우드 서비스를 제공하는 클라우드 배포 모델[82]이다. 반면 자사 전용처럼 단일 사용자에게만 클라우드 서비스를 제공하는 것을 **프라이빗 클라우드**(private cloud)라고한다. 또 **커뮤니티 클라우드**(community cloud)란 것도 있는데, 이는 특정 사용자 그룹이 클라우드 서비스를 공유하는 모델이다.

각 클라우드 배포 모델의 배포 위치는 상관없다. 오해하기 쉽지만, 오프프레미스(off-premise)[83] 데이터 센터에 배포한 클라우드 서비스라도 해당 서비스를 이용할 수 있는 것이 단일 이용자로 제한돼 있다면 프라이빗 클라우드다.

8.1.1 이용 형태의 다양화

클라우드 배포 모델은 퍼블릭 클라우드, 프라이빗 클라우드, 커뮤니티 클라우드 등의 세 가지로 국한되는 것은 아니다. 여러 클라우드 서비스의 배포 모델을 조합해서 사용하는 **하이브리드 클라우드**나 여러 클라우드 서비스가 제공하는 퍼블릭 클라우드를 동시에 사용하는 **멀티 클라우드**라는 형태도 있다.

---

81 ISO/IEC 17788:2014 Information technology-Cloud computing-Overview and vocabulary(https://www.iso.org/standard/60544.html)

82 클라우드 배포 모델이란, 컴퓨팅 리소스를 누구와 어떤 식으로 공유하는지 정의한 것이다.

83 자사 내에 하드웨어나 시스템을 보유하고 운영하는 '온프레미스'의 반대 개념으로, 타사나 원거리에 설치돼 있는 하드웨어나 시스템을 인터넷을 통해서 운영하는 것이다.

클라우드 발전과 함께 클라우드 플랫폼 이용 형태가 다양화되면서, 퍼블릭 클라우드, 멀티 클라우드를 도입하는 기업이 늘고 있다. 이 책의 후반부에서 설명할 **분산 클라우드**(distributed cloud) 또는 **에지 컴퓨팅**(edge computing) 등의 아키텍처도 있어서, 지금까지 주류였던 퍼블릭 클라우드에 의한 단일 클라우드 배포 모델에서 큰 전환을 맞이하고 있다. 다음 절부터는 클라우드 배포 모델의 동향에 대해 살펴보도록 하겠다.

8.2 하이브리드 클라우드

하이브리드 클라우드(hybrid cloud)는 서로 다른 클라우드 배포 모델을 조합해서 사용하는 형태를 가리킨다. 예를 들어, 가장 전형적인 경우는 프라이빗 클라우드 환경과 퍼블릭 클라우드 환경을 네트워크로 연결해서 함께 사용하는 것이다.

각 클라우드 환경을 가능한 한 끊김 없이 연결하므로 기업에게 유연성을 제공할 수 있다. 하이브리드 클라우드의 효과를 가장 잘 볼 수 있는 패턴으로 온프레미스 환경에 있는 오래된 자원이나 데이터를 API에 의해 퍼블릭 클라우드 측에 공개해서 활용하는 패턴이다. 또는 프라이빗 클라우드와 퍼블릭 클라우드 간 전용선을 연결해서 유연한 시스템 배치 및 변경을 가능하게 해주는 패턴도 있다.

프라이빗 클라우드와 퍼블릭 클라우드처럼 서로 다른 배포 모델을 연계하므로 가용성이나 유연성을 높일 수 있지만, 그만큼 높은 결합도를 요구하거나 일관된 아키텍처를 필요로 한다. 기업의 클라우드 활용 성숙도, 보안, 컴플라이언스, 업계의 규제, 비용 등을 고려해서 기존 IT 자산인 프라이빗 클라우드와 퍼블릭 클라우드의 적절한 조합을 결정하는 것이 중요하다.

8.2.1 하이브리드 클라우드의 이용 형태

전형적인 하이브리드 클라우드의 이용 형태를 정리해 보도록 하자(그림 8.1).

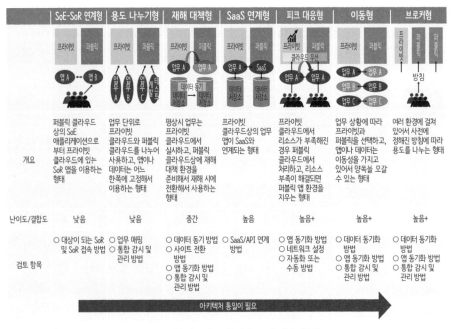

그림 8.1 하이브리드 클라우드의 이용 형태

SoE-SoR 연계형

퍼블릭 클라우드상의 SoE(System of Engagement) 앱에서 프라이빗 클라우드에 있는 SoR(System of Record) 앱을 이용하는 형태다. 이 형태에서는 대상이 되는 SoR 및 SoR 접속 방법이 주요 검토 항목이 된다.

용도 나눔형

업무 단위로 프라이빗 클라우드와 퍼블릭 클라우드를 나누어 사용하고, 앱이나 데이터는 어느 한쪽에 고정해서 이용하는 형태다. 이 형태에서는 매핑, 통합 감시 관리 방법이 주요 검토 항목이다.

재해 대책형

평상시 업무는 프라이빗 클라우드에서 실시하고, 퍼블릭 클라우드상에 재해 대책 환경을 준비해서 재해 시에 전환해서 사용하는 형태다. 이 형태에서는 데이터 동기화, 사이트 전환, 앱 동기화 방법, 통합 감시 관리 방법이 주요 검토 항목이다.

SaaS 연계형

프라이빗 클라우드상의 업무 앱이 SaaS와 연계되는 형태로, SaaS 또는 API 연계 방법이 주요 검토 항목이다.

피크 대응형

프라이빗 클라우드에서 리소스가 부족해진 경우 퍼블릭 클라우드에서 처리하고 리소스 부족이 해결되면 퍼블릭 앱 환경을 지우는 형태다. 앱 동기화 방법, 네트워크 설정, 자동화 또는 수동 방법이 주요 검토 항목이다.

이동형

업무 상황에 따라 프라이빗과 퍼블릭을 선택하고, 앱이나 데이터는 이동성을 가지고 있어서 양쪽을 오갈 수 있는 형태다. 앱 동기화 방법, 네트워크 설정, 자동화 또는 수동 방법이 주요 검토 항목이다.

브로커형

여러 환경에 걸쳐 있어서 사전에 정해진 방침에 따라 용도를 나누는 형태다. 데이터 동기화 방법, 앱 동기화 방법, 통합 감시 관리 방법이 주요 검토 항목이다.

8.3 멀티 클라우드

여러 회사가 제공하는 클라우드 서비스를 동시에 사용하는 것을 **멀티 클라우드**(multi cloud)라고 한다. 최근 하나의 기업이 채택하는 퍼블릭 클라우드 수가 늘어나고 있다.

멀티 클라우드와 하이브리드 클라우드는 명칭만 봐서는 비슷하다고 느낄 수 있지만, 멀티 클라우드가 다른 점은, 퍼블릭이나 프라이빗을 구분하는 것이 아니라 여러 클라우드 회사가 제공하는 클라우드 서비스를 병용한다는 것이다(그림 8.2).

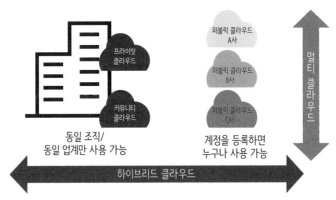

그림 8.2 **하이브리드 클라우드와 멀티 클라우드 네이티브 컴퓨팅**

8.3.1 멀티 클라우드의 장점

대부분의 기업에서 멀티 클라우드를 일반화하고 있는 이유는 클라우드 우선주의가 침투하면서 클라우드화한 시스템이 늘어나고 영역이 다양화됐기 때문이다. 기업의 업무 시스템은 생산 관리 시스템, 판매 관리 시스템, 구매 관리 시스템, 재고 관리 시스템, 인사 급여 관리 시스템, 회계 시스템 등의 기반 시스템과 SNS, 메일, 그룹웨어, 데이터 웨어하우스, 스케줄 관리 툴 등의 정보계 시스템까지 다양화되고 있다.

반면 클라우드 회사가 제공하는 클라우드 서비스도 집중하고 있는 분야나 잘하는 분야가 다르다. 같은 클라우드라도 기반계에 강한 클라우드 또는 정보계에 강한 클라우드가 있으며, 설계 사상, 네트워크 특성, 제공하는 미들웨어나 API 등이 클라우드 회사마다 다르다. 따라서 클라우드를 사용하는 입장인 기업은 대상이 되는 시스템의 특성이나 예산에 맞추어 적합한 클라우드 회사 및 서비스를 선택해야 한다.[84]

---

84 옮긴이 기업이 멀티 클라우드화를 하는 또 다른 이유는 특정 클라우드 회사에 종속되는 것을 피하기 위함인 것도 있다. 기업 시스템에 마이크로소프트의 오피스나 서버 등을 사용하고 있는 경우는 대부분 애저를 메인 클라우드로 사용하고, 보조로 AWS를 가져가는 편이다.

멀티 클라우드에는 다음과 같은 장점이 있다.

장점1 최고의 것을 선택(Best-of-Breed)

멀티 클라우드의 최대 장점은 업무 요건과 시스템 요건에 맞추어 각 클라우드 회사가 제공하는 좋은 부분을 취할 수 있다는 것이다. 요건에 따라 최고의 것을 선택할 수 있는 멀티 클라우드에서는 자사에 있어 최적의 환경을 실현할 수 있게 해준다.

예를 들어 IoT 데이터 수집은 대규모 환경에서 데이터를 수집, 축적할 필요가 있으므로, 이에 특화된 A사를 사용하고, 학습과 분석은 데이터 과학자가 쉽게 사용할 수 있는 B사를 사용하는 등, 하나의 업무를 단계에 따라 분할하는 방법을 고려할 수 있다. 또는 사내 표준 패키지 소프트웨어나 미들웨어가 지원되는지나 구축 및 운영 담당자가 해당 클라우드에 얼마나 익숙한지에 따라 각 클라우드 회사의 서비스를 구분해서 사용할 수 있다면 유연한 대응이 가능할 것이다.

장점2 리스크 분산

'Don't put all your eggs in one basket'(계란 전부를 바구니 한 바구니에 담지 마라)[85]라는 영어 표현이 있듯이, 클라우드 활용에서도 특정 클라우드 회사에 너무 의존하면 오히려 리스크가 될 수 있다. 멀티 클라우드에 의한 리스크 분산은 비즈니스의 가용성을 비약적으로 높일 수 있다.

예를 들어 사용하고 있는 퍼블릭 클라우드에서 광범위한 대규모 장애가 발생해서 복구하는 데 시간이 걸린다면, 자사 서비스를 중단하거나 서비스 이용을 제한해야 할 수도 있다. 게다가 만약 이것이 비즈니스의 근간이 되는 시스템이라면 큰 비즈니스 손실을 초래할 수도 있다. 멀티 클라우드라면 멀티 클라우드를 기준으로 BCP 대책[86]이나 DR 대책[87]을 세워서 유사 시의 서비스 복구나 데이터 백업이 가능해지며, 설령 대규모 장애가 발생하더라도 영향 범위를 최소화할 수 있다.

---

85 '넘어지거나 해서 계란을 전부 잃을 위험을 피해야 한다'는 리스크 분산의 중요성을 설명한 것.
86 BCP는 Business Continuity Plan의 약자로 재해 등의 긴급 사태 시에 기업, 단체가 업무 지속을 위해 세우는 계획이다.
87 DR은 Disaster Recovery의 약자로 재해복구를 의미한다.

장점3 벤더 종속 방지

애플리케이션이나 데이터의 생명 주기를 고려하지 않고 특정 클라우드 회사와 그 회사가 제공하는 독자 기능 및 기술에 지나치게 의존해서 동일 서비스 제품으로 변경이 어려운 것을 벤더 종속(vendor lock-in)이라고 한다.

벤더 종속 자체는 나쁜 것이 아니지만, 타 클라우드 회사(벤더)로 변경하기 위해서 비용이 많이 들 수 있으므로 하나의 벤더에 의존하는 것은 합리적이지 않다. 특히, 퍼블릭 클라우드의 경우는 클라우드 회사 측 상황에 따라 제공되는 서비스가 갑자기 중단되거나 가격 변경에 의해 비용이 증가할 수도 있다. 따라서 멀티 클라우드를 통해 싱글 클라우드(하나의 클라우드 서비스)에 종속되는 것(종속되는 것)을 방지하고 IT 부분은 거버넌스를 고려해서 자사 시스템의 유연성을 확보할 수 있다.

8.3.2 멀티 클라우드의 과제

싱글 클라우드 대비 '① 최고의 것을 선택', '② 리스크 분산', '③ 벤더 종속 방지'라는 장점이 있지만, 시스템마다 다른 클라우드 도입을 진행하면 시스템의 고립성이 늘어나서 클라우드 전체 효율화나 최적화에 문제가 발생할 수도 있다. 계속해서 멀티 클라우드의 과제와 대응책을 살펴보도록 하겠다.

과제1 멀티 클라우드 관리 및 운영 일관성

여러 퍼블릭 클라우드 환경을 적용할 때 그 관리나 운영 방식이 달라서 다른 기술을 필요로 하거나, 개발 전개 순서가 달라서 여러 가이드라인이나 유지/보수 체제가 필요할 수도 있다. 다기능을 제공하는 멀티 클라우드이지만, 여러 클라우드 회사의 서비스를 사용하면 관리가 복잡해져서 운영 비용이 늘어날 수도 있다. 퍼블릭 클라우드를 통해 인프라 비용 자체는 줄일 수 있어도 운영의 이중 부담으로 인해 비용이 증가한다면 의미가 없다.

대책으로는 여러 클라우드 환경을 일괄적으로 관리 및 운영할 수 있도록 하는 멀티 클라우드 대응 관리 툴이나 서비스를 활용하는 방법이 있다.

보안 위험 증가

여러 클라우드 회사가 제공하는 서비스를 병용하므로 본안 기준이나 대책이 증가해서 보안 취약성이 발생할 수 있다. 예를 들어, 편의성을 도모하기 위해서 여러 퍼블릭 클라우드에 공통 ID나 패스워드를 설정하면 리스크가 커진다.

대책으로는 SaaS 회사가 제공하는 멀티 클라우드 간 싱글 사인온(single-sign-on)이나 다중 인증 기능을 이용하는 방법이 있다. 또는, 복수의 퍼블릭 클라우드 사용에서 발생하는 인터넷상의 위협을 줄이기 위해 멀티 클라우드를 일원화해서 모니터링하여 보안 위협을 가시화할 필요가 있다. 보안 강화와 시스템 편의성을 동시에 향상시키려면 기존 보안 대책과는 다른 툴이나 관리 체제를 구축하는 것이 중요하다.

과제3 **클라우드 간 마이그레이션(이동성)**

멀티 클라우드에서 시스템의 이동성을 확보하는 것은 중요하다. 예를 들어, 특정 퍼블릭 클라우드상에서 일정 규모의 시스템을 구축했다고 하자. 하지만 기능이나 가격 책정 등 어떠한 이유로 다른 퍼블릭 클라우드상에서 이 시스템을 실행하고 싶어졌다면 가능할까? 멀티 클라우드에서 자주 있는 일이지만, 사용하는 퍼블릭 클라우드에 따라서 기술적인 특성이 달라서 곧바로 마이그레이션할 수 있다고 장담할 수 없다.

이 과제의 대책 중 하나는 오픈소스 등 가능한 한 클라우드 회사 고유의 기술을 배제하고, 클라우드 종류에 상관없이 사용할 수 있는 표준 기술을 기반으로 시스템을 구축하는 방법이 있다. 여러 클라우드에서 동작하는 기술을 채택하므로 멀티 클라우드 간 이동성을 향상시킬 수 있다.

이와 같이 적재적소의 선택을 해야 하는 멀티 클라우드에서는 벤더 종속의 장점과 과제를 고려한 후에 적절한 운영 설계 및 벤더 선정을 해야 한다.

8.4 컨테이너와 하이브리드/멀티 클라우드

기업이 하이브리드/멀티 클라우드의 장점을 최대한 활용하려면 상호 접속성은 필수다. 하이브리드/멀티 클라우드에 걸쳐 있는 작업의 이동, 환경의 일원 관리나 프로세스 오케스트레이션은 상호 접속성에 의해 성립된다. 상호 접속성을 얼마나 잘 확보하는지가 하이브리드/멀티 클라우드의 기능성을 좌우한다고 해도 과언이 아니다. 하이브리드/멀티 클라우드에서 각각 독자 기능을 사용하고 있다면, 멀티 클라우드의 이동성이나 일원화 관리도 어렵다.

그래서 주요 클라우드 회사가 모여서 최적의 클라우드 환경을 안내하고 있는 클라우드 네이티브 컴퓨팅 협회(CNCF)에서는 멀티 클라우드에서도 오픈소스를 활용해서 최적의 환경을 실현하도록 제안하고 있다. 오픈 기술을 기반으로 한 멀티 클라우드를 채택하므로 애플리케이션을 여러 클라우드 환경에 분산시켜 멀티 클라우드화할 수 있는 것이다.

오픈 가상화 기술인 컨테이너나 동적 오케스트레이션을 위한 쿠버네티스 등 애플리케이션 실행 기반에 있어서 오픈소스를 기반으로 한 컨테이너 환경을 사용히면 클리우드 간 공통화를 실현할 수 있다. 많은 클라우드가 지원하는 오픈소스 기반상에 자사 시스템을 구축하면 하이브리드/멀티 클라우드에서도 애플리케이션의 이동성을 높일 수 있다.

쿠버네티스를 기반으로 한 하이브리드/멀티 클라우드에서는 기존처럼 작업을 다른 클라우드로 이동시키기 위한 마이그레이션 툴이나 복잡한 API를 사용한 연계가 불필요하다. 하이브리드/멀티 클라우드 IT 환경에서 통일된 클라우드 네이티브 기반을 채택하므로 일관성을 가진 개발 및 운영 방침을 둘 수 있으며, 이를 통해 클라우드 네이티브 애플리케이션을 개발, 배포할 수 있는 것이다.

쿠버네티스를 사용한 하이브리드/멀티 클라우드에서 플랫폼 간 차이를 추상화하므로 기업은 상호 접속된 일관성 있는 컴퓨팅 환경을 실현할 수 있다. 애플리케이션 갱신이나 퍼블릭 클라우드 사양 변경 때마다 발생하는 번거로운 유지/관리 작업 없이도 애플리케이션을 하이브리드/멀티 클라우드상에서 이동시킬 수 있다.

상호 접속성을 통해 개발팀과 운영팀이 함께 데브옵스에 집중할 수 있다. 상호 접속성이 높은 하이브리드/멀티 클라우드를 활용하면 기업은 지금까지 투자한 IT 자산으로부터 최대한의 가치를 끌어내면서 애플리케이션 및 서비스 개발을 신속하게 반복할 수 있다. 이를 통해 클라우드 활용의 본래 목적인 고객과 시장의 변화에 맞추어 가치를 지속적으로 개선할 수 있다(그림 8.3).

그림 8.3 쿠버네티스를 통한 상호 접속성 실현

반면 쿠버네티스를 채택했다고 해도 하이브리드/멀티 클라우드를 통합해서 관리하는 것에는 문제가 있다. 각 클라우드 회사는 독자 서비스나 기능을 추가해서 고유의 쿠버네티스 관리 서비스를 제공하고 있다. 어떤 클라우드를 사용하든 쿠버네티스의 핵심 기능은 이용할 수 있지만, 각 클라우드의 서비스 단위로 주변 기능의 범위나 조작감이 다르다. 따라서 복수의 클라우드에서 쿠버네티스 클러스터를 만들려고 하면 환경, 조작감, 데이터 센터, 운영팀의 기술 정도 등에서 차이가 발생한다.

예를 들어 A사의 관리형 쿠버네티스 서비스에서는 최신 버전의 쿠버네티스를 사용하고 있으며, 다른 클라우드에서는 최신 버전을 지원하지 않는 경우 버전 차이에 기인한 오류가 발생해서 실제 운영 시에 문제가 될 수 있다. 각 사가 제공하는 멀티 클라우드 관리 설루션 중에는 이런 문제에 대처하기 위한 단일 제어 플레인을 제공하고 있어서 쿠버네티스 클러스터 운영을 제어할 수는 있지만, 실제로는 클러스터가 실행되고 있는 클라우드 회사 고유의 운영 방식을 완전하게 관리하는 것은 어렵다.

접근 권한 변경이나 보안 제약 등의 태스크를 실행할 때는 각 클라우드 회사가 제공하는 고유의 관리 콘솔로 이동할 필요가 있다. 이에 비해 '분산 클라우드'라는 아키텍처에서는 하이브리드/멀티 클라우드를 지속적으로 이용하거나 리소스에 접근하는 것이 가능하다. 분산 클라우드에서는 하나의 퍼블릭 클라우드의 단일 제어 플레인에서 하이브리드/멀티 클라우드를 관리할 수 있다.

분산 클라우드

8.5.1 분산 클라우드의 정의

클라우드의 새로운 트렌드로 분산 클라우드가 주목받고 있다. 미국 정보 기술 연구 회사인 가트너(Gartner)는 분산 클라우드에 대해 다음과 같이 정의하고 있다.

> "분산 클라우드란 퍼블릭 클라우드 서비스를 다양한 물리 장소에 분산시켜서 퍼블릭 클라우드 제공사가 서비스의 운영, 통제, 발전에 대한 책임을 계속해서 지는 것이다. 분산 클라우드는 저지연 및 데이터 비용 절감과 데이터 레지던시[88] 요구가 있는 조직에 민첩한 환경을 제공한다. 또한, 데이터와 비즈니스 활동이 발생하는 물리적 위치 가까이에 클라우드 컴퓨팅 리소스를 배치한다는 고객의 요구에도 대응할 수 있다. 2025년까지 클라우드 서비스 플랫폼의 대부분은 필요 발생 지점에서 실행되는 분산 클라우드 서비스 형태로 제공하게 될 것이다."

출처: 가트너, 2021년 전략적 기술 탑트렌드 발표(2020/1112)
https://www.gartner.com/smarterwithgartner/gartner-top-strategic-technology-trends-for-2021(또는 https://gtnr.it/3Q2wd8i)

엔터프라이즈 영역에서는 보안과 규정 관점에서 자사 시스템을 퍼블릭 클라우드로 옮기는 것을 주저하는 기업도 있는 반면, 퍼블릭 클라우드의 편의성이나 장점을 활용하고 싶다는 기업도 있다. 분산 클라우드를 통해 기업은 퍼블릭 클라우드의 일부 기능을 자사 온프레미스 데이터 센터로 배치해서 기밀성이 높은 데이터를 클라우드에 두지 않고 자사 환경에 유지하면서 퍼블릭 클라우드의 기능을 실행할 수 있다. 분산 클라우드의 운영, 통제, 갱신 및 서비스 진화는 클라우드 회사에 맡길 수 있다.

분산 클라우드는 이 아키텍처를 통해 기존의 퍼블릭 클라우드 일원화 모델이 가지고 있던 애플리케이션을 퍼블릭 클라우드에 마이그레이션할 때의 규제 문제나 퍼블릭 클라우드의 관리, 제어 문제를 해결할 수 있다. 분산 클라우드는 에지 컴퓨팅 등의 최신 기술 경향을 포함한 새로운 클라우드 배포 모델이 나갈 방향이라고 볼 수 있다.

---

88 [옮긴이] 데이터가 특정 국가나 기업 내에 머물러야 한다는 규칙

8.5.2 분산 클라우드의 아키텍처

분산 클라우드의 좋은 점은 퍼블릭 클라우드가 제공하는 장점을 기업이 정한 환경에서 활용할 수 있다는 것이다.

예를 들어, 규제가 심한 금융 업계에서는 애플리케이션을 퍼블릭 클라우드로 옮기고 싶어도 데이터를 지국 내에 배치하도록 규정하고 있다. 주요 클라우드 회사는 클라우드 실행 환경으로 전세계에 지역을 나누어 운영하고 있다. 클라우드 데이터 센터의 고가용성을 확보하기 위해서 가용 영역(availability zone, 한 국가 내에서도 여러 데이터 센터를 묶은 것)은 꼭 필요한 요소다. 따라서 만일 자국 내 리전(region)에 가용 영역이 없으면 클라우드 마이그레이션에 어려움을 겪을 것이다.

하지만 분산 클라우드를 활용하면 퍼블릭 클라우드의 서브 클라우드로 자국 내에 있는 데이터 센터 또는 제3의 퍼블릭 클라우드에서도 운영할 수 있다. **퍼블릭 클라우드 서비스를 다양한 물리적 위치에 분산해서 관리할 수 있는 것이 분산 클라우드의 장점이다.**

분산 클라우드를 제공하는 클라우드 회사는 보통 퍼블릭 클라우드와 같은 통제(거버넌스), 업데이트, 생명주기 관리, 보안, 신뢰성, 엔지니어링 등의 주요 프로세스를 완벽하게 관리할 책임이 있다. 분산 클라우드에서는 클라우드 회사가 제공하는 퍼블릭 클라우드의 서브 클라우드를 최신 상태로 유지하기 위해서 모든 패치(patch)와 업그레이드, 설치, 삭제를 실시하며, 호환성 문제도 관리해 준다. 이 때문에 특정 서비스의 특정 버전을 다른 버전과 함께 사용할 때도 문제가 없다.

클라우드 회사는 기업이 관리하고 있는 인프라 내에서 퍼블릭 클라우드의 서브 클라우드를 미니 퍼블릭 클라우드 리전으로 운영하게 된다. 분산 클라우드를 활용하면 퍼블릭 클라우드를 자사 환경에 미니 퍼블릭 클라우드로 생성해서 필요한 퍼블릭 클라우드 서비스를 실행할 수 있는 것이다.

분산 클라우드 정의에서는 퍼블릭 클라우드는 이 서비스들을 구성해서 운영 관리하기 위한 연결점이 된다. 분산 클라우드의 위치(location)를 생성하는 경우, 서비스와 작업은 온프레미스 환경 등의 기업이 지정한 위치에서 실행된다. 따라서 만약 해당 위치와 분산 클라우드의 제어판 접속이 끊겨도 서비스와 작업은 계속해서 실행돼야 한다(그림 8.4).

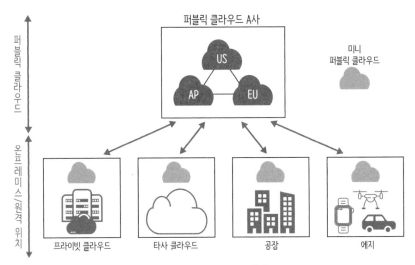

그림 8.4 **분산 클라우드 개념도**

8.6 에지 컴퓨팅

에지 컴퓨팅(edge computing)이란, 엔터프라이즈 애플리케이션을 IoT 장비나 에지 서버 등 데이터 소스와 가까운 곳에서 실행하는 분산 컴퓨팅 프레임워크다.

데이터 생성원에 근접해 있으므로 강력한 사업적 장점이 생겨난다. 시시각각 축적되는 에지 데이터로부터 원하는 정보를 더 신속하게 얻을 수 있으며, 응답 시간 단축 및 대역 폭 절약 등을 실현할 수 있다. 최근에는 자동차부터 제조 기기, ATM, 채굴 장비에 이르기까지 기업이 비즈니스를 할 때 필요한 툴 자체에 인텔리전스 장치를 주입하고 있다. 이 장치들의 컴퓨팅 능력을 활용해서 데이터가 처음 생성되는 위치에서 바로 분석을 진행해 특정 액션을 취할 수 있다.[89]

---

89 옮긴이 여기까지도 읽고도 에지 컴퓨팅이 무엇인지 감이 오지 않는 독자들을 위해서 덧붙이자면 우선 IoT는 사물인터 넷을 말하며, 사물인터넷의 핵심은 정보를 수집 및 전달하는 장치다. 예를 들어, 공공 쓰레기통에 쓰레기가 다 차면 그 것을 감지해서 청소부에게 알려주는 장치가 있다. 이때 쓰레기통에는 이를 감지하기 위한 작은 장치가 부착된다. 이런 간단한 장치는 그냥 감지한 전부를 단순히 서버로 보내기만 하면 된다. 에지 컴퓨팅의 경우 서버로 데이터를 보내지 않 고, 장치 내에서 계산을 하는 것이다. 예를 들면 쓰레기가 하루 동안 1/3이 찼으니, 3일 후에는 꽉 차겠구나 하고 스스 로 분석하는 것이다.

8.6.1 에지 컴퓨팅을 실현하는 것

에지 컴퓨팅과 관련된 기술 혁신은 품질 향상과 성능 향상에 더불어 깊고 의미 있는 사용자 경험과도 연결된다. 에지 컴퓨팅은 다음과 같은 것을 실현시켜 준다.

AI를 통한 새로운 비즈니스 과제 해결
최신 장치에는 데이터 수집 시 독자 분석 기능을 갖춘 것이 있다. 컴퓨팅 리소스를 데이터 생성 위치 가까운 곳으로 이동해서(또는 장치 내에 탑재해서) AI를 활용을 통해 대기 시간 단축과 데이터 전송량을 감소시킬 수 있으며, 이는 새로운 비즈니스 과제 해결에 도움을 준다.

능력과 회복력 향상
컴퓨팅과 데이터 분석을 에지 장치로 이동시켜서 시스템 전체 분석 능력을 향상시킨다. 에지 장치는 컨테이너 기술을 기반으로 실행할 수 있어서 기업 개발자의 클라우드 네이티브 프로그래밍 능력을 최대한으로 활용하게 해준다.

보안과 프라이버시 보호 강화
데이터 소스와 가까운 위치에서 데이터를 전송하므로 네트워크 경유로 전송되는 데이터양이 줄어든다. 이를 통해 잠재적인 공격 대상이 줄어들며, 데이터 생성 위치에서 기업 방침을 간단히 적용할 수 있다.

5G 네트워크 저지연 활용
5G 네트워크 채택을 통해 데이터 분석을 국소화하고, 일원화된 AI를 사용해 자동화된 의사 결정을 할 수 있다.

8.6.2 에지 컴퓨팅의 아키텍처

선견지명이 있는 기업은 접속된 장치들이 늘어나면서 생기는 미사용 데이터의 가능성을 끌어내서 새로운 비즈니스 기회를 얻고, 이를 운영 효율 향상, 고객 만족도 향상으로 연결하고자 한다. 에지 컴퓨팅은 데이터가 생성됐을 때 바로 특정 액션을 취할 필요가 있는 곳(또는 가까이)에 엔터프라이즈 애플리케이션을 배치하고, AI를 활용해 거의 데이터를 실시간으로 분석할 수 있게 한다.

에지 컴퓨팅의 아키텍처는 그림 8.5와 같다. 이 아키텍처의 구성 요소는 다음의 여섯 가지다.

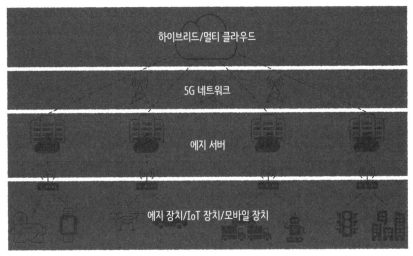

그림 8.5 **에지 컴퓨팅의 아키텍처**

하이브리드/멀티 클라우드

주요 클라우드 회사 외에 동일 영역/리전 및 온프레미스 데이터 센터에 배치된 프라이빗 클라우드도 포함한다.

5G 네트워크

5G로의 전환과 함께 많은 공공 네트워크 제공사가 인프라를 확장해서 범용 컴퓨팅 서비스를 통합하고 있다. 에지 네트워크 자체는 지역 데이터 센터, 본사 사무실, 허브 마이크로 데이터 센터로 구성된 다층 구조가 될 가능성이 있다. 통신 사업자는 네트워크 에지의 클라우드 기술을 사용해서 이 계층들을 변환해서 애플리케이션 작업을 분담시키고 있다.

에지 서버

에지 서버로 기능하는 서버와 게이트웨이 및 컨트롤러는 대부분 공장, 창고, 호텔, 소매점에 도입돼서 운영을 위한 로컬 컴퓨팅 능력을 제공한다. 이 리소스들은 클러스터화 여부에 상관없이 중요한 비즈니스 프로세스를 지속적으로 지원한다.

에지 장치

작업을 위한 충분한 컴퓨팅 능력을 갖춘 장치 수가 급격히 증가하고 있다. 보통 이 장치들은 리눅스를 운영하기에 충분한 CPU와 램(RAM), 로컬 저장소를 가지고 있다.

IoT 장치

기존 대부분의 IoT 장치는 한정된 고정 기능 장치였다. 보통 이 장치들은 다른 집약 포인트(기존에는 클라우드)에 업스트림으로 전송되는 데이터를 수집하는 센서와 통합되고 있다.

모바일 장치

모바일 장치는 에지 네트워크에 있어서 중요한 역할을 한다. 모바일 장치가 타 에지 장치와 다른 점은 보통은 각 장치가 소유의 책임이 있는 개인에게 속한다는 것이다. 또한 iOS 또는 안드로이드 운영 시스템을 운영하고 있으며, 앱스토어에서 다운로드하지 않는 컨테이너 소프트웨어를 실행할 가능성이 낮다는 것이다.

8.6.3 에지 컴퓨팅의 가치

IoT 장치의 폭발적인 증가와 컴퓨팅 능력 향상에 의해 전례 없는 양의 데이터가 생성되고 있다. 그리고 5G 네트워크로 접속된 모바일 장치 수가 늘어나면서 데이터의 양이 더 증가하게 될 것이다.

지금까지의 클라우드와 AI의 목적은 데이터에서 얻은 실용적인 통찰을 기반으로 혁신의 자동화, 가속화를 실현하는 것이었지만, 접속된 장치가 생성하는 전례 없는 규모의 복잡한 데이터는 네트워크나 인프라 처리 능력을 웃돌고 있다.

장치가 생성한 모든 데이터를 중앙 데이터 센터나 클라우드 전송하면 대역 부족이나 지연이 발생해버리지만, 에지 컴퓨팅이라면 이를 효율적으로 처리할 수 있다. 데이터는 생성 지점 가까이에서 처리되고 분석된다. 데이터를 처리할 때 네트워크 전체를 횡단해서 클라우드나 데이터 센터로 보낼 필요가 없으므로 대기 시간이 큰 폭으로 단축된다.

에지 컴퓨팅 그리고 5G 네트워크상의 모바일 에지 컴퓨팅을 통해 더 빠르고 포괄적인 데이터 분석과 더 깊이 있는 통찰력을 얻을 수 있고, 응답 시간 단축이나 고객 체험을 향상시킬 수 있다.

8.6.4 에지 컴퓨팅에서의 분산 클라우드 역할

분산 클라우드를 이용하면 단일 제어 플레인으로 쿠버네티스상의 컨테이너 기반 플랫폼들 사이에 일관성을 유지할 수 있다.

예를 들어, 에지의 VM 호스트 등 리소스를 등록한 후에 일원화된 운영 환경을 이용해서 필요할 때 쿠버네티스 클러스터를 전개할 수 있다. 인프라가 복수의 '에지'에 '분산'돼 있는 경우에도 계속 늘어나는 에지 환경을 단일 제어 플레인으로 관리할 수 있다. 창고에 배치돼 있는 서버는 클라우드 기반 쿠버네티스 클러스터처럼 일관된 운영이 가능한 것이다. 이 일관성은 분산 클라우드를 에지 컴퓨팅과 통합하는 큰 이유이기도 하다.

물론 분산 클라우드를 사용하지 않아도 에지 컴퓨팅을 실행할 수 있지만, 꽤 많은 리소스를 필요로 해서 많은 비용을 부담해야 할 수도 있다. 분산 클라우드는 에지 컴퓨팅뿐만 아니라 하이브리드/멀티 클라우드의 이상적인 아키텍처이기도 하다.

8.7 정리

퍼블릭 클라우드의 등장은 정보 처리 형태에서 보면 '분산'에서 '집중'으로의 변화였지만, 하이브리드/멀티 클라우드, 분산 클라우드, 에지 컴퓨팅으로 발전하여 컴퓨팅 환경을 다시 '집중'에서 '분산'으로 변화시키고 있다.

마이크로서비스는 분산 클라우드 같은 초분산 환경에 최적인 아키텍처 스타일이다. 마이크로서비스로 구축된 온프레미스, 복수의 퍼블릭 클라우드, 또는 에지 환경에 걸쳐 있는 초분산 환경을 문제없이 운영/관리하려면 오픈소스가 필수다. 쿠버네티스를 중심으로 하는 오픈소스 프로젝트는 분산 클라우드 발전에 있어 중요한 키를 쥐고 있다고 볼 수 있다(그림 8.6).

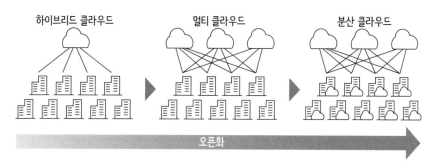

그림 8.6 **집중에서 분산으로**

찾아보기